"十三五"职业教育国家规划教材　▶电子商务专业

全国优秀教材二等奖

# 网店开设与管理

许昭霞　主　编

左爱敏　程　鹏　聂凤丹　副主编

电子工业出版社
**Publishing House of Electronics Industry**
北京·BEIJING

## 内 容 简 介

本书以教育部颁发的《中等职业学校电子商务专业教学标准》为指导，以培养学生的实际动手能力为目标，以当前中职学生的认知能力为前提，从实用的角度进行内容组织和编写。全书以开设与管理两个实训网店为主线，采用范例式教学由浅入深地介绍了网店开设及管理的整个过程，全面介绍了网店开设与管理的相关知识，包括开店前的店铺定位、开店注册等准备内容，店铺装修、商品拍摄、商品详情设计、商品发布、店铺推广、网店日常管理等实战方法与技巧，书中还特别介绍了实践中的经验和技巧。

本书配有教学指南、电子教案、案例素材、微课资源及习题答案；同时配套开发了实训教材《网店开设与管理实训》。

本书是电子商务初学者非常宝贵的一本教材，可以作为职业院校电商专业的入门教材使用，也可以供想开网店的初学者自学使用，或者选用为创业教育的实训教材。

未经许可，不得以任何方式复制或抄袭本书之部分或全部内容。

版权所有，侵权必究。

**图书在版编目（CIP）数据**

网店开设与管理 / 许昭霞主编 . —北京：电子工业出版社，2017.10

ISBN 978-7-121-31849-8

Ⅰ. ①网… Ⅱ. ①许… Ⅲ. ①网店—商业经营—中等专业学校—教材 Ⅳ. ①F713.365.2

中国版本图书馆 CIP 数据核字（2017）第 130124 号

策划编辑：关雅莉
责任编辑：张　彬
印　　刷：北京虎彩文化传播有限公司
装　　订：北京虎彩文化传播有限公司
出版发行：电子工业出版社
　　　　　北京市海淀区万寿路 173 信箱　　邮编：100036
开　　本：787×1090　1/16　印张：16.75　字数：428.8 千字
版　　次：2017 年 10 月第 1 版
印　　次：2024 年 8 月第 11 次印刷
定　　价：48.00 元

凡所购买电子工业出版社图书有缺损问题，请向购买书店调换。若书店售缺，请与本社发行部联系，联系及邮购电话：（010）88254888，88258888。

质量投诉请发邮件至 zlts@phei.com.cn，盗版侵权举报请发邮件至 dbqq@phei.com.cn。

本书咨询联系方式：（010）88254589。

# 前　言

全书以实训店项目为主线贯穿始终，分别从网店开设、店铺装修、商品拍摄、商品发布及日常管理方面来介绍，书内所用实例全部来源于真实案例，有较强的实用性与易学、易用性。本书内容与市场需求紧密契合，使学习者可以很直观地掌握网店开设的相关知识与技能。教学资料包中提供了书中所有知识点的教学课件、微课视频、教学场景图片、案例素材。

由于本书主要面向中等职业学校广大学生，所以在内容编排上注重避繁就简，突出可操作性；在说明方法上尽量做到简单明了、通俗易懂，并侧重于实践应用和社会需要。为了适用于教学，书中列举了丰富的实例，并在每一章都配置了一定数量的理论题和实操题以利于学生掌握和巩固技能。

本书共分 6 章，以魔术道具店为案例，从网店注册入手，详细介绍了网店开设与管理的基本技能。其中：第 1 章简单介绍店铺定位和注册、认证流程；第 2 章介绍使用工具软件 Photoshop CS5 制作店标、店招、促销海报、店铺公告的方法；第 3 章详细介绍各种拍摄用具的使用方法和各类商品的拍摄方法；第 4 章主要介绍商品详情页的设计，包含商品图的抠图、调色等基本技巧，以及细节图、水印的制作方法；第 5 章介绍如何在网店中发布商品，包括填写宝贝属性、命名及优化标题、商品上架规律、设置运费模板等网店管理常识；第 6 章主要介绍网店的管理与推广技术，包括设置千牛接待中心、设置店铺内部促销活动及店铺数据观测与诊断方法等。

为方便教学，本书提供教学指南、电子教案、案例素材及习题答案，请登录华信教育资源网免费注册后下载；同时提供微课资源，可扫描书中二维码获取。

本书的教学参考时数为 108 学时，每学期按 18 周计算，每周 6 课时。

本书由石家庄市第二职业中专学校的许昭霞老师担任主编，左爱敏、程鹏、聂凤丹担任副主编，参加编写工作的刘苑、兰丽娜、石莹、郑伟、陈荣娟、邵燕燕等老师，其中刘苑具体负责第一章和第二章的文字编写工作，石莹具体负责第五章编写。

由于编者水平有限，书中错误和不妥之处在所难免，恳请广大教师和读者批评指正。

编　者
2017 年

# 目　　录

## 第 3 章　商品拍摄 ……………………………………………………… 70

# 学习篇

## 学习目标

- 熟悉电子商务的基本概念、分类及发展趋势
- 熟悉线下、线上选货的渠道和特点
- 了解如何在线上和线下进行市场调查并确定店铺经营商品
- 熟练掌握网店注册及认证流程

本章的内容主要为开店前期的基本准备。虽然网店入门门槛较低，但需要对网店有正确的认识，因为市场处处存在竞争，不是随便开个店，随便卖点货就可以成功的。如果想在竞争激烈的市场中分一杯羹，就要把握好每个环节。

第一步，要先简单了解电子商务的相关概念、分类、当前及未来形势。

第二步，要了解多种进货渠道，并掌握如何选择适合自己的商品。

第三步，熟练掌握网店注册及认证流程。

在本章学习结束后，就可以掌握店铺的注册、认证流程及确定货源的方法。

下面让我们一起来创业吧！

## 学习任务 1.1　电子商务概述

互联网的应用在生活中无处不在，足不出户就可以解决衣、食、住、行的很多事情，省时省力。随着人们对电子商务的逐步认识，网上创业的成功案例层出不穷，很多传统企业也都开拓了网上市场，电子商务产业得到了极大的发展。随着 2014 年 5 月的成功上市，阿里集团成为全球第二大市值公司，宣告着电子商务的井喷时代将要过去，中国电子商务已经进入了一个相对稳定的阶段，格局成型，并有着良好的发展态势。

### 1.1.1　电子商务的概念、分类及发展趋势

#### 1. 电子商务的概念

电子商务发展至今，国内外不同领域都曾对其做出过定义，但都没有一个完整的、统

一的、被大多数人认同的概念。但无论是哪种定义，电子商务都不等同于商务电子化。

虽然定义不同，但其关键依然是依靠着电子设备和网络技术进行的商业模式。电子商务可以划分为广义的电子商务和狭义的电子商务。广义上讲，就是通过电子手段进行的商务活动；狭义上讲，是指通过使用互联网等电子工具（这些工具包括电报、电话、广播、电视、传真、计算机、计算机网络、移动通信等）在全球范围内进行的商务贸易活动。人们理解的电子商务一般是指狭义上的电子商务。

### 2. 按电子商务对象分类

电子商务的主要表现形式可分为商家对商家（B2B）、商家对消费者（B2C）、用户对用户（C2C）、线上对线下（O2O）、团购（B2T）等类型。

（1）B2B（Business to Business）：商家对商家的电子商务，即企业与企业之间通过互联网等现代信息手段，进行产品、服务及信息的交换，较为著名的有阿里巴巴。

（2）B2C（Business to Customer）：企业与消费者之间通过互联网等现代信息手段进行的商务活动。比较大型的 B2C 电子商务网站有天猫商城、京东商城、一号店、亚马逊等。

（3）C2C（Customer to Customer）：用户对用户的模式，买方是消费者，卖方也是消费者，即消费者之间的电子商务。C2C 电子商务平台就是通过为买卖双方提供一个在线交易平台，使买卖双方通过平台完成交易，如淘宝、易趣、拍拍等。

（4）O2O（Online to Offline）：新兴起的一种电子商务商业模式，即将线下商务的机会与互联网结合在一起，让互联网成为线下交易的前台，达到线下服务，线上揽客。

（5）B2T（Business to Team）：团体采购。网络团购打破了地域等外界的局限性，让互不相识的消费者汇集到一起，以团体的优势，加大与商家的谈判能力，以获得最优的价格，如美团、窝窝团购平台等。

### 3. 未来的发展趋势

2014 年，人力资源和社会保障部、中国就业促进会完成对网店直接就业状况首次摸底调查。此次调查的数据显示，962.47 万人通过网店直接就业，网店缺工总量约为 110 万人，网店吸纳就业的潜力不小，平均每个网店用工为 2.55 人。岗位主要有电子商务人员、美工人员、销售人员、设计人员、售后服务人员等。由此可见，未来的网上创业会有很大的空间。

对于电子商务产业未来的发展而言，据某产业网调查，2013 年年底，中国的移动用户已达到 5 亿人，PC 用户达 5.9 亿人；但移动用户的增速为 19.5%，而 PC 用户的增速仅为 6.8%。预计到 2017 年年底，移动用户总数将超过 PC 用户。

目前，大数据的应用使营销更为精准化，服务更为个性化，而物联网的兴起与发展也将更进一步推动着电子商务的发展，一切变得更为简单、智能。未来的发展不只是足不出户，而是随时随地都可以享受购物和服务，这将成为一种新的生活方式。网络金融也必将成为大趋势，通过用户的积累，达到一定数量，相应的小额贷款、保险、基金会应运而生。

## 1.1.2 网店的进货渠道

一个网店能否成功开起来，合适的货源是一个关键点，选对了货，就成功了一半，那么如何选货呢？下面介绍几种常用的途径。

### 1．批发市场进货

批发市场是一般小卖家的首选，很多实体店也是从批发市场进货，通常会拿到价格比较低廉的货源，因为批发商们大部分是经销商或直接由厂家拿货，较低的批发价格会有一定的利润空间。如果合作时间长，销量大的话，还可能拿到更多的优惠。如果可以和厂家合作更好，第一手的货源会让我们在价格上更有优势，但这种机会比较少，厂家一般只与销售量比较大的经销商合作。

**优势**：商品多、品种丰富、进货时间和量比较随意、价格低。

**缺点**：有地域限制。

### 2．在阿里巴巴网站批发

到大型的批发市场进货虽然比较好，但并不是所有的小卖家都方便，有的甚至要付很高的路费，这样算起来，价格上也不占太多的优势，那么对于周边没有大型批发市场的小卖家怎么办呢？可以选择在阿里巴巴上批货，阿里巴巴上的货源充足，足以满足各种需要，而且价格也相对较低。

**优势**：货源充足、可以混批、起批量小、可以选择货源地点节省运费。

**缺点**：存在一定的安全风险。

### 3．网络代销

代销就是在卖家自己的店铺里展示商家给的商品及相关商品信息，当有买家上门购买时，可进行介绍和销售，以自己店铺的定价收取买家的货款，再给商家或厂家发单，并付给商家该商品的款项，从中间赚取差价。本书所用实例（如实训一号店）便采用此代销形式。

**优势**：投资少、无压货、无须自己发货、无须做商品描述。

**缺点**：利润低、无法控制商品质量。

### 4．寻找商家余货

有一些外贸公司在工厂下单时，工厂一般都会多生产 5%～10%的商品，以防有次品，还有一些是临时取消的订单，这些就是常说的外贸尾单，一般的售出价格在原商品的二三折左右，质量相对可靠。还有由于商品的款式等更新较快，一般较大的批发商都会有一定的库存积压，其中也包括一些名牌商品。虽然款式不是最新的，但还是有名牌效应的，对买家还有很大的吸引力。所以，如果选到了合适的余货，也是一个非常好的货源，但不能盲目，要进行市场调查后再选择。

**优势**：市场需求量大、质量有保证、价格低、竞争小。

**缺点**：不容易联系。

### 5．寻找有特色的商品

特色商品在网店的经营中，往往由于它的独树一帜而吸引大量的顾客，如饰品的 DIY、手工单品、民族工艺品等。现代人总想找到自己的专属产品，与众不同，而特色商品正好迎合当下人们的个性需求。

**优势**：超强个性、竞争小、利润高。

**缺点**：商品的加工、补货难。

### 1.1.3　市场调查及店铺定位

网上创业的人越来越多，每天都有很多新的网店进驻，也有很多网店关闭，其中有很多原因，运营是一个方面，还有就是最初的商品选择。那么开网店前，一定要做充分的市场调查，才能确定自己的商品路线，也才能确定自己的商品是否有竞争力，正如《孙子兵法》中的"知己知彼，百战不殆"。那么市场调查要做哪些呢？要如何做呢？

#### 1. 调查所售商品行业

要想自己的商品上架就好卖，首先要做的就是经过筛选确定几类商品，主要以自己容易拿到的货源、较热销的商品或锁定某一特定消费人群需求的商品来考虑经营的商品，从而确定商品所属的行业。

针对选定商品还要做的事情就是通过市场了解进行比对，先看这个商品到底适不适合当前的市场需求，是否符合市场的流行趋势，市场容量有多大，最好能有些前瞻性，从而可以更好地把握商机，进而才能有更好的发展。另外，一定要了解国家对这一行业有无特殊法规等，以保证后期顺利经营。

#### 2. 对商品及消费者的调查

确定好行业，接下来应对该行业的商品进行分析。网店的优势就在于数据的可挖掘性和营销的精准性，所以应对所准备经营的商品或某种品牌进行充分了解，除了分析品牌的销售情况、口碑，还要看它的服务情况，可以通过调查问卷来了解消费人群的消费能力、年龄段、对商品的认知度、需求度及这部分人群能接受的相应的商品设计风格。在选定的几种商品中，哪个更为适合，通过比对就可以选定。

针对选好的商品，还要考虑地区的消费情况，通过产品来锁定所需的消费群体。对不同的地区和买家调查当地的消费水平进行分析，从中寻找消费水平比较高的地区，以便后期的营销。

#### 3. 分析同行业竞争对手

确定了经营的商品后，接下来应了解当前市场上同行的竞争状况。如同行业的竞争对手大概有多少，同款产品大概有多少，同时比对竞争对手的销售价格与自己产品的成本价，看在价格上是否有竞争力，找出差距，做出可行性方案。同时要调查经营较为成功的同类店铺，分析其成功之处，畅销的商品有哪些，常用的促销手段有哪些等，掌握这些相关信息，留存资料以备后期开店时参考。

#### 4. 对供应商的调查

最后，应考虑如何进货，从哪儿进货的问题。首先确定目前可供选择的供应商有多少，各有哪些优势和劣势，其中质量、价格、信誉度都是调查的重要因素，要本着建立长期合作的原则，与选好的供应商进行洽谈。在保证产品质量的同时，以最合适的价格进货，并要确认好对方是否可以及时补货和处理售后的退换货问题。

## 学习任务 1.2　网店注册及认证流程

网店注册及认证流程

在淘宝平台开设 C 店无须费用，如果选用旺铺专业版，会在店铺信誉升到一钻后收取

50 元/月的费用。

## 1.2.1　开店前的准备

店主的身份证（已满 18 周岁）、一张已开通网银的店主本人银行储蓄卡、保证正常通话的手机（用于手机验证时的号码绑定）、清晰的身份证正反面电子照片、清晰的手持身份证的上半身照（照片中要露出手臂）。

## 1.2.2　注册淘宝会员

访问如图 1.1 所示的淘宝官网 http://www.taobao.com，单击网页左上角的"免费注册"选项，进入注册页面，如图 1.2 所示。

图 1.1　淘宝官网

图 1.2　用户注册页面

下面采用手机注册方式进行介绍。

① 填写手机号码。手机号码必须是未被注册使用的手机号。如手机号已被注册过，可采用邮箱注册，如图 1.3 所示。如果邮箱也曾被注册过，就只能重新申请邮箱了。

图 1.3　用邮箱注册会员

② 填写验证码。填写完手机号码后，淘宝平台会向手机发送一个验证码，在"验证码"框中填入所收到的验证码。使用邮箱注册会员时，淘宝平台会向邮箱发送一封邮件。无论是手机注册还是邮箱注册，都要输入手机收到的验证码，验证成功后，淘宝账户即注册成功。

③ 绑定支付宝。在填写注册信息时，为使后面的操作方便，可选择使用该手机创建支付宝账户，如若未选择，也可以在"我的淘宝"首页进行支付宝的绑定，如图1.4所示。

图1.4　绑定支付宝

支付宝是一个网上支付平台，属于第三方平台，可以有效地避免买卖双方被欺诈。在特定的环境下（支付宝接口的网站）进行网上支付，如图1.5所示。

图1.5　支付宝平台

## 1.2.3　申请开店

① 免费开店。会员登录后，单击"卖家中心"→"免费开店"选项，如图1.6所示。

图1.6　申请开店

② 选择开店类型。此处选择"个人开店",如图 1.7 所示。

图 1.7　选择开店类型

③ 申请开店认证。选择"支付宝实名认证"的"继续认证",如图 1.8 所示。

图 1.8　申请开店认证

## 1.2.4　支付宝实名认证

① 进入支付宝实名认证流程。进入认证页面,单击"立即验证"按钮进入支付宝实名认证,如图 1.9 所示。

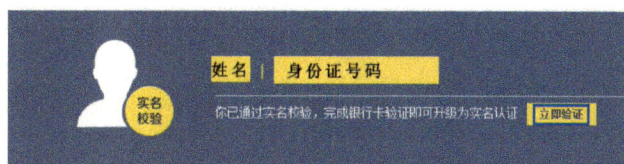

图 1.9　支付宝实名认证

② 填写身份信息进行实名校验，如图 1.10 所示。

图 1.10　支付宝实名校验页面

③ 填写银行卡验证内容。单击"下一步"按钮进行银行卡验证，填写银行卡验证内容：填写注册支付宝账户时的身份证号码和可正常使用的银行卡信息，如图 1.11 所示。

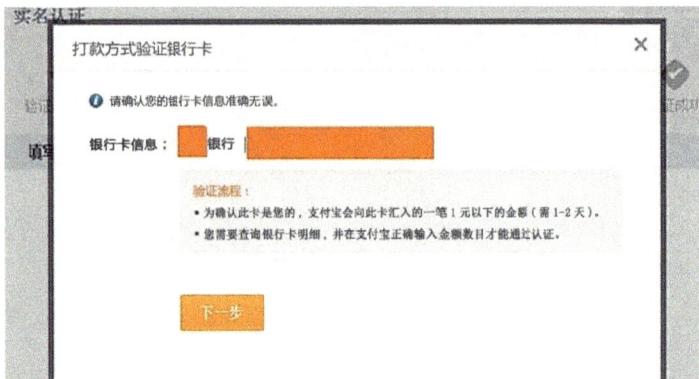

图 1.11　银行卡验证

④ 等待验证。单击"下一步"按钮后会看到实名认证的银行卡验证进度。支付宝会向银行卡汇入 1 元以下的金额，需要 1～2 天时间，如图 1.12 所示。

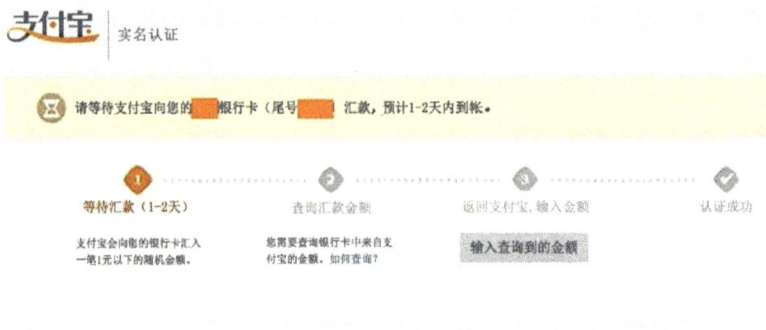

图 1.12　银行卡验证进度

⑤ 确认收款。在支付宝向银行卡汇款后，确认已收到汇款，单击"输入查询到的金额"按钮，如图 1.13 所示。

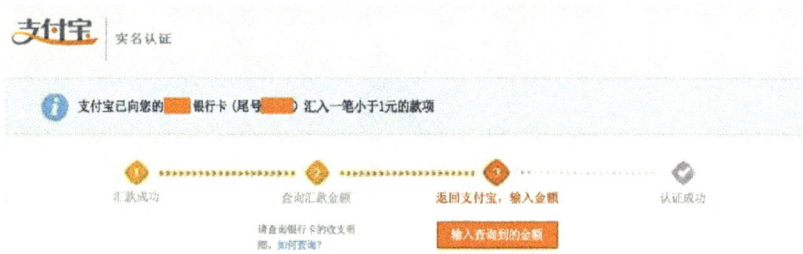

图 1.13　确认收款继续认证

⑥ 输入汇款金额。将汇款金额输入指定框中，单击"确定"按钮，如图 1.14 所示。

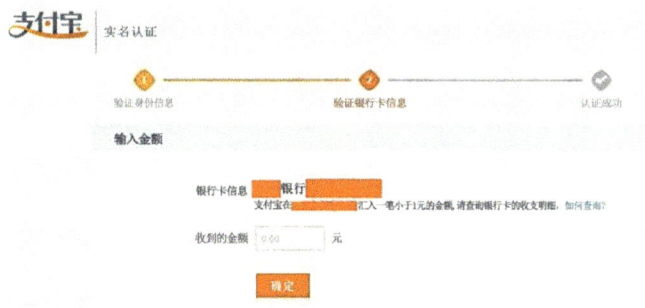

图 1.14　输入汇款金额

⑦ 完成银行卡的验证。进入银行卡验证页面，如图 1.15 所示。

图 1.15　支付宝银行卡验证通过

⑧ 审核证件。单击"立即升级认证"按钮，进入"证件审核"页面，如图 1.16 所示。

⑨ 上传身份证。按要求上传身份证正反面照片（一定要确保证件字迹清晰），输入身份证背面的到期时间，单击"确认提交"按钮，如图 1.17 所示。

图 1.16　支付宝证件审核

图 1.17　证件成功提交

⑩　查看审核进度。提交后，可以查看审核进度，如图 1.18 所示。

图 1.18　支付宝审核进度

⑪　结束审核。单击"查看"按钮，审核结束，如图 1.19 所示。

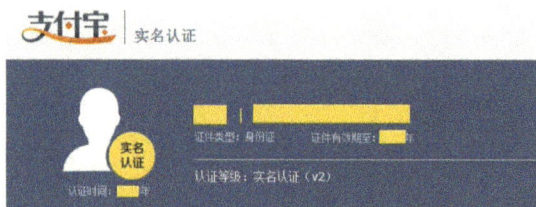

图 1.19　支付宝审核结束

⑫　返回"免费开店"页面，如图 1.20 所示。

图 1.20　淘宝开店认证

⑬ 单击"淘宝开店认证"的"立即认证"按钮，进入开店验证。

## 1.2.5　开店认证流程

系统会根据注册时的网络安全推荐认证方式。如果被检测是安全的，可以自行选择。有三种选择："电脑认证"、"手机认证"、"阿里钱盾认证"，如图 1.21 所示。

图 1.21　免费开店身份认证

① 选择"电脑认证"方式。("手机认证"与"阿里钱盾认证"方式在知识选读中有相关介绍），如图 1.22 所示。

图 1.22　开店认证

② 单击"立即认证"按钮，进入身份认证页面。填写"淘宝身份认证资料"，如图 1.23 所示。

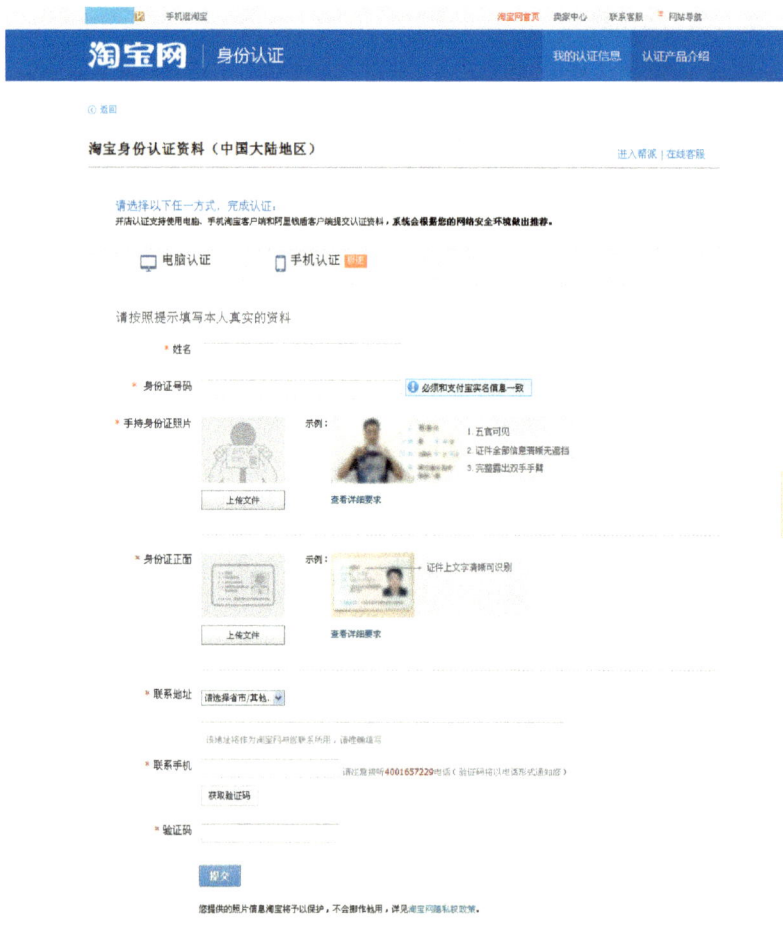

图 1.23　身份认证页面

③ 按要求提交手持身份证及身份证正面照片、联系地址、手机和手机获取的验证码，单击"提交"按钮，等待验证结果，如图 1.24 所示。

图 1.24　认证审核中

④ 审核通过，如图 1.25 所示。

图 1.25　认证通过

⑤ 单击"创建店铺"按钮。

至此，开店的认证流程已完成，下面就可以拥有自己的店铺啦！

## 课后作业

**一、选择题**

1. 制造商和外部原材料供应商之间的电子商务属于（　　）。

    A．企业之间的电子商务　　　　　　B．企业与政府部门之间的电子商务

C．企业内部的电子商务　　　　D．企业与消费者之间的电子商务

2．以下关于电子商务的说法正确的是（　　　）。

A．电子商务是泡沫

B．电子商务就是网上销售商品

C．电子商务的本质是商务，而非技术

D．电子商务就是建网站

3．下列属于淘宝的在线支付工具的是（　　　）。

A．财付通　　　　B．支付宝　　　C．快钱

4．下列属于淘宝网上个人对个人的业务的是（　　　）。

A．淘宝集市　　　B．二手闲置　　　C．天猫　　　　D．都不是

5．下列属于淘宝网开店认证方式的是（　　　）。

A．电脑认证　　　B．手机认证　　　C．阿里钱盾

## 二、判断题

1．企业（包括商家）对企业的电子商务，即企业之间通过互联网这种电子商务工具来进行产品、服务及信息的交易属于C2C的电子商务模式。（　　　）

2．支付宝的账号就是淘宝会员名。（　　　）

3．支付宝的认证方式有支付宝卡通认证、视频认证。（　　　）

4．支付宝可以用手机号、电子邮箱来命名。（　　　）

5．电子商务就是在互联网上买卖东西。（　　　）

## 三、简答题

1．电子商务按对象分类，可分为哪几类？简述其含义。

2．网店的进货渠道有哪些？你还能想到哪些可以找到货源的渠道？

3．简述淘宝开店的注册及认证流程。

## 四、实例练习

完成个人网店的注册及相关认证流程。

## 知识选读

### 电子商务的几个其他形式和开店认证的几个其他方式

#### 1. 电子商务按对象分类的其他形式

（1）ABC（Agent、Business、Customer）：由代理商、商家和消费者共同搭建的集生产、经营、消费为一体的电子商务平台，三者之间可以转化。大家相互服务，相互支持，你中有我，我中有你，真正形成一个利益共同体。

（2）B2M（Business to Manager）：所针对的客户群是该企业或者该产品的销售者或者为其工作者，而不是最终消费者。企业通过网络平台发布该企业的产品或者服务，职业经理人通过网络获取该企业的产品或者服务信息，并且为该企业提供产品销售或者企业服务，企业通过经理人的服务达到销售产品或者获得服务的目的。

（3）B2G（B2A）（Business to Government）：企业与政府管理部门之间的电子商务，如政府采购平台、海关报税平台、国税局和地税局报税平台等。

（4）M2C（Manufacturers to Customer）：生产厂商直接面对消费者。

（5）P2D（Provide to Demand）：在特定的电子商务平台中，每个参与个体的供应面和需求面都能得到充分满足，充分体现特定环境下的供给端报酬递增和需求端报酬递增。

（6）B2B2C（Business to Business to Customer）：第一个 B 指广义的卖方（成品、半成品、材料提供商等），第二个 B 指交易平台（提供卖方与买方的联系平台），同时提供优质的附加服务，C 指买方。卖方可以是公司，也可以是个人，即一种逻辑上的买卖关系中的卖方。

### 2. 开店认证的其他方式

认证方式有"电脑认证"、"手机认证"与"阿里钱盾认证"三种方式。在开店验证时，系统会根据网络安全环境做出推荐，"电脑认证"在本章任务 1.2.5 的"开店认证流程"中已详细叙述过了。现对"手机认证"和"阿里钱盾认证"进行简单介绍。

（1）手机认证。手机认证相对快捷，选择"手机认证"时需要下载手机淘宝客户端，通过客户端的"扫一扫"功能扫描二维码，进入认证页面。要完成的步骤有验证手机号码，填写联系地址，拍摄上传手势照和身份证正面照，填写身份证有效期限，提交后等待审核完成认证。

（2）阿里钱盾认证。进行身份验证时，页面提示为手机淘宝认证时，如图 1.26 所示，将鼠标放在 扫码安装 处，便会出现二维码，进行扫码，下载安装"阿里钱盾"→打开"阿里钱盾"客户端→单击扫码功能，扫描页面中的二维码，进入认证页面。要完成的步骤有验证手机号码，填写身份证有效期限，填写联系地址，拍摄上传手势照和身份证正反面照，提交后等待审核完成认证。

注：

① 45 岁以上的会员身份证有效期限可以选择长期有效。

② 上传手势照片时，要根据当时系统给出的手势示例拍照，如图 1.27 所示。

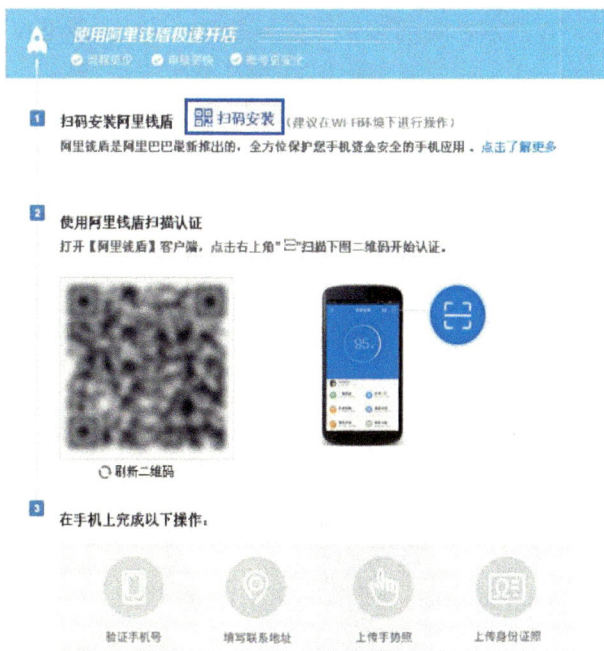

图 1.26　扫码安装阿里钱盾

图 1.27　手势示例照片

# 店铺装修

## 学 习 篇

 学习目标

- 了解店铺装修的必要性
- 了解并掌握店标的制作过程
- 了解并掌握店招的制作过程
- 了解并掌握促销海报的制作过程
- 了解并掌握店铺公告的制作过程

在以就业为导向、以培养实际工作能力为教学目标的前提下，现将本书的范例网店定位为以经营魔术道具为主的淘宝C店，并在最后以开设学生比较感兴趣的家居用品网店来进行实训。

装修店铺之前应先多学习同行业的旺铺，注意它们的装修风格和细节。店内装修主要包括设计店标、店招、海报、公告、宝贝分类模板、宝贝详情模板等。

在这一章中将开始设计网店的首页，即具体学习如何制作网店的店标、店招及促销海报等。在本章学习结束后，应能制作出类似如图2.1所示的网店首页。

图 2.1　实训一号店首页

图 2.1　实训一号店首页（续）

# 学习任务 2.1　店铺首页装修设计理念

店铺首页装修设计理念

店铺首页包括店标、店招、促销海报、公告、宝贝分类及商品主图等卖家想要告诉买家的主要信息，这些信息的准确传达直接决定了买家是否有意愿购买。不论是实体店还是网店，交易场所装修的核心都是促进商品交易，网店装修对于店铺掌柜来说是一个重要的工作。一幅美好的画面，可以让人过目不忘，甚至流连忘返，一个漂亮的店铺也会带来相同的效应。

买家的自我保护意识都很强，宁可到信誉高、销量好的店铺买价格贵一些的商品，也不会在信誉低、销量低的店铺买价格便宜的商品。而漂亮的装修可以加强店铺的亲和力，进而增加点击率和转化率。

## 2.1.1　定位风格

风格是无形的，它是一种感觉，准确抓住每个人心中的感觉并不是一件容易的事。如"韩都衣舍"的店铺给人以时尚潮流的感觉，"裂帛"的店铺给人以民族风的感觉；"耐克"网站给人以运动活力的感觉，"真维斯"网站给人以时尚休闲的感觉；"麦当劳"网站给人以快捷方便的感觉，"香格里拉大饭店"网站给人以高端上档次的感觉。从命名开始就应该对风格准确定位。名字与行业及其风格一致有助于人们更好地记忆。把握好店铺的风格对销量尤为重要，这里给出一些经验参考，供大家借鉴。以下是"韩都衣舍"和"裂帛"网店的展示，如图 2.2 和图 2.3 所示。

图 2.2 "韩都衣舍"店铺首页

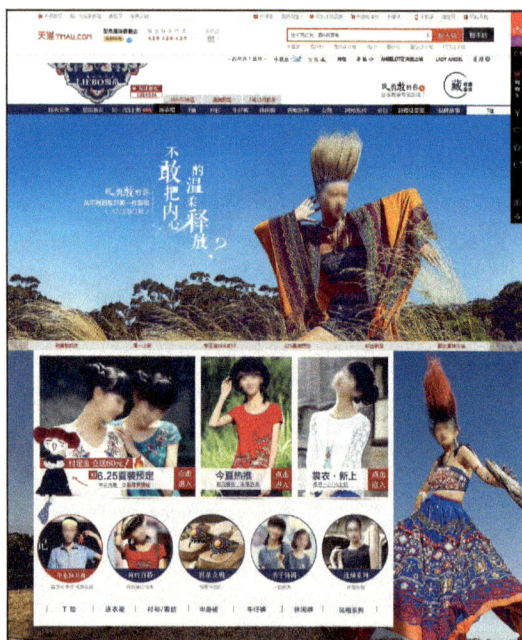

图 2.3 "裂帛"店铺首页

## 1. 突出标准色彩

标准色彩指企业为塑造独特的企业形象而确定的某一特定的色彩或一组色彩系统，运用在所有的视觉传达设计的媒体上，通过色彩特有的知觉刺激与心理反应，表达企业的经营理念和产品服务的特质。

选择标准色彩要从产品的特点、性质入手，因为标准色代表着产品特色及企业文化，店铺的主色调、产品图、背景色、边框等用色尽量和标准色保持一致。下面来看一组"雅士利"奶粉的设计示例，如图 2.4～图 2.6 所示。

图 2.4　"雅士利"标志

图 2.5　"雅士利"网店海报

图 2.6　"雅士利"包装

"雅士利"是婴幼儿奶粉品牌，它的标准色以蓝色、黄色、白色为主，在品牌标志、店铺装修及商品包装上都大量地运用了这三种色彩。蓝色给人纯净、广阔、舒适的感觉，黄色给人希望、活力、光明的感觉，白色象征着奶制品的原色。蓝色和黄色对比鲜明，画面效果突出。

### 2. 尽量将店铺 Logo 放在每个页面上

在网店的页面上，出现在店招中的 Logo 一般放置在左侧，现在在淘宝平台的模板里，左上角不再有店标，只在登录后显示店铺名称的文字。可以把 Logo 放在店招或者商品主图上以达到突出和宣传的效果，如图2.7所示。

图2.7　店招中的Logo

### 3. 想一句朗朗上口的广告宣传语

一句好的广告语是用一个有利的价值点引发购买促动力，应把它放在店招里或者醒目的位置，让买家知道商品的特色和亮点，如图2.8所示。

图2.8　店招中的广告语

### 4. 使用统一的图片处理效果

每一种宝贝分类的图片效果应统一，例如阴影效果的方向、厚度、模糊度等，保持视觉浏览的顺畅，并向买家暗示这是同一类型的产品，如图2.9和图2.10所示。

图2.9　网店"寇丝"产品图片效果

图 2.10　天猫店"毕业那年"产品图片效果

**5.　解析网店"洛诗琳"的风格定位**

下面针对一家网店进行整体讲解。如图 2.11 所示的网店"洛诗琳"的风格定位就很准确，它的标准色为粉色系，Logo 放在店招的左上角，宣传语是"做精致优雅的幸福女人"，整个店铺设计优雅大方，能准确体现出网店的买家定位为知性女人。

图 2.11　店铺"洛诗琳"首页

在如图 2.12 所示的商品主图中，同类型的图片采用了相同效果的处理，如相同的价格标签、同一模特、相同的背景等。

## 2.1.2　运用黄金分割的设计理念

打开店铺时，买家应在第一屏就能将重要信息看完整。如何在有限的屏幕面积上分配不同的信息模块呢？可通过在页面布局中应用黄金分割的设计理念来实现。

黄金分割的比例值为 1.618：1 或者 1：1.618，如图 2.13 所示。

图 2.12　店铺"洛诗琳"的宝贝主图

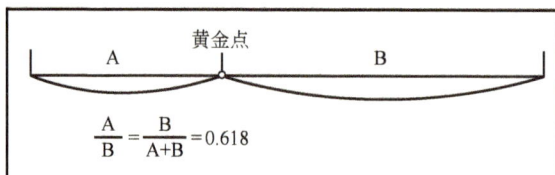

$$\frac{A}{B} = \frac{B}{A+B} = 0.618$$

图 2.13　黄金分割比例

　　模特在体型上出众，并不单单因为他们个子高，而是他们的身材符合了黄金比例，即如果肚脐是人体总长的黄金分割点，膝盖是肚脐到脚跟的黄金分割点，胳膊肘是整个胳膊长度的黄金分割点等，就意味着可能拥有完美身材。同样，在设计中也要大量运用黄金分割的设计理念。现在一起来了解淘宝首页中对黄金分割设计理念的应用。

　　在如图 2.14 所示的淘宝网首页中，焦点图在第一屏黄金分割的位置，既醒目又美观。在如图 2.15 和图 2.16 所示的两张促销海报图中，商品图和主要文字都放在了黄金分割线的位置上。

图 2.14　淘宝首页中黄金分割的应用

图 2.15　黄金分割应用 1

图 2.16　黄金分割应用 2

　　一张有水平的设计图是要有理论做基础的，遵循黄金分割理念能更好地突出重点、美化画面。

# 学习任务 2.2 设计店标

店标设计理念

店标即淘宝店铺标志，代表店铺的风格、店主的品位、产品的特性等，是网店宣传推广的媒介，在形象传递过程中，是应用最广泛、出现频率最多、最重要的元素。品牌的推广离不开店名和店标，很多网店却不重视自己的网店标志，甚至出现店铺 Logo 与 Banner、主图等板块上的标志不统一的情况，这会让浏览店铺的买家认为店铺不正规、不值得信任。

设计店标时，首先要起一个好店名。好的店名有三个标准：容易被记忆、有品类暗示、回避通用词。如图 2.17 所示的店标设计"三年二班文具"，既容易被记住，又有学校、学生的暗示，增强了品牌的亲和力。经营护肤品的"美肤宝"，"美"、"肤"品类暗示很突出，在各种名称中易被识别。针对孕期和哺乳期人群的"十月妈咪"，孕期十个月是一种规律性数字，将孕期和哺乳期的妈妈定位为消费群体，既定位准确又朗朗上口。通用词是指某一行业类别的词，起名字时应回避。例如有人给文具店起名字为"文具店"，这是不允许的。

图 2.17 优秀店标示例

## 2.2.1 制作店标

制作店标

现在通过如图 2.18 所示的店标案例来介绍制作店标的步骤。

设计分析："叮当的口袋"是日用百货店铺的标志，"叮当"取自众所周知的动画片中的机械猫，它的"口袋"里有无数的"宝贝"，寓意店铺里的宝贝琳琅满目，三个从"口袋"里飞出来的方块代表着各种生活日用品应有尽有，源自动画片理念的文字用卡通字体表现，与整体的风格相呼应。

标志在以后的宣传或制作中会经常用到，有时需要用到较大的图，所以创建时设置图像大小为 500px×500px。

制作步骤如下：

① 打开 Photoshop 软件，新建一个 500px×500px 的文档，如图 2.19 所示。

② 将背景图层填充黄色（R：255，G：255，B：0），用快捷键【Alt+Delete】填充前景色，如图 2.20 所示。

图 2.18 效果图

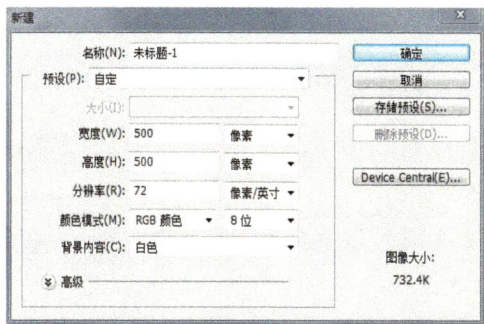

图 2.19  新建图像文件

图 2.20  填充背景图层

③ 选择工作区左侧工具箱中的"椭圆工具" ⬭ ，在画面上拖曳出一个椭圆路径，如图 2.21 所示，注意要选择选项栏里的"路径"按钮。

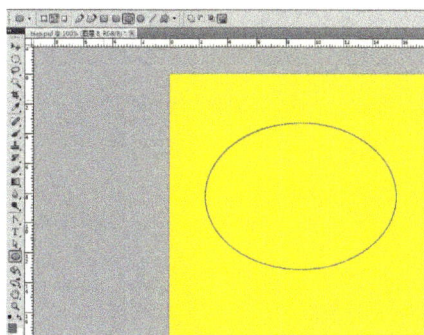

图 2.21  新建椭圆路径

④ 选择工具箱中的"直接选择工具" ⬚ ，点一下椭圆路径，把顶部的锚点向下移动，底部的锚点也向下移动，同时选中两侧的锚点向上移动（这里的移动要用键盘操作，不要手动操作，以实现微调），对"口袋"的形状进行调整，直至满意为止，如图 2.22 所示。

⑤ 按快捷键【Ctrl+回车】，将路径转变为选区，在新建的"图层 1"上填充白色，如图 2.23 所示。

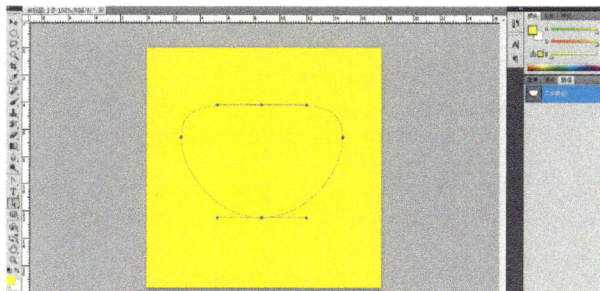

图 2.22  调整路径锚点

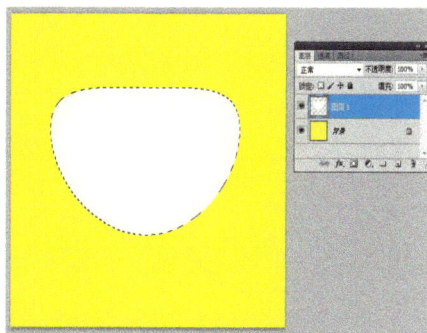

图 2.23  填充白色

⑥ 新建"图层 2"，在选区未取消的前提下按快捷键【Alt+E/S】，即"编辑"菜单中的"描边"命令，打开如图 2.24 所示的"描边"对话框，选择宽度为"10px"，颜色为"黑色"，位置为"内部"，单击"确定"按钮，其效果如图 2.25 所示。

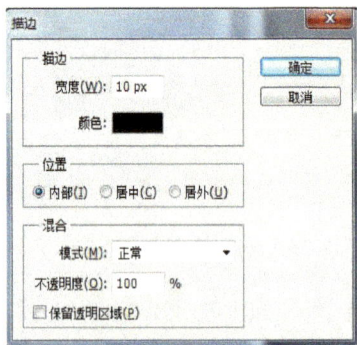

图 2.24 "描边"对话框

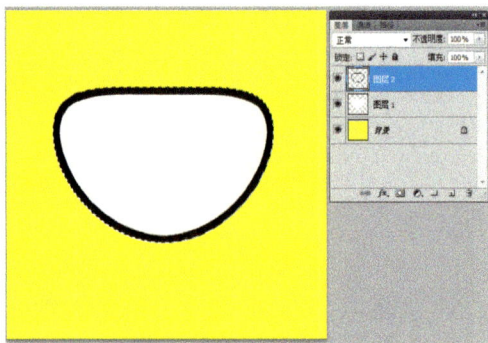

图 2.25 "描边"效果

⑦ 新建"图层 3"，再次描边，同步骤⑥，颜色为暗红色（R：100，G：0，B：0），其余选项与步骤⑥相同，如图 2.26 所示。确认后效果如图 2.27 所示。

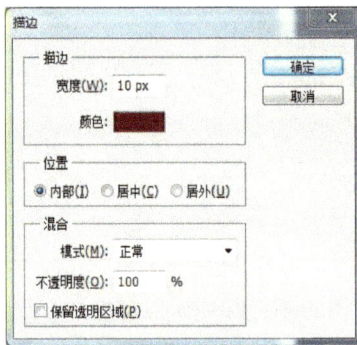

图 2.26 "描边"对话框

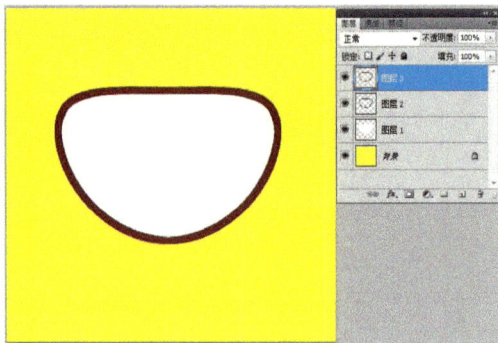

图 2.27 "描边"效果

⑧ 按快捷键【Ctrl+D】取消当前选区，选择"橡皮擦工具" ，把"口袋"下部的红色擦掉，留下"口袋"上部的红色边线，如图 2.28 所示。

⑨ 复制"图层 2"得到"图层 2 副本"，按快捷键【Ctrl+T】，即"编辑"菜单中的"自由变换"命令，选择"图层 2 副本"，按【Shift】键等比缩小到合适尺寸并放置到"口袋"底部，如图 2.29 所示。

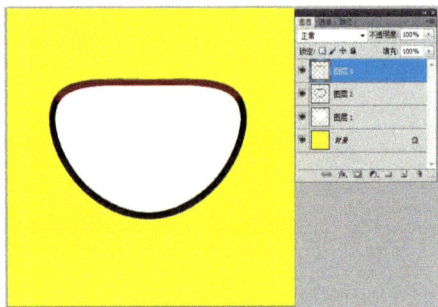

图 2.28 擦掉下部红色边线后的效果

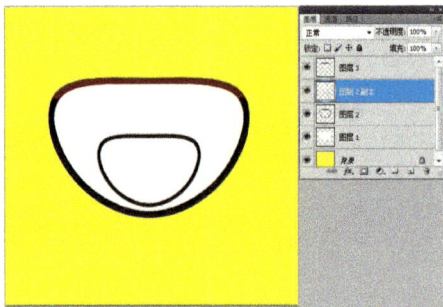

图 2.29 制作"小口袋"

⑩ 制作铃铛部分。在顶层新建"图层 4"，用"画笔工具"的实圈点一个稍大的黄色圆点，并在顶部再点一个小黄点，双击图层打开"图层样式"面板，选择"描边"选项，调整宽度为 2px，效果如图 2.30 所示。

⑪ 新建"图层 5"，选择"椭圆选框工具" ⬭ ，在铃铛的下部拖动出一个椭圆选区，描边如步骤⑥，宽度为 2px，颜色为黑色，效果如图 2.31 所示。

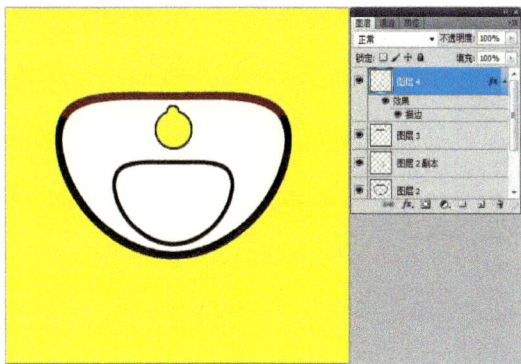

图 2.30　铃铛外形效果　　　　图 2.31　制作铃铛内部

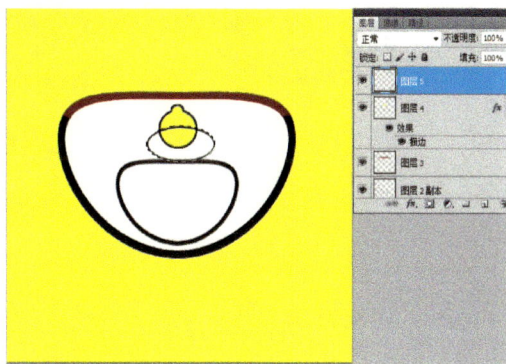

⑫ 取消选区后，用"橡皮擦工具"擦掉铃铛外侧的黑线，并用相同方法绘制铃铛内的其他部分，铃铛制作完成后调整其在"口袋"里的位置，如图 2.32 所示。

⑬ 制作阴影，让"口袋"有立体感。复制"图层 1"并填充为黑色，降低不透明度为30%，然后放置在顶层，如图 2.33 所示。

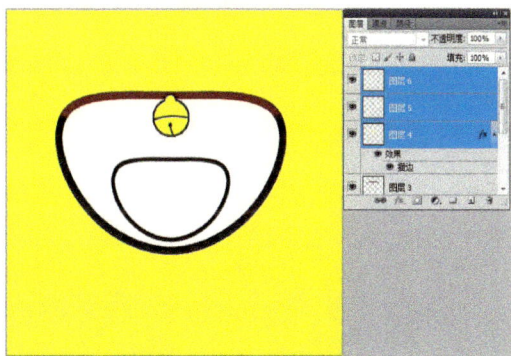

图 2.32　添加铃铛后的效果　　　　图 2.33　制作铃铛阴影

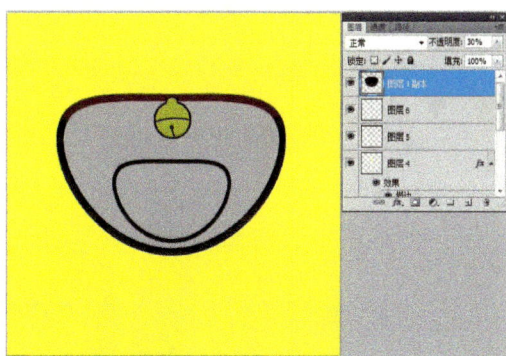

⑭ 选择"椭圆选框工具"，用鼠标拖曳出一个椭圆选区，用"选择"菜单中的"变换选区"命令来调整椭圆选区的形状和位置，如图 2.34 所示。

⑮ 调整完成后按回车键确定，按【Delete】键删除选区内的阴影，按快捷键【Ctrl+D】取消选区，"口袋"制作完成，如图 2.35 所示。

⑯ 制作三个从"口袋"里飞出的小方块。新建"图层 7"，用"矩形选框工具"拖曳出一个正方形选区，并填充绿色（R：30，G：255，B：0），调整大小和方向后放在"图层 1"下方，重复此步骤制作其他两个方块，颜色依次为蓝色（R：0，G：100，B：255），红色（R：255，G：0，B：0），如图 2.36 所示。

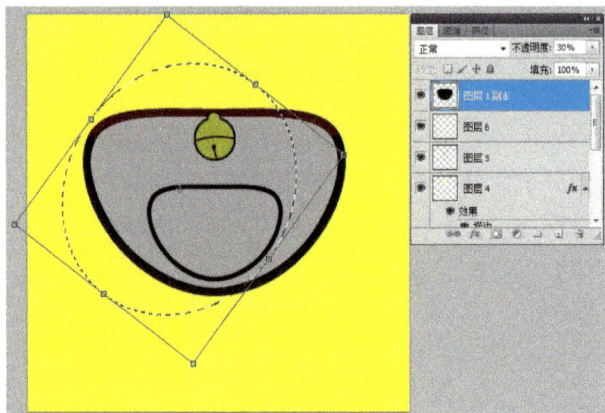

图 2.34 调整阴影形状

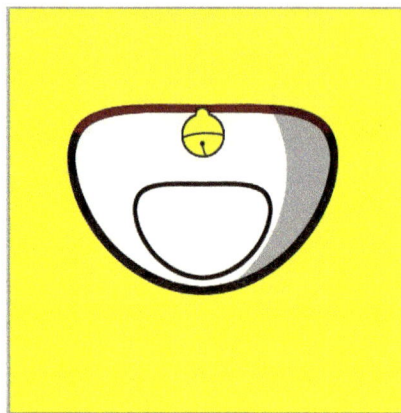

图 2.35 "口袋"效果图

⑰ 在底部输入文字"叮当的口袋",这里用的字体是"汉仪太极体简",90 点,调整"口袋"和文字的位置和大小,最终效果如图 2.37 所示。

图 2.36 制作三个小方块

图 2.37 最终效果完成图

⑱ 店标在主图和店招中的应用,如图 2.38 和图 2.39 所示。

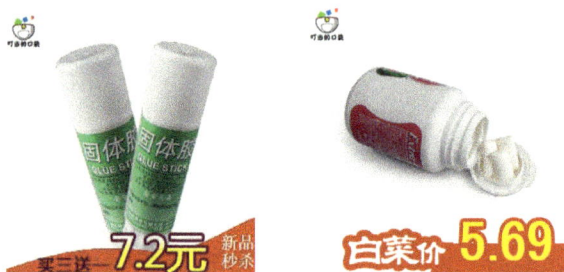

图 2.38 店标在主图中的应用

图 2.39 店标在店招中的应用

## 2.2.2　设计扩展

店标就像人的眼睛，传达着店铺品牌理念，包含网店定位、经营模式、产品类别和服务特点的信息。设计店标要注意以下原则：

① 字体务必清晰明了。

② 要有很好的"大小"适应性，放到很小的地方也易被识别。

③ 不要过于复杂。

④ 选择色彩不宜过多，最好不要超过三种颜色。

店标的表现形式有图案、文字、组合。下面来看几个具体实例，如图 2.40 所示。

图 2.40　不同形式的店标

店标在宣传中的运用如图 2.41 所示。

图 2.41　店标运用实例

# 学习任务 2.3　设计店招

店招设计理念

店招即店铺招牌，出现在店铺每个页面的店招具有很好的广告效应，能起到传达经营理念，突出经营风格和店铺形象的作用。在设计时要注意呈现出品牌和经营商品的品类信息，最好让买家清楚地了解店铺的经营范围、特点等信息，争取最大化的广告效应。有些网店虽然在首页就能让买家看出整个店铺是卖什么产品的（因为在首页有产品主图展示），但是在其他页面就不能确认店铺经营的品牌和品类了。如要放置图片一定要符合店铺的经营品类，并且避免"表里不一"，更不能用别家店的商品图。

从如图 2.42 所示的店招中，仅仅能看到一个名称，很简洁大方，但是从这个名称中寻找不到任何关于这个店铺的信息，如卖什么商品、行业的类别、产品的类别、网店的定位等。

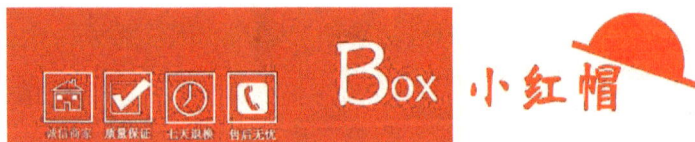

图 2.42　示例店招 1

如图 2.43 所示的店招中，能看到店名、店铺活动、购物保障，左侧的图案不确定是不是店标，那么到底是卖什么商品呢？在这里并没有呈现，虽然标明了促销活动，但即使再便宜也不能吸引买家。

图 2.43　示例店招 2

## 2.3.1　制作店招

制作店招

制作一个日用百货店铺的店招，效果如图 2.44 所示。

图 2.44　店招效果图

设计分析："家乐购"是店铺的名称，围绕着生活日用品这个主题打出的口号是"快乐购享 有你有我"，意在突出"购物享受"这个主题。左下角是店铺的购物保障，给买家一个放心的购物环境。右下角的"家乐购 生活百货 主营：毛巾、牙膏、香皂等日用品"清晰展示了店铺的经营品类。

制作步骤如下：

① 打开 Photoshop 软件，新建一个 950px×120px 的文档。

② 用"钢笔工具"点三个锚点，做出图 2.45 所示的路径。

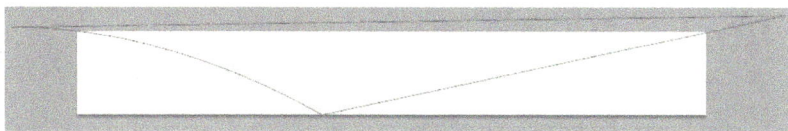

图 2.45　新建路径

③ 新建"图层 1"，将路径变为选区，填充绿色（R：144，G：236，B：0），如图 2.46 所示。

图 2.46　填充绿色

④ 复制"图层 1"得到"图层 1 副本"，设"图层 1"不透明度为 50%，按【Ctrl+T】组合键，即"编辑"菜单中的"自由变换"命令，缩短宽度，如图 2.47 所示。

图 2.47　改变宽度

⑤ 选择"图层 1"，添加图层样式，勾选"投影"选项，设置参数如图 2.48 所示。

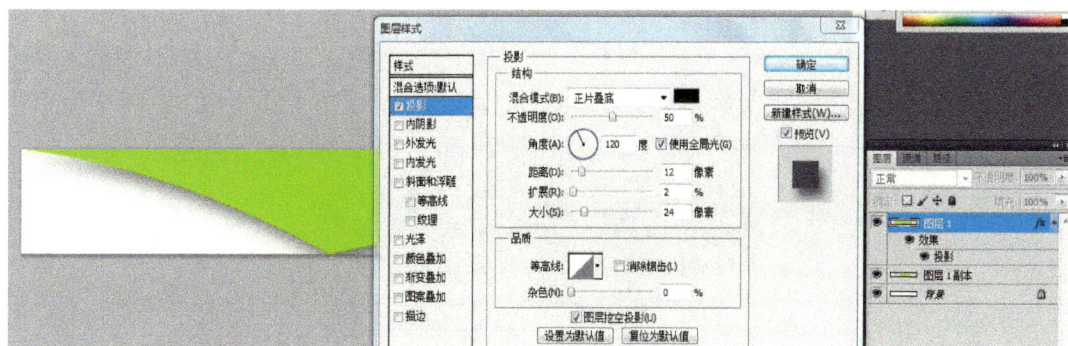

图 2.48　添加图层样式

⑥ 选择"文字工具"，输入宣传语"快乐购享 有你有我"，将文字设置为"黑体"，"45 点"、"加粗"、深绿色（R：21，G：47，B：18），如图 2.49 所示。

⑦ 复制文字层得到文字副本层，选择下部的文字层，将其改为白色，用键盘向右移动两次、向下移动两次，如图 2.50 所示。

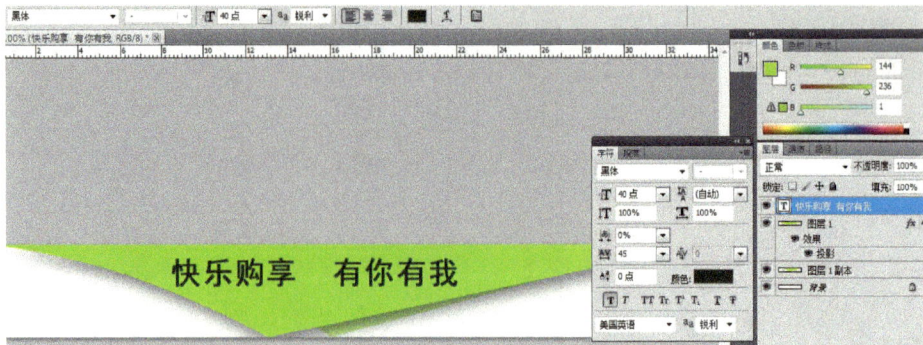

图 2.49　输入文字

图 2.50　文字特效

⑧　选择"文字工具"输入大写字母"GO"，将文字设置为 35 点、蓝色（R：1，G：134，B：211），打开"图层样式"面板，选择"描边"，大小为"1"，颜色为"白色"，选择"自定形状工具"，选择"箭头 2"形状，在右侧画三个箭头形状并填充纯黄色，如图 2.51 所示。

图 2.51　文字特效

⑨　在店招左下方制作店铺购物保障，前景色设置为灰色（R，G，B 均为 80），在"自定形状工具"里找到代表不同含义的形状并填充前景色，在每个形状的下方用"宋体"、"10点"、相同颜色，输入各自的信息文字。注意：用"移动工具"里的均分功能，把各组形状与文字"中对齐"，形状与形状、文字与文字"底对齐"，排列整齐，如图 2.52 所示。

图 2.52　购物保障

⑩　右下角放置素材库中提供的店标，调整大小和位置，输入文字"生活百货"，重叠效果制作同步骤⑦，如图 2.53 所示。

图 2.53　店标及销售类别

⑪ 选择"文字工具"，输入主营产品名称，"宋体"、"15 点"、"黑色"，调整位置，如图 2.54 所示。

图 2.54　最终效果完成图

## 2.3.2　设计扩展

店招的风格一定要和整个店铺的风格统一，店招上的文字和背景对比色要鲜明，如需动态效果时注意不要"大动静"，避免乱跳、乱飞、乱闪等影响效果。店铺名称要用粗体字，粗体字给人厚实和信赖的感觉，使其更突出和明显。

下面来欣赏几个设计优秀的店招。

如图 2.55 所示的店招中，品牌、品类信息明确，名称下方的宣传语准确传达企业经营理念，店标放置在左侧位置，商品图片与店铺经营范围相符，促销信息和价格能很好地吸引顾客注意。画面里"2298"是有动态效果的，但是其面积小而且闪动速度不快，既吸引人又不会影响整体效果。

图 2.55　优秀店招展示 1

如图 2.56 所示，这是一家以销售零食小吃类商品为主的店铺，店标与店名以可爱卡通动物形象出现，对于可爱的"吃货"们来说是无法抗拒的诱惑，由此增进了与买家的亲和力。中间是销量业绩的广告语宣传，右侧展现的是集团旗下品牌，这些都增强了买家对品牌的信赖感。

图 2.56　优秀店招展示 2

如图 2.57 所示，在这个店招中，店标放置在了左侧位置，中间用漂亮的色块组成了宣传语面板，右侧是店内主打商品的图片和活动价格，画面颜色鲜艳，版式灵活，定位准确，符合低龄儿童消费群体的要求。

图 2.57　优秀店招展示 3

# 学习任务 2.4 设计促销海报

促销海报的作用是加强展示店铺的品牌形象和促销信息，就像超市的促销广告一样，新颖而实惠的广告宣传图能吸引更多的消费者。价格低固然能引起买家的注意，但是更多买家关心的是商品是否值这个价，只有"物超所值"才会让更多的买家动心。

设计促销区时要注意突出重点，无论店铺里要做多少活动，也只能挑选一个最吸引人的活动呈现在促销区里，通过这一个活动吸引买家进一步了解其他的活动，否则信息量太多，买家反而觉得"乱"无头绪。下面看两个例子，比较一下哪个活动效果更突出，如图 2.58 和图 2.59 所示。

图 2.58  促销海报展示 1

图 2.59  促销海报展示 2

通过观察不难判断出图 2.59 所示促销海报展示要比图 2.58 所示促销海报展示设计得更好。

图 2.58 所示画面信息量太大，图片、文字、活动都摆了出来，包邮、打折、赠送、抽奖等活动让买家看不到重点，分辨不出到底哪个活动最划算，如何才能买到实惠、超值的商品。

图 2.59 所示的是一家零食店，有趣的主题文字在画面中很突出，谐音效果使内容和背

景相呼应。商品图的展示明确了店铺经营商品的类别,漂亮的背景图让人充满想象,增强了点击购买的欲望。促销活动明确清晰,使买家知道如何得到更多的实惠。

设计海报时要注意的事项主要有以下几点:

① 通过图像和色彩来实现强烈的视觉冲击力。

② 海报表达的内容要精炼,应抓住主要诉求点。

③ 一般以图片为主,文案为辅,文字不宜过多。

④ 主题字体要醒目。

### 2.4.1  制作海报

制作海报

制作一个日用百货店铺的促销海报,效果如图 2.60 所示。

设计分析:案例海报从商品品质和促销价格优势上进行宣传,画面布局符合黄金分割比例,广告文字在左侧,商品图单独在右侧位置使其更醒目,同时商品背后的发光效果进一步强调了画面的重点,介绍产品特点的文字在圆形色块上书写美观、有序、不凌乱。

制作步骤如下:

① 打开 Photoshop 软件,新建一个 950px×400px 的文档。

图 2.60  效果图

② 为背景图层填充蓝色(R:3,G:214,B:213),按快捷键【Alt+Delete】填充前景色,如图 2.61 所示。

③ 新建"图层 1",选择"椭圆选框工具",按住【Shift】键拖曳出一个正圆,填充浅黄色(R:254,G:255,B:101),如图 2.62 所示。

图 2.61  填充蓝色后效果

图 2.62  浅黄色正圆

④ 选择"椭圆工具",按住【Shift】键在浅黄色圆外画一个正圆路径,如图 2.63 所示。

⑤ 选择"画笔工具"的"切换画笔面板"功能,在面板里设置"画笔笔尖形状"的间距,如图 2.64 所示。

⑥ 新建"图层 2",将前景色设置为白色,打开路径面板,选择底部第二个选项"用画笔描边路径",如图 2.65 所示。用鼠标在路径面板空白处单击一次,路径消失,留下白色圆环虚线,如图 2.66 所示。

图 2.63　正圆路径

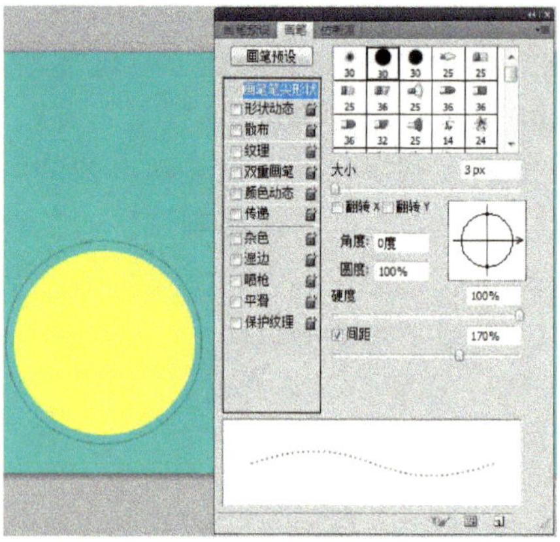

图 2.64　设置画笔笔尖形状

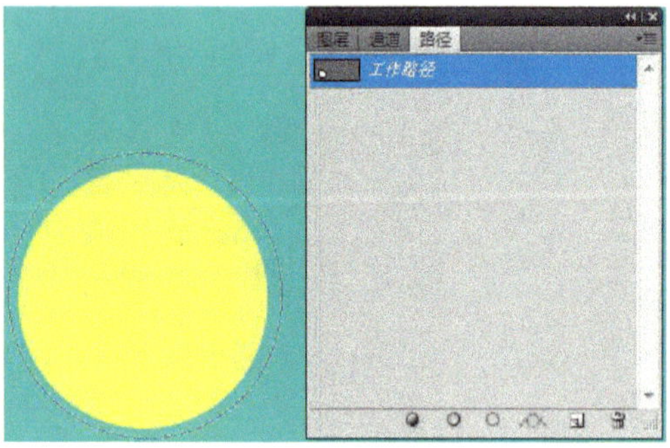

图 2.65　描边路径

图 2.66　白色圆环虚线

⑦ 给白色圆环和浅黄色圆做同心效果。同时选中"图层 1"和"图层 2"，选择"移动工具"，在选项栏里分别选择"垂直居中对齐"和"水平居中对齐"，即可得到同心效果，如图 2.67 所示。

⑧ 新建"图层 3"，选择"画笔工具"，在原"画笔笔尖工具"调整的前提下，将前景色改为黑色，按住【Shift】键在浅黄色圆的上部画虚线，复制"图层 3"得到"图层 3 副本"，按住【Shift】键沿直线向下移动到合适位置，如图 2.68 所示。

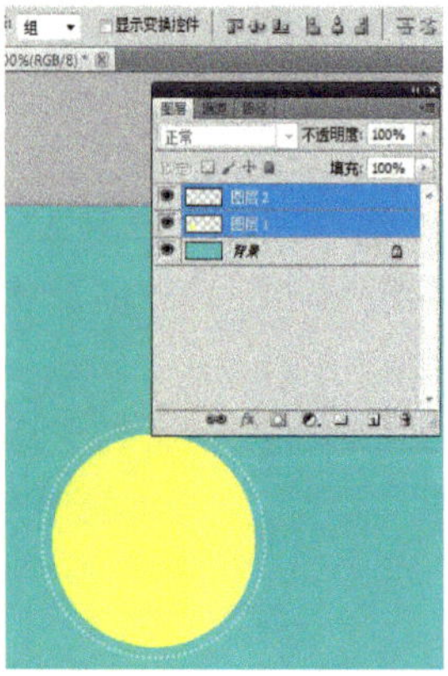

图 2.67　同心效果

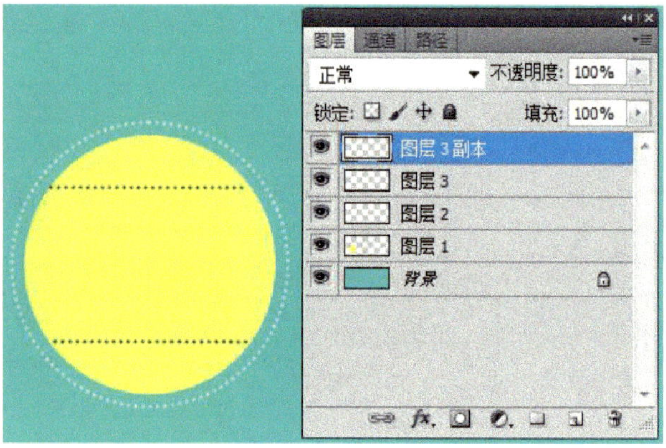

图 2.68　圆内虚线效果

⑨ 选择"文字工具",输入产品特点,将文字改为"汉仪综艺体简"、"35 点",颜色为(R:150,G:0,B:0),图层样式选择描边大小"2","白色",如图 2.69 所示。

⑩ 同时选中"图层 1"至"轻松去油"文字层共五个图层,选择"移动工具",按住【Alt】键移动到右侧,得到五个副本层,如图 2.70 所示。

图 2.69　添加文字效果

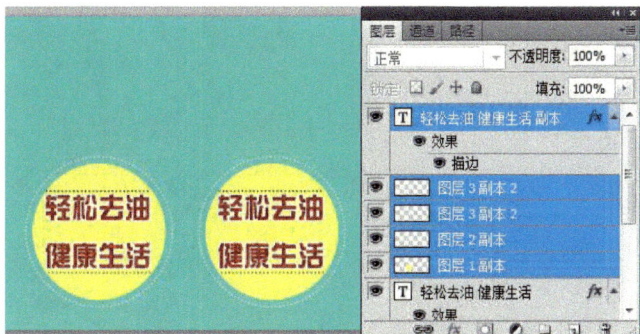

图 2.70　多层复制示例

⑪ 选择"文字工具",输入新的产品特点文字,颜色改为(R:243,G:34,B:115),选择"图层 1 副本"填充浅粉色(R:255,G:200,B:213),如图 2.71 所示。

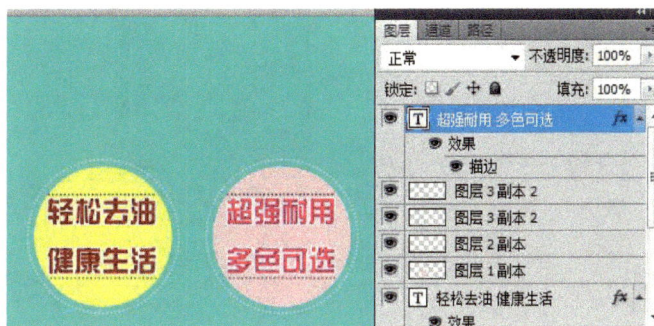

图 2.71　图层改颜色示例

⑫ 复制"超强……"文字层至"图层 1 副本"层,得到并同时选中五个副本层,移动至两圆上部并缩小,如图 2.72 所示。

图 2.72　复制缩小圆效果

⑬ 正圆底色改为深红色(R:158,G:3,B:11),将文字改为"限时折扣","黑体",

"加粗"，选中"图层 2 副本 2"外圈白点层，按快捷键【Ctrl+T】，即自由变换工具，同时按住【Alt】键和【Shift】键缩小白点圈至深红色圆圈内部，隐藏"图层 3 副本 4"层，如图 2.73 所示。

图 2.73　图层改变格式效果

⑭　制作发射光线。选择"多边形套索工具"，在右侧的蓝色空白处制作倒三角选区，新建"图层 4"，选择"渐变工具"，将两端颜色设为白色，左侧色块不透明度设为 80%，右侧色块不透明度设为"0%"，选择线性渐变的自下而上渐变，取消选区得到一个倒三角的光线形状，如图 2.74 所示。

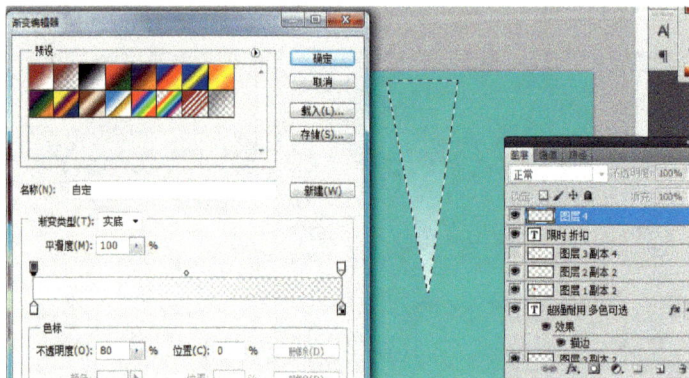

图 2.74　光线形状效果

⑮　复制"图层 4"得到"图层 4 副本"，按快捷键【Ctrl+T】进行自由变换，把中心点移动到三角底部尖点处，旋转三角到合适位置按回车键，如图 2.75 所示。

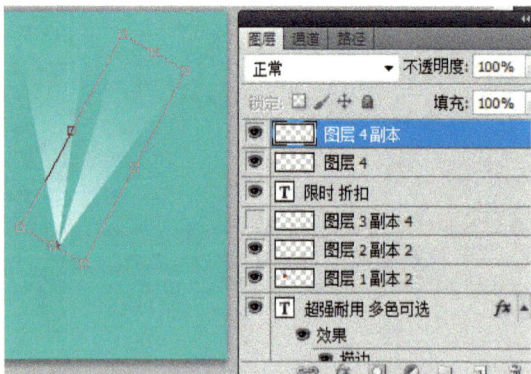

图 2.75　复制旋转光束

⑯ 左手同时按住【Ctrl+Shift+Alt】三个按键，右手按若干次【T】键，直至复制发射光线完成，效果如图 2.76 所示。

⑰ 合并"图层 4"及"图层 4"所有副本，按快捷键【Ctrl+T】进行自由变换，调整发射光束大小及位置，如图 2.77 所示。

图 2.76　复制光束效果　　　　　　　　　图 2.77　合并调整

⑱ 把商品照片素材用"魔棒工具"进行抠图处理后移动到光束上，并调整大小和方向，如图 2.78 所示。

图 2.78　放置商品图

⑲ 双击"图层 4"，打开"图层样式"面板，设置外发光效果，如图 2.79 所示。

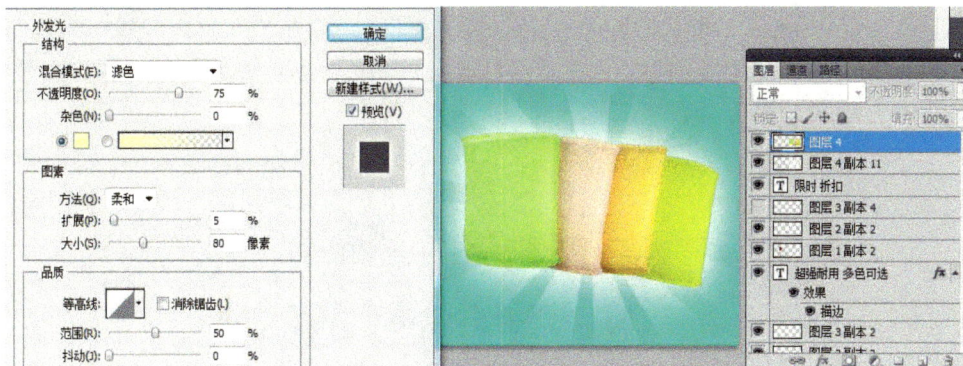

图 2.79　设置外发光

⑳ 选择"文字工具"，输入商品名称，文字格式设置为"汉仪菱心体简"、"50 点"，颜色

同浅黄色圆，打开"图层样式"面板，选择"投影"选项组，并设置数值，如图2.80所示。

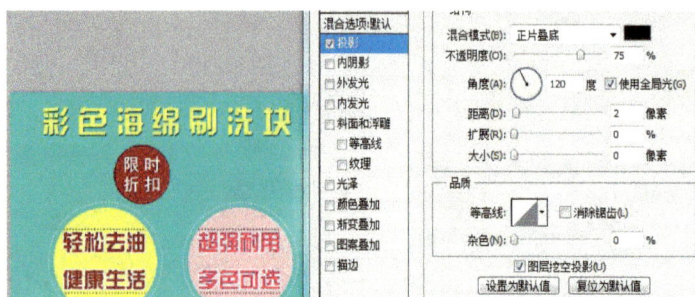

图 2.80　设置商品名称字体格式

㉑　选择"文字工具"，输入商品价格，字体格式设置为"汉仪方隶简"，价格数字大小为"50点"，其他汉字大小为"40点"，颜色为（R：184，G：0，B：116），打开"图层样式"面板，选择"描边"选项并设置为2px、"白色"，如图2.81所示。

图 2.81　设置商品价格字体

## 2.4.2　设计扩展

促销海报上的内容不仅可以从促销活动上入手，还可以从品牌品质上做推广，品牌深入人心，即使价格稍贵也会吸引更多的买家。从品牌方面做推广就是要把品牌优势的独特性响亮地喊出来，以吸引更多的潜在顾客。下面看两个优秀案例。

如图2.82所示的海报，商品图片在画面右侧，布局符合黄金分割理念，商品的摆放前后错落，有序而不凌乱，同时重点突出了商品的品牌；画面左侧文字内容较多，但是在大小和颜色上做了区分，主要内容文字较大而且放在了靠上位置，与黄金分割线的位置一致，背景图干净、自然，符合商品特点的诉求。

图 2.82　海报优秀案例1

如图 2.83 所示海报案例，由于品牌定位是年龄偏大的高端人群，深红色系符合顾客的年龄和性别的喜好，精致的商品图及背后的闪光效果具有很强的视觉冲击力，同时文字内容突出了商品的独特性。

图 2.83　海报优秀案例 2

# 学习任务 2.5　设计店铺公告

店铺公告用于发布网店的重要信息、最新促销信息等，一般位于普通店铺首页的上部，店主可以随时发布滚动的文字信息，如图 2.84 所示。另外，也可以通过网页代码发布图文配合的公告信息，使店铺公告更清晰、美观。

图 2.84　店铺公告示例

滚动显示的活动公告"暑假学生特惠：凡在小店购买宝贝，满 30 元：送特价明日环或长短猫；满 50 元：送仿真指套；满 90 元：送硬币消失器或戒指穿越手指；满 180 元：送花纹强磁魔术戒指或一元变一百或四连环；满 300 元：送万用乾坤袋或红色雪花纸一包；满 1000 元：送六连环或单管弹棒跳出器；必须拍下才能送哦，客服会给您改价格，不拍不送哟！"，本公告用突出重点的显示形式将最新的店铺活动内容推送给买家。

制作步骤如下：

① 登录店铺卖家账号。在"我是卖家"模块中，在左侧选项中选择"店铺管理"中的"店铺装修"，如图 2.85 所示。

图 2.85 "店铺装修"功能模板

② 打开如图 2.86 所示的"旺铺"装修功能模块,在左侧"页面管理"中选择"首页"。

图 2.86 "旺铺"装修功能模块

③ 将鼠标移至如图 2.87 所示的"客服服务在线"模块上,单击右下角的"添加模块"按钮,打开如图 2.88 所示的"添加模块"窗口,选择"自定义内容区"右侧的"添加"按钮。

图 2.87 "客服服务在线"模块

图 2.88 "添加模块"窗口

④ 出现如图 2.89 所示的"自定义内容区"模块，将鼠标移至其上后单击选择右侧的"编辑"按钮，打开如图 2.90 所示的"自定义内容区"编辑窗口。

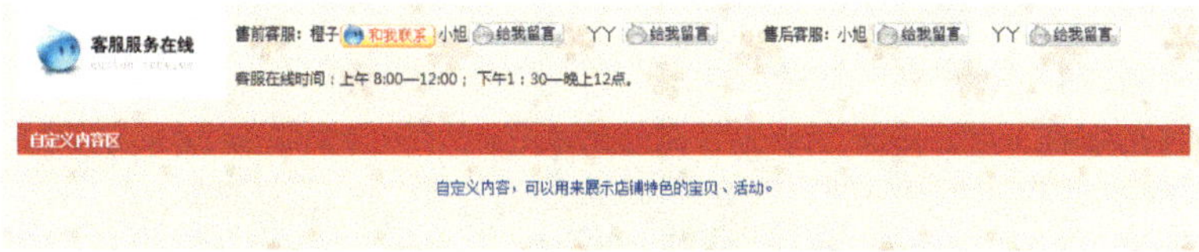

图 2.89　"自定义内容区"模块

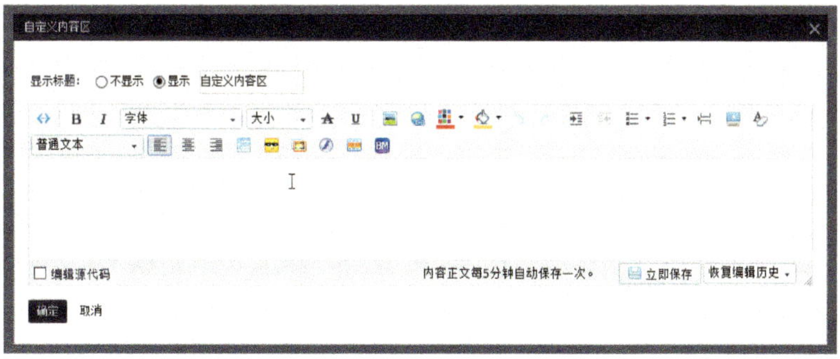

图 2.90　编辑窗口

⑤ 选择"不显示"标题单选按钮，并在下面的编辑框中输入以下文字"暑假学生特惠：凡在小店购买宝贝，满 30 元：送特价明日环或长短猫；满 50 元：送仿真指套；满 90 元：送硬币消失器或戒指穿越手指；满 180 元：送花纹强磁魔术戒指或一元变一百或四连环；满 300 元：送万用乾坤袋或红色雪花纸一包；满 1000 元：送六连环或单管弹棒跳出器；必须拍下才能送哦，客服会给您改价格，不拍不送哟！"，用鼠标选中所有文字，设置字形：加粗；字体："微软雅黑"；字号："24px"；文本颜色："黑色"。

⑥ 选中右下角的"编辑源代码"复选框，打开如图 2.91 所示的代码编辑窗口，并在 <html> 标签 <p> 的后面输入滚动字幕标签"><marquee scrollAmount="3">"，在 </p> 标签的前面输入 </marquee>。

注释：marquee#创建滚动的字幕；scrollAmount#设置字幕滚动的步长像素数，用于控制滚动字幕的速度。

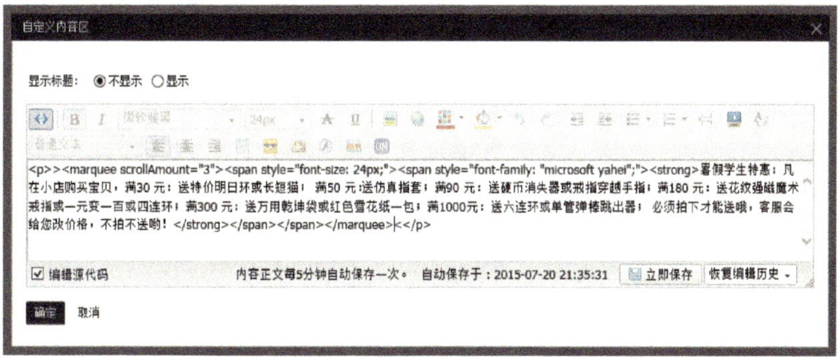

图 2.91　滚动字幕代码

⑦ 单击图 2.91 所示窗口右下角的"立即保存"按钮，再单击左下角的"确定"按钮。这时就可以在网店后台预览效果，如果不满意，可以继续修改。

⑧ 单击如图 2.92 所示窗口右上角的"发布"按钮，就可以将公告发布在首页。

图 2.92 "发布"公告

# 实 战 篇

一号店是我校电子商务专业的实训店，本店不以盈利为主要目的，而是以教师在课堂中的教学作为主线，在实训店里进行各个项目和操作的实践，把实践结果运用在教学的课堂中，这样就更能紧跟淘宝每次的规则变动趋势，进行运营中各种方法的实践。

魔术道具属于小类目，在设计的过程中注重突出其神秘感和神奇效果，整体装修大量地运用了黑色、红色搭配，在商品描述中具体的操作手法要隐去，更多地突出商品品质的展示和变化效果的渲染。

## 实战任务 2.1　制作实训店店标

制作实训店店标

实训店店标设计效果图如图 2.93 所示。

设计分析：实训店是为了能及时了解淘宝的各项规则，向学生传递最新的动态，是以方便教师教学、学生实践的教学项目，本店主要以经营魔术道具为主，相对买家而言则是"买"，"佳"则同"＋"，既寓意了商品的品质，又隐喻了"买家多多买"，这也是本实训店的设计思路。

图 2.93　实训店店标设计效果图

制作步骤如下：

① 打开 Photoshop 软件，新建一个 500px×500px 的文档。

② 选择"文字工具"，输入"买佳买"三个字，设置为"方正细倩简体"、"182 点"、"黑色"，缩进字间距，其效果如图 2.94 所示。

③ 选择文字层，用"栅格化文字"命令将文字变为图层，用橡皮擦分别把"买佳买"三个字的横线擦拭掉，其效果如图 2.95 所示。

④ 新建"图层 1"，选择"直线工具"，单击"填充像素"按钮，粗细为"6px"，前景色设置为蓝色（R：0，G：0，B：255），按住【Shift】键在擦拭过横线的地方自左向右画直线，其效果如图 2.96 所示。

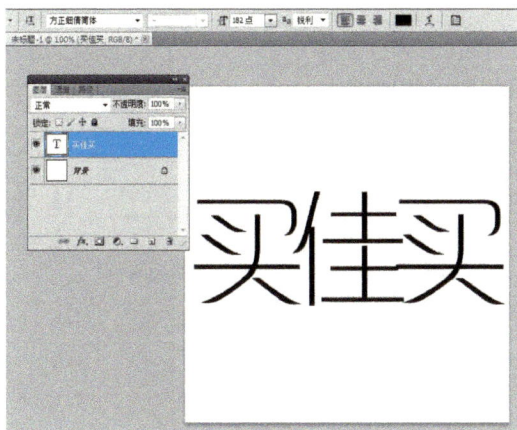

图 2.94　输入文字

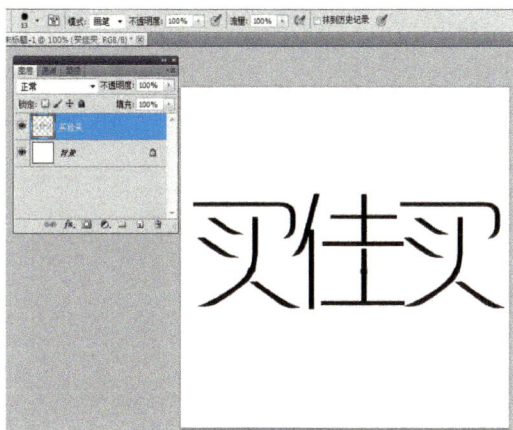

图 2.95　擦拭掉横线的文字效果

⑤ 按住【Ctrl】键单击"图层 1"的缩略图，得到"图层 1"的选区，选择"矩形选框工具"，选择"与选区交叉"选项，框选"佳"的横线部分，得到"佳"字的横线选区，设置前景色为黄色（R：255，G：255，B：0），填充前景色，其效果如图 2.97 所示。

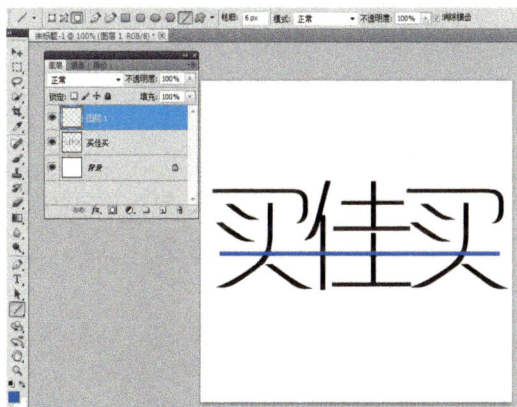

图 2.96　画蓝色横线后的效果

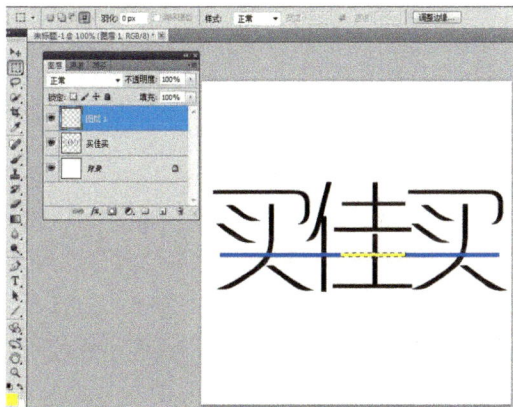

图 2.97　填充黄色横线

⑥ 同步骤⑤的操作方法填充第三个"买"字的红色（R：255，G：0，B：0）横线，其效果如图 2.98 所示。操作方法同步骤⑤。

⑦ 取消选区，选择"橡皮擦工具"，把两个"买"字的点擦拭掉，其效果如图 2.99 所示。

⑧ 新建"图层 2"，选择"自定义形状工具"中的"雨滴"形状，将前景色设置为蓝色，按住【Shift】键拖曳鼠标，画"雨滴"形状，其效果如图 2.100 所示。

⑨ 使用快捷键【Ctrl+T】，调整大小和方向，并在下方复制"雨滴"形状图层，调整大小和方向，其效果如图 2.101 所示。

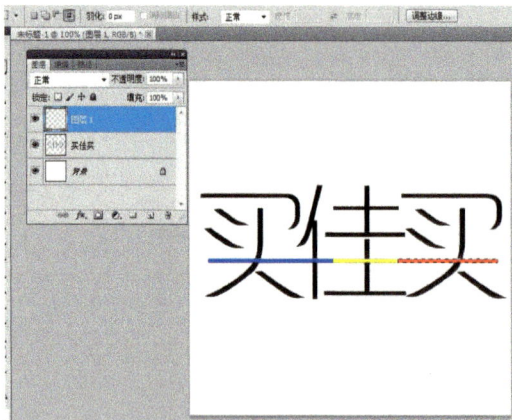

图 2.98　填充红色横线

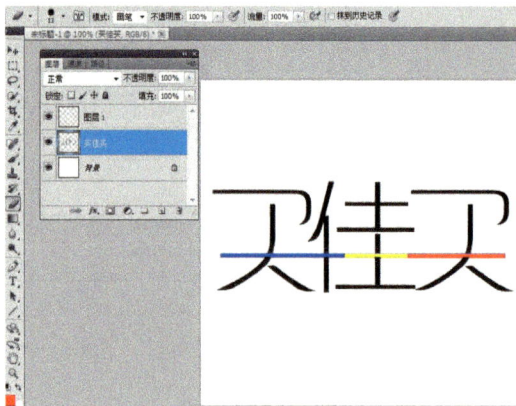

图 2.99　"买"字的点被擦拭后的效果

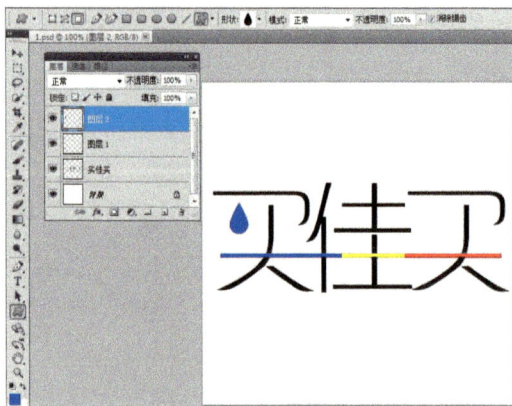

图 2.100　蓝色"雨滴"效果

图 2.101　复制蓝色"雨滴"

⑩ 同时选中"图层 2"和"图层 2 副本",选择"移动工具",按住【Alt+Shift】快捷键平移复制至右侧"买"字,如图 2.102 所示。

⑪ 将右侧"买"字的"雨滴"填充为红色,其效果如图 2.103 所示。

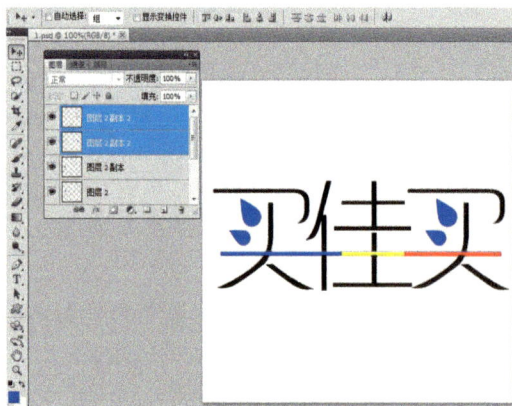

图 2.102　平移并复制蓝色"雨滴"

图 2.103　填充红色"雨滴"

⑫ 新建"图层 3",选择"直线工具",按下"填充像素",粗细为"8px",前景色为

"黑色"，按住【Shift】键在文字底部拖曳出一条直线，如图 2.104 所示。

⑬ 按住【Ctrl】键单击"图层 3"缩略图，得到黑色线条选区，选择"矩形选框工具"，按下"与选区交叉"选项，框选左侧"买"字下的黑线部分，得到选区后填充黄色，完成后另存为 jpg 格式，如图 2.105 所示。

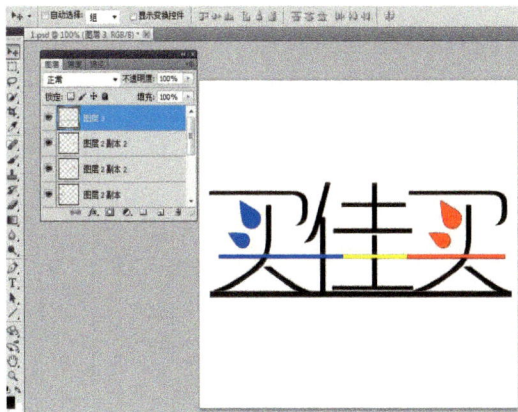

图 2.104　画黑色线条　　　　　　　　图 2.105　画黄色横线

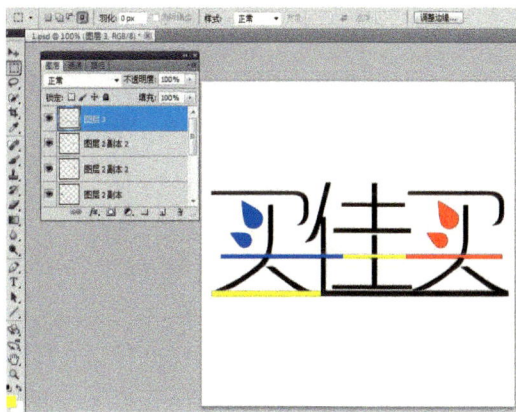

⑭ 登录店铺账号上传店标。在首页单击"卖家中心"进入后台管理，在左侧选项中单击"店铺基本设置"，如图 2.106 所示。

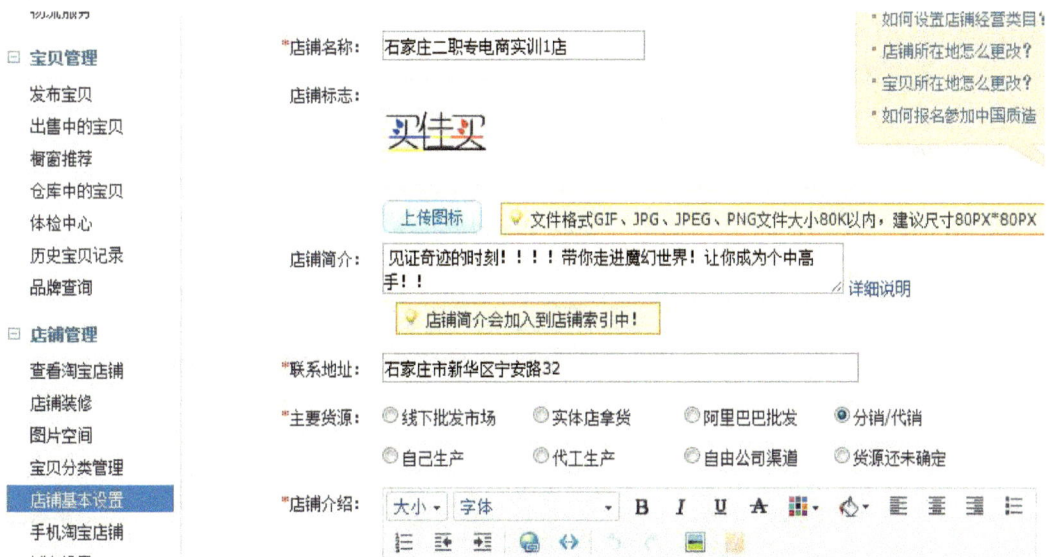

图 2.106　店铺基本设置

⑮ 单击"上传图标"按钮，在文件里找到已保存为 jpg 格式的店标并打开，即出现店标图片，滚动至最下方单击"保存"按钮即可。

# 实战任务 2.2 制作实训店店招

制作实训店店招

实训店店招效果图如图 2.107 所示。

图 2.107　实训店店招效果图

设计分析：实训店以教师在教学中的实践为主，店招里没有过多的修饰，简单、明了、大方，标明店铺的性质和归属。

制作步骤如下：

① 打开 Photoshop 软件，新建一个 950px×120px 的文档。

② 新建"图层 1"，选择"直线工具"，设置前景色 RGB 均为 200 的灰色，按下"填充像素"，粗细为"3px"，按住【Shift】键画直线，如图 2.108 所示。

③ 复制"图层 1"，得到"图层 1 副本"，按快捷键【Ctrl+T】，使用键盘下移"图层 1 副本"，移动到合适位置后按回车键，如图 2.109 所示。

④ 左手按快捷键【Ctrl+Shift+Alt】，右手连续按【T】键，复制出多个"图层 1"的副本并按序排列，如图 2.110 所示。

⑤ 合并除背景以外的所有图层，按快捷键【Ctrl+T】旋转并移动图层至左侧，如图 2.111 所示。

图 2.108　画一条灰色线

图 2.109　复制灰色线

图 2.110　复制多条灰色线

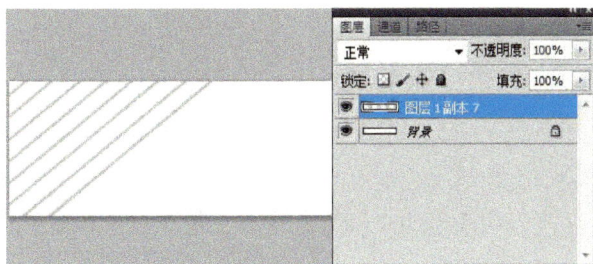

图 2.111　斜线

⑥ 选择"移动工具",按住【Alt+Shift】快捷键平移复制多个斜线层,最终效果如图 2.112 所示。

图 2.112　平移复制多个斜线层

⑦ 合并除背景以外的所有图层,降低不透明度为"50%",如图 2.113 所示。

图 2.113　斜线背景

⑧ 新建"图层 1",选择"自定形状工具""装饰 5",按下"填充像素",设置前景色 RGB 均为 200 的灰色,按住【Shift】键拖曳形状,得到灰色花纹,按【Ctrl+T】快捷键调整角度为 90°,并按住【Shift】键缩放到合适大小,放置在左侧,复制"图层 1"得到"图层 1 副本",按【Ctrl+T】快捷键水平翻转"图层 1 副本",并放置在右侧,如图 2.114 所示。

图 2.114　两侧的花纹纹理

⑨ 输入文字"石家庄市第二职业中专学校"，设置文字为"方正综艺简体"、"30 点"、黄色（R：255，G：255，B：0），如图 2.115 所示。

图 2.115 输入文字

⑩ 在文字层下新建"图层 2"，选择"矩形选框工具"拖曳出矩形选区，并填充 R 为 127，G、B 均为 0 的红色，如图 2.116 所示。

图 2.116 左侧矩形

⑪ 为了防止右侧的横线部分变形，用"矩形选框工具"框选矩形左侧部分，然后按【Ctrl+T】快捷键，再单击鼠标右键，选择"变形"选项，拖曳左侧锚点及杠杆使左侧边缘翘起，如图 2.117 所示。

⑫ 按回车键确定，选择"加深工具"，在左侧翘起的边缘擦拭至合适颜色，如图 2.118 所示。

图 2.117 左侧变形

图 2.118 左侧加深后效果

⑬ 复制"图层 2"得到"图层 2 副本"，按【Ctrl+T】快捷键，再单击鼠标右键，选择"水平翻转"后移动至右侧，如图 2.119 所示。

图 2.119 水平翻转后的效果

⑭ 合并"图层 2"和"图层 2 副本"并移动至顶部，同时选中文字层、图层 2 副本、背景层，选择"移动工具"中的第五个按钮水平居中对齐，如图 2.120 所示。

图 2.120　居中对齐

⑮ 复制"图层 2 副本 2"，得到"图层 2 副本 3"，把"图层 2 副本 2"填充为黑色，选择"滤镜"→"模糊"→"高斯模糊"命令，设置半径为 6.1px，如图 2.121 所示。

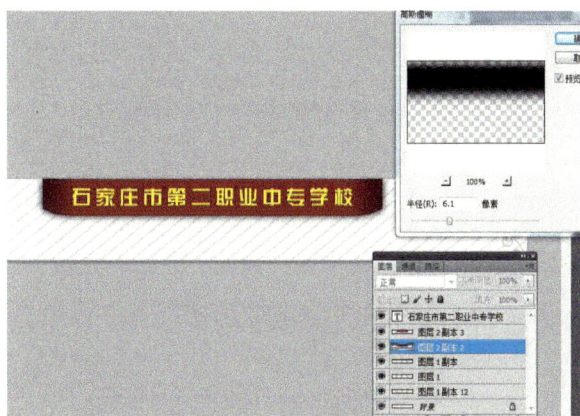

图 2.121　模糊阴影

⑯ 向下稍稍移动"图层 2 副本 2"层，按【Ctrl+T】快捷键，再单击鼠标右键，选择"变形"，上调底部中间两点的位置，如图 2.122 所示。

图 2.122　变形阴影

⑰ 按回车键确定，调整阴影长度，按【Ctrl+T】快捷键后，按【Alt】键拖曳两侧的边界线向里缩短阴影，按回车键确定，不透明度降低为 60%，如图 2.123 所示。

图 2.123　调整阴影

⑱　选择"文字工具"，输入"电子商务实训店"，设置文字为"方正硬笔行书简体"、"50点"、"加粗"，颜色同矩形的红色，调整与背景居中对齐，如图 2.124 所示。

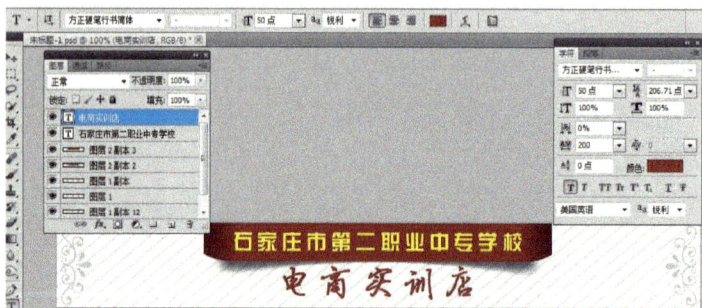

图 2.124　文字输入

⑲　新建三个层并分别画出三个购物保障的标志，这三个标志在自定形状里都有，填充颜色的 R、G、B 均为 120 的灰色，文字设置为"宋体"、"10点"、"黑色"，分别设置对齐均分，完成后另存为 jpg 格式，如图 2.125 所示。

图 2.125　添加购物保障标志

⑳　登录店铺账号上传店招。在首页单击"卖家中心"进入后台管理，在左侧选项中选择"店铺装修"，即进入店铺后台，如图 2.126 所示。

图 2.126　店铺后台

㉑ 将鼠标放置在店招处单击"编辑"按钮，即进入"店铺招牌"编辑窗口，如图 2.127 所示。

图 2.127　"店铺招牌"编辑窗口

㉒ 单击"选择文件"→"上传新图片"→"添加图片"命令，在文件里找到已保存为 jpg 格式的店招并打开，最后单击"保存"按钮即可。

## 实战任务 2.3　制作实训店海报一

制作实训店
海报一

实训店海报一效果图如图 2.128 所示。

图 2.128　实训店海报一效果图

设计分析：实训店以销售魔术道具为主，本张海报的目的是对"魔术道具变脸套装"进行促销。变脸属中国传统艺术，其快速百变的手法让很多人感到神秘，在川剧艺术中是塑造人物的一种特技。

制作步骤如下：

① 打开 Photoshop 软件，新建一个 950px×400px 的文档，整体填充黑色。

② 使用"钢笔工具"和"魔棒工具"，分别将素材库中"变脸脸谱"、"变脸黄衣"、"变脸蓝衣"三张素材进行"抠图"处理，按【Ctrl+T】组合键等比例缩放大小后排列在左侧位置，其效果如图 2.129 所示。

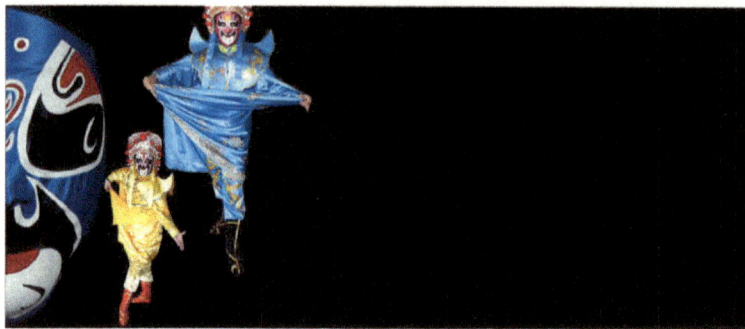

图 2.129　抠图后缩放效果

③ 分别对"变脸黄衣"、"变脸蓝衣"降低不透明度,"变脸黄衣"的透明度降为"30%","变脸蓝衣"的透明度降为"20%",其效果如图 2.130 所示。

图 2.130　降低不透明度后效果

④ 输入文字"变",设置为"方正粗宋简体"、"140 点"、"黄色",按【Ctrl+T】快捷键,再单击鼠标右键,选择"水平翻转",其效果如图 2.131 所示。

图 2.131　添加"变"字

⑤ 输入文字"脸",设置为"方正粗宋简体"、"98 点"、橘红色(R:255,G:156,B:0),其效果如图 2.132 所示。

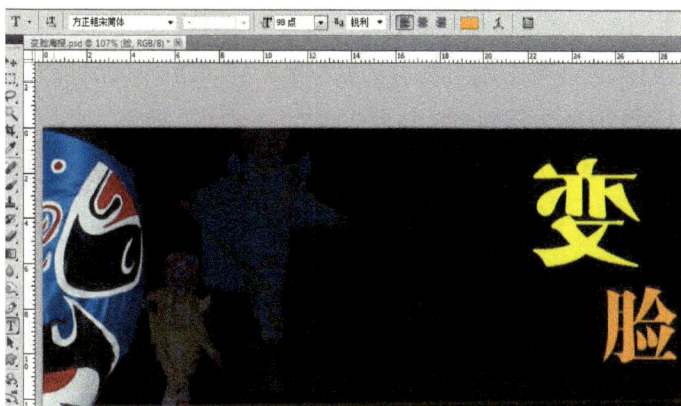

图 2.132　添加"脸"字

⑥ 输入文字"民间艺术",设置为"方正古隶简体"、"25 点"、"黄色",其效果如图 2.133 所示。

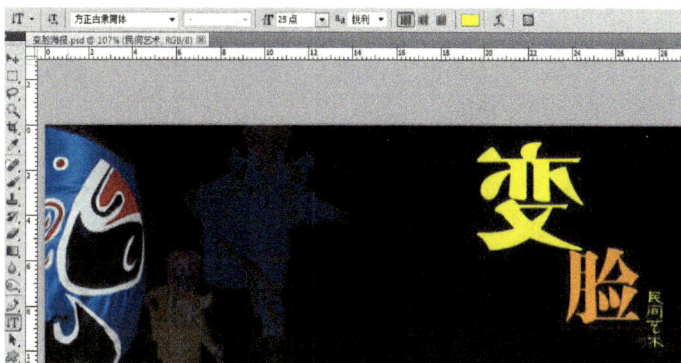

图 2.133　添加"民间艺术"字

⑦ 输入文字"全套装备　邀您体验",设置为"方正铁筋隶书简体"、"20 点"、"白色",其效果如图 2.134 所示。

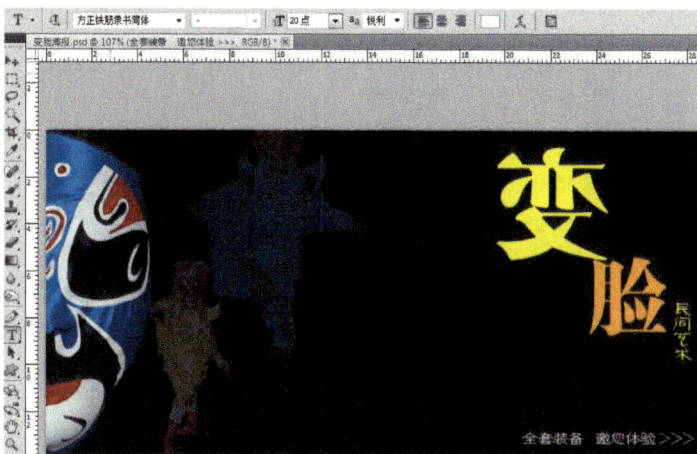

图 2.134　添加其他文字

⑧ 拖入"蓝色闪亮"素材，放置在背景层之上，添加图层蒙版，使用"画笔工具"的虚圈，将前景色改为黑色，在左侧边缘处进行涂抹，其效果如图 2.135 所示。

图 2.135　拖入素材图片

⑨ 对"变"字进行修饰，打开"图层样式"选择"投影"样式，其设置如图 2.136 所示。

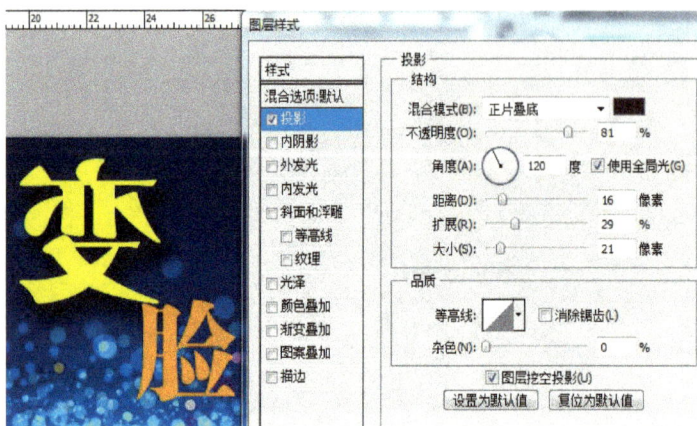

图 2.136　设置"投影"样式

⑩ 在"变"字图层之上新建"图层 6"，选择"画笔工具"59 号笔触，大小为 175px，前景色为白色，在"图层 6""变"字上单击一下，其效果如图 2.137 所示。

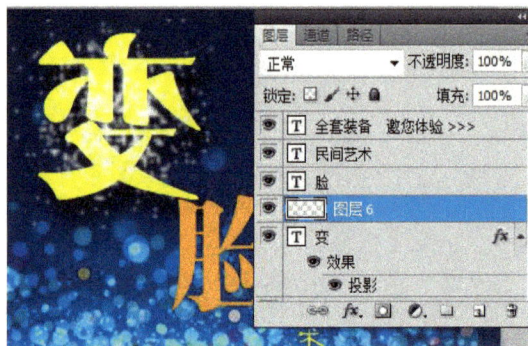

图 2.137　添加白色纹理

⑪ 按住【Ctrl】键单击"变"字图层的缩略图，得到"变"字的选区，选择"图层 6"，按快捷键【Ctrl+Shift+I】反选，按【Delete】键删除，如图 2.138 所示。

图 2.138　删除多余白色色块

⑫　对最后整体效果微调位置，完成后另存为 jpg 格式，最终效果如图 2.139 所示。

图 2.139　最终效果图

⑬　登录店铺账号上传海报。在首页单击"卖家中心"进入后台管理，在左侧选项中单击"店铺装修"，即进入店铺后台。

⑭　将鼠标放置在海报位置，单击"添加模块"→"图片轮播"命令，单击"添加"按钮，再单击"编辑"按钮，在"显示设置"页面中设置模块高度为 400px，其他选项自定，如图 2.140 所示。

图 2.140　设置海报的显示参数

⑮　单击"内容设置"→图片地址后方的小方块→"上传新图片"→"添加图片"命令，找到保存海报的地址，并把"变脸"的链接地址复制到地址栏中，设置完成后单击"保存"按钮即可，如图 2.141 所示。

图 2.141　上传海报图片

# 实战任务 2.4　制作实训店海报二

制作实训店
海报二（上）

制作实训店
海报二（下）

实训店海报二效果图如图 2.142 所示。

图 2.142　实训店海报二效果图

设计分析：实训店以销售魔术道具为主，本张海报是对"魔术道具刺头箱"进行的促销，其特点是操作简单，互动性强，悬念大，需要在海报中体现恐怖的氛围。

制作步骤如下：

① 打开 Photoshop 软件，新建一个 950px×400px 的文档，填充黑色。

② 拖入素材库中的"黑色平台"图片，单击图层面板底部的"添加图层蒙版"选项，将前景色设为黑色，用"矩形选框工具"框选图片上半部分，填充黑色，选择"画笔工具"的虚圈，涂抹图片左侧边缘，如图 2.143 所示。

图 2.143　设置背景

③ 对素材"刺头箱"进行抠图，调整图片大小并放置在图片右侧，如图 2.144 所示。

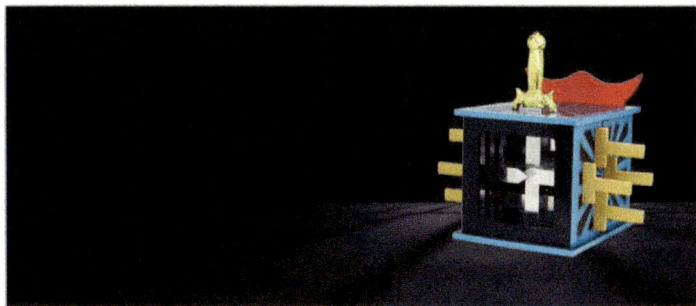

图 2.144　放置商品图片后的效果

④ 打开素材"蓝烟"，分别将两个图层拖入文件，"图层 4"降低不透明度为"60%"，复制"图层 4"得到"图层 4 副本"，降低不透明度为"40%"，模式改为"颜色减淡"，对"图层 4 副本"进行大小和位置的微调，以增加其真实感。将"图层 3"不透明度降为"40%"，把左侧和底部多余部分擦拭掉，如图 2.145 所示。

图 2.145　蓝色烟雾

⑤ 输入文字"¥169"，格式设置为"方正琥珀简体"、"30 点"、"白色"，其效果如图 2.146 所示。

图 2.146　输入文字

⑥ 打开"图层样式"面板选择"内发光"样式，参数设置如图 2.147 所示。

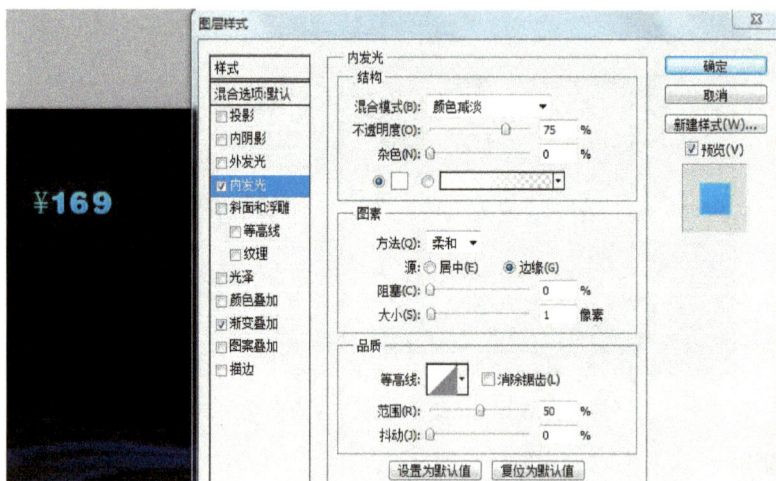

图 2.147　设置"内发光"样式

⑦ 打开"图层样式"面板，选择"渐变叠加"样式，参数设置如图 2.148 所示。

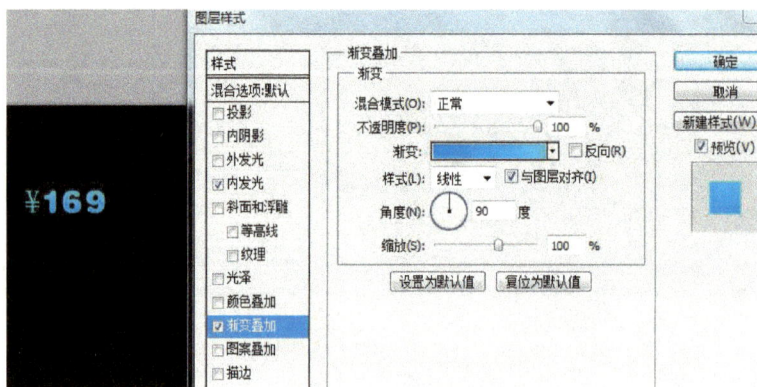

图 2.148　设置"渐变叠加"样式

⑧ 输入文字"年中特惠"，设置为"汉仪菱心体简"、"50 点"、"白色"，其效果如图 2.149 所示。

图 2.149　输入文字

图 2.157　添加文字

⑰　单击"创建文字变形"命令，打开"变形文字"面板，选择样式为"扇形"，弯曲设为"38%"，其他为默认设置，如图 2.158 所示。

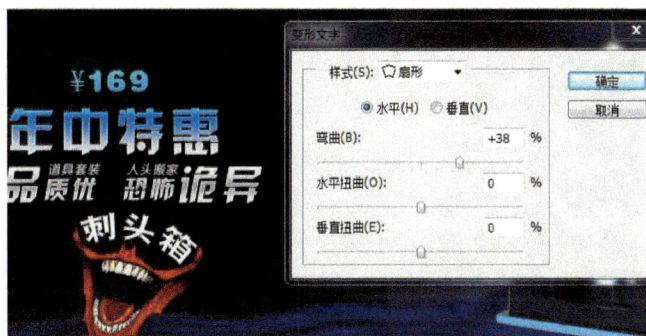

图 2.158　文字变形

⑱　打开"图层样式"面板，选择"渐变叠加"样式，参数设置如图 2.159 所示。

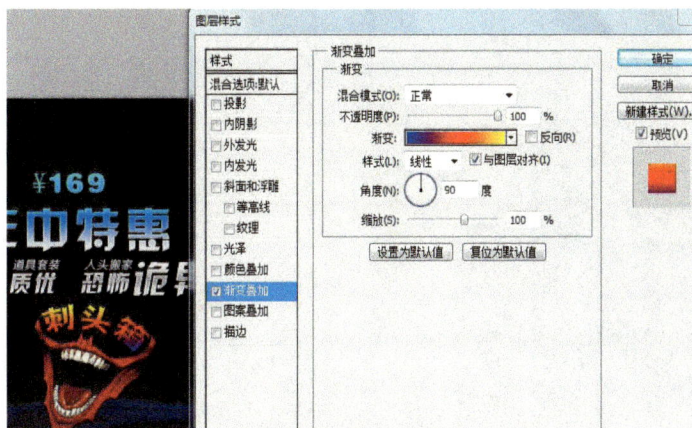

图 2.159　设置"渐变叠加"样式

⑲ 新建"图层 6"，选择"矩形选框工具"，拖曳出一个矩形选区，填充白色，如图 2.160 所示。

图 2.160　添加白色矩形

⑳ 打开"图层样式"面板，选择"投影"选项，参数设置如图 2.161 所示。

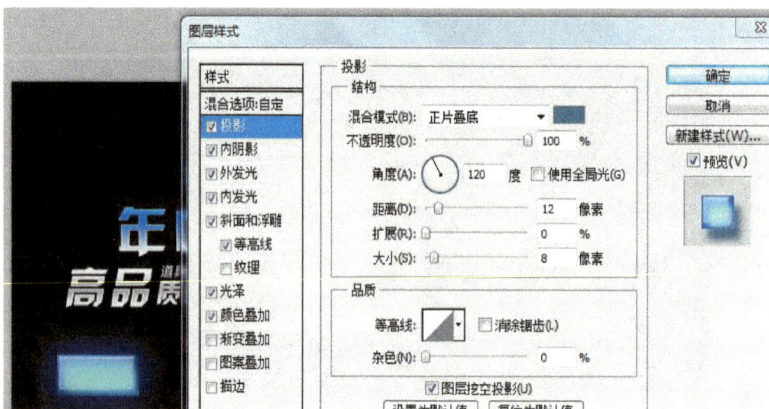

图 2.161　设置"投影"样式

㉑ 设置"图层样式"面板中的"内阴影"参数，如图 2.162 所示。

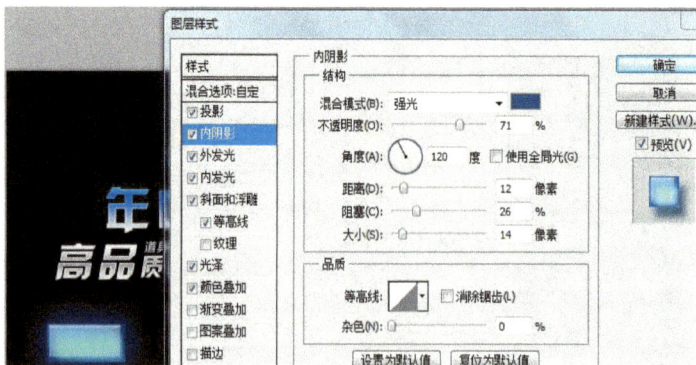

图 2.162　设置"内投影"样式

㉒ 设置"图层样式"面板中的"外发光"参数，如图 2.163 所示。

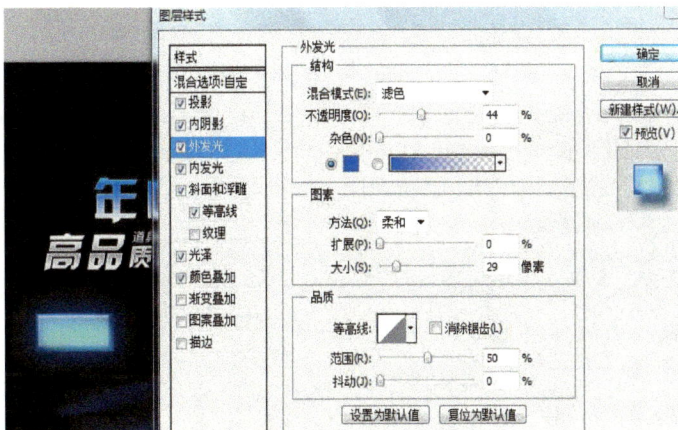

图 2.163  设置"外发光"样式

㉓ 设置"图层样式"面板中的"内发光"参数，如图 2.164 所示。

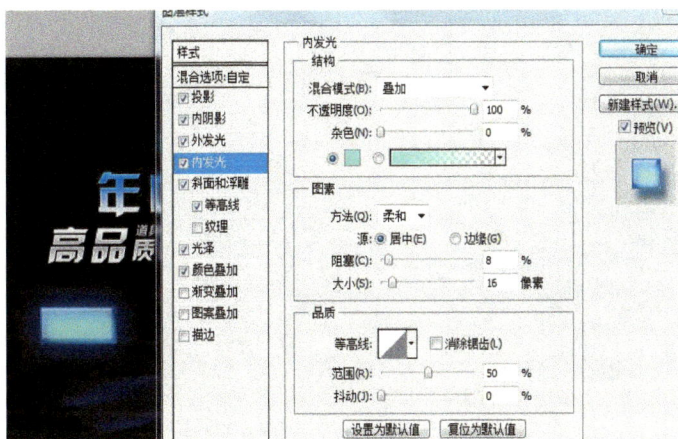

图 2.164  设置"内发光"样式

㉔ 设置"图层样式"面板中的"斜面和浮雕"参数，如图 2.165 所示。

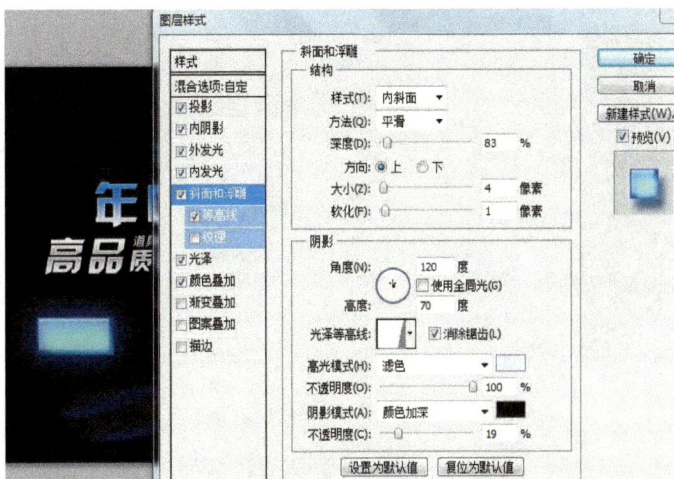

图 2.165  设置"斜面和浮雕"样式

㉕ 设置"图层样式"面板中的"等高线"参数，如图 2.166 所示。

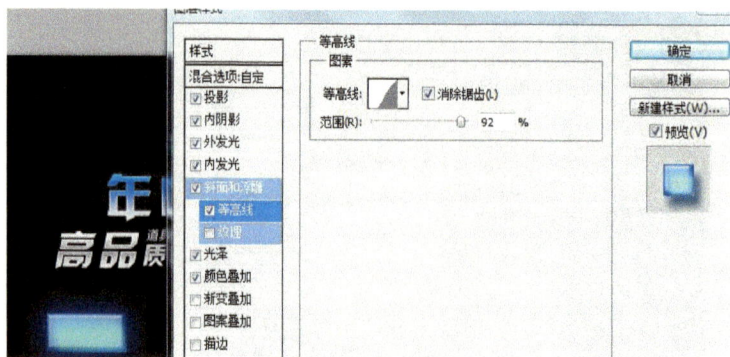

图 2.166　设置"等高线"样式

㉖ 设置"图层样式"面板中的"光泽"参数，如图 2.167 所示。

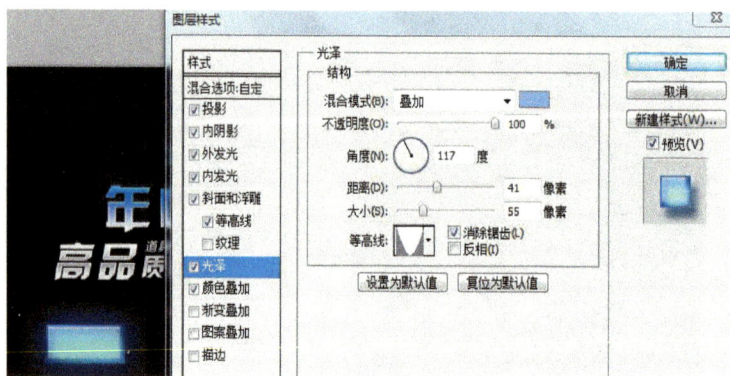

图 2.167　设置"光泽"样式

㉗ 设置"图层样式"面板中的"颜色叠加"参数，如图 2.168 所示。

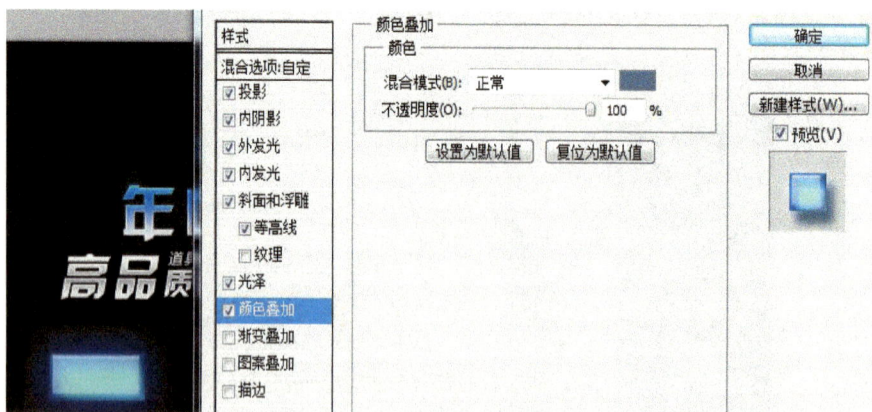

图 2.168　设置"颜色叠加"样式

㉘ 输入文字"点击进入"，字体设置为"汉仪综艺体简"、"15 点"、"白色"，如图 2.169 所示。

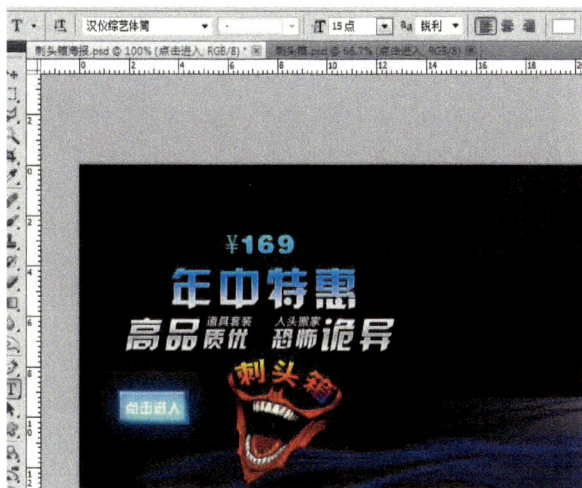

图 2.169　输入文字

㉙　打开"图层样式"面板，选择"投影"，如图 2.170 所示。

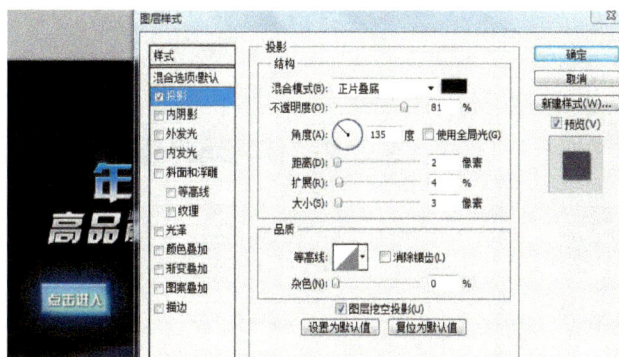

图 2.170　设置"投影"样式

㉚　对文字的行距进行微调，三个文字层水平居中对齐。在背景层之上新建"图层 7"，选择"画笔工具"的虚圈，调整大小及不透明度，在"中特"之间添加白色亮点，如图 2.171 所示。

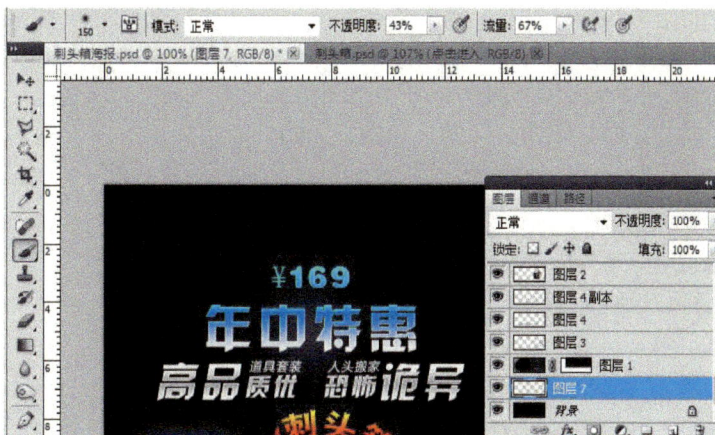

图 2.171　添加白色亮点背景后效果

㉛ 对最后整体效果进行微调，完成后另存为 jpg 格式，最终效果如图 2.172 所示。

图 2.172　最终效果图

㉜ 登录店铺账号上传海报。在首页单击"卖家中心"，进入后台管理，在左侧选项中单击"店铺装修"。

㉝ 在"海报"处单击"编辑"→"内容设置"→图片地址后方的小方块→"上传新图片"→"添加图片"，找到保存海报图片文件的地址，并把"刺头箱"图片的链接地址复制到地址栏中，设置完成后单击"保存"按钮即可，如图 2.173 所示。

图 2.173　上传页面

## 课后作业

### 一、选择题

1. 细节图的摆放顺序是（　　　）。

　　A．无所谓　　　　　　　　　B．由整体到局部

　　C．由上到下　　　　　　　　D．由左到右

2. 对水印制作理解错误的是（　　　）。

　　A．与店铺名称一致　　　　　B．不要太大

　　C．好看就行　　　　　　　　D．不要太明显

3. 店招里必须呈现的信息有（　　　）。

　　A．店铺品牌　　　　　　　　B．经营品类

　　C．促销活动　　　　　　　　D．产品价格

### 二、填空题

1. 黄金分割的比例值是＿＿＿＿＿＿或＿＿＿＿＿＿。

2．好店名的三个标准是_____、_____、_____。

3．店标的设计形式有_____、_____、_____。

### 三、实操题

在自己的淘宝店铺里装修首页，内容要求包括：

1．制作符合店铺商品风格的店标、店招。

2．制作至少三张海报。其中一张是全店活动的促销，其余两张内容自定。

3．编写店铺公告。从店铺促销活动推广角度，也可以从店铺的品牌宣传角度进行文字编辑。

## 知识选读

### 色彩的运用

#### 1．颜色解读

店铺装修风格的定位离不开色彩的选定，下面列举几种颜色的解读，希望对店铺色彩搭配有所帮助。

（1）红色——一种激奋的色彩。具有刺激效果，能使人产生冲动、愤怒、热情、活力的感觉。

（2）绿色——介于冷暖两种色彩的中间，能使人产生和睦、宁静、健康、安全的感觉。它和金黄色、淡白色搭配，可以产生优雅、舒适的气氛。

（3）橙色——也是一种激奋的色彩，具有轻快、欢欣、热烈、温馨、时尚的效果。

（4）黄色——具有快乐、希望、智慧和轻快的个性，它的明度最高。

（5）蓝色——凉爽、清新、专业的色彩。它和白色混合，能体现柔顺、淡雅、浪漫的气氛。

（6）白色——具有洁白、明快、纯真、清洁的感受。

（7）黑色——具有深沉、神秘、寂静、悲哀、压抑的感受。

（8）灰色——具有中庸、平凡、温和、谦让、中立和高雅的感觉。

每种色彩在饱和度、透明度上略微变化就会产生不同的感觉。以绿色为例，黄绿色有青春、旺盛的视觉意境，而蓝绿色则显得幽宁、阴深。

#### 2．不同类型店铺的颜色选择

不同商品的风格选定由商品本身的特质决定，下面来看看几类商品定位的感觉。

（1）食品类店铺，主色系用暖色时更能增加客户食欲。

（2）服装类店铺，冬季用暖色也会给人很温暖的感觉，而夏季则适合用冷色调。

（3）鞋袜类店铺同服装类店铺，要让客户在店里先用视觉体会穿上"宝贝"的感觉。

（4）珠宝类店铺，适合能让人感觉尊贵的深色系。

（5）运动户外类店铺，适合活泼一些的明艳色系。

（6）彩妆护肤类店铺，也是适合明艳活泼的色调，不过跟户外的不同，户外可能更适合用绿色系和蓝色系，但化妆品则适合彩色，越彩、越活泼越好。

（7）母婴用品类店铺，使用温馨、温暖一些的颜色更适合，因为能激发母性。

# 商品拍摄

## 学 习 篇

学习目标

- 了解进行商品拍摄的相机如何选购
- 熟悉相机的功能按钮和基本操作
- 掌握相机三脚架、柔光灯、反光板、倒影板及小型亮棚的使用及注意事项
- 掌握小件商品、服装类大件商品的拍摄方法
- 了解如何确定要展示的商品细节
- 掌握相机微距功能的使用、不用微距功能细节的拍摄以及细节中不同质感的表现

本章的内容主要为网店商品的拍摄基础，在网店开设中，商品拍摄是一个重要环节，由于买家无法见到真实的商品，高品质的商品图片就起了至关重要的作用，精致美观的图片通过各角度及细节的完整展示，会大大提升目标客户购买的欲望。大部分买家都比较感性，基本上是通过商品图片来感受商品的质量与网店形象。如果只是随手一拍，也不管它是模糊还是昏暗就匆匆上传，会让买家认为店主不用心、可信度不高，降低网店形象，从而影响商品的销售。当然，好的图片是基础，但还需要经过专业软件工具处理后才能成为网店中可用的商品图片，对商品图片的处理将在下一章介绍。

在本章学习结束后，经过反复的练习，一定能够拍出高品质的商品图片。

## 学习任务 3.1　数码相机基础

商品拍摄，是网店开设的重要环节，当然了，除了摄影技术外，好用的相机也是必不可少的。面对市面上品牌众多、款式各异、进口的、国产的各种相机，该如何选择呢？哪些更适合自己呢？

在常见的数码相机中，普通家用的相机上手很快，一切功能基本都是自动的，不需要进行太多的学习，更适合临时商品拍摄；还有一类相机是在上述相机的基础上又增加了一些专业功能，可以进行相应的调整设置，上手不难，对于不想在商品拍摄投入过多精力的卖家来说，是一个很好的选择；更高一级的数码相机，加入了全手动模式（有 M、S、A 挡等），相机功能强大，有热靴，可以外接灯源，通过拍摄技巧的运用可以拍摄出非常精美、专业的图片。当然如果非常在意拍摄感受和爱好摄影的卖家，可以选择专业级的单反相机来拍摄，其效果是不言而喻的。

本章中，以可加入手动模式的数码相机为例进行讲解。

数码相机的
选购

### 3.1.1　数码相机的选购

在选购相机时，可以根据相机的相关指标进行考量，最好具备手动功能。下面了解一下进行网店商品拍摄的相机的基本指标。

#### 1. 相机的像素

目前，市面上的数码相机的像素已非常高了，动辄就是几百万甚至上千万，那么这个像素值对于在网店中显示的图片已经是相当高了，所以现在任意选择一个数码相机在像素方面都可以达到要求。对于像素的相关知识，后面有详细讲解。

#### 2. 感光元件

数码相机，从本质上说就是通过传感器把光能转化为信息存储起来，可以说是数码相机的大脑。普通数码相机采用的是 CMOS 或者 CCD 感光元件进行感光。

市场上部分数码相机采用的是背照式 CMOS 传感器。背照式 CMOS 将感光层的元件调转方向，从而显著提高光的效能，大大改善低光照条件下的拍摄效果，微透镜的性能也得以提升，微透镜产生的色散、眩光等不良效果得到了减弱，并且在大像素下依旧保持着高速的处理能力。这就是背照式 CMOS 传感器比较受消费者欢迎的原因。

#### 3. 镜头

除了感光元件，影响成像效果的还有镜头与处理算法，光线要通过镜头才可以到达感光元件，由于感光元件的面积远小于传统胶片，所以对镜头的解析度也就更加严格了，目前，德国的莱卡、蔡司和施耐德等品牌，日本的尼康、佳能等品牌都有不错的镜头。索尼的 G 镜头也是非常不错的——通常 G 镜头有着顶级做工和用料,而且索尼公司在索尼 HX1 中便用了 G 镜头，首次将高端专业镜头用在单反相机以外的家用数码相机里，使数码相机成像有了相应的提升。

#### 4. 光圈的大小

在选购数码相机时，也要考虑到光圈的大小，因为光圈存在于镜头内，它的作用是控制单位时间进光量的多少。在相机指标中，通常会看到 F2.8、F3.5 等，这些是光圈系数。F 值越小，代表光圈越大，F 值越大，代表光圈越小。

相机的光圈大小是影响照片景深范围的因素。例如：背景虚化突出主体，景深小需要大光圈；而拍风景或拍由近到远的大场景时，景深大需要小光圈。一般消费级数码相机的光圈 F 值为 F2.8～F16，用于网店商品的拍摄完全没问题。

总结：F 值越小、光圈越大、景深越小、背景越虚化。如图 3.1 所示为 F3.5 时背景虚化的效果。

F 值越大、光圈越小、景深越大、背景越清晰。如图 3.2 所示为 F8.0 时背景清晰的效果。

图 3.1　F3.5 时背景虚化的效果

图 3.2　F8.0 时背景清晰的效果

### 5．变焦功能

在选购数码相机时，会看到镜头为 24 倍变焦、30 倍变焦等数值，这个变焦倍数也应该关注，它是长焦焦距长度与短焦焦距长度的比值。

除了比值外还要看它的光学变焦范围，最小焦距值越小，拍摄范围就越大，有利于拍摄大场面，也是通常所说的广角；而最大焦距越大则远摄能力越强，也就是通常说的长焦。变焦倍数越大，拍摄起来也就越灵活。焦距与景深的关系可参看知识选读。

### 6．手动对焦

大部分家用数码相机都是自动对焦，绝大多数的情况下，自动对焦方便、速度快，对焦时，把对焦点对准想要对焦的东西，半按快门便可完成对焦。但如果当前的构图没有达到要求，对焦后，还要继续调整以达到最佳构图，操作稍有不慎就会造成对焦不准。

还有一些情况是被摄物体前有障碍物，自动对焦会把焦点对在障碍物上而非拍摄主体上，例如在拍手表时，想拍表盘的细节，这时自动对焦就会对到表盘前的玻璃上，而看不清表盘，或者所对的焦点不是想要的；还有一些很小的东西，反差低，自动对焦时就会产生对不上焦的问题，那么如果有手动对焦，遇到这些问题，就可以轻松解决了。

下面有两张拍摄瓶装药材的例子。如图 3.3 所示，自动对焦时，焦点落在了玻璃瓶上，而如图 3.4 所示，手动对焦时，是对里面的药材进行对焦。

图 3.3　自动对焦拍摄效果

图 3.4　手动对焦拍摄效果

### 7．热靴

热靴如图 3.5 所示，是用来同步触发外接闪光灯的一个机械开关触点，保证相机快门与闪光灯的动作同步。可以利用它外接光源，组成一个小型的闪光系统，获得较好的照明效果，尤其是对于大件商品如服装等，比用普通的柔光灯箱更方便、实用，效果也更好。安装在柔光灯箱的遥控触发器如图 3.6 所示，遥控触发器的使用方法如图 3.7 所示。

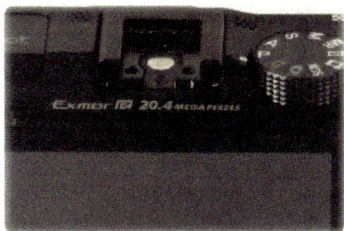

图 3.5　相机热靴

图 3.6　遥控触发器

图 3.7　遥控触发器的使用

### 3.1.2　图片分辨率与像素

#### 1. 像素

把数码相机拍好的图像放大数倍，就会发现它是由许多色彩相近的小方点组成的，这些小方点就是构成影像的最小单元——像素。单位面积上的像素点数为分辨率（单位是"像素/英寸"，简写为 ppi），单位面积中像素点越多，分辨率越高，图片越清晰、越细腻。

#### 2. 分辨率

分辨率是衡量位图图像数据量的一个重要参数，包含的数据越多，图形文件量就越大，细节表现得就越好，放大后依旧很清楚。如果分辨率较低，包含的数据量不够的话，图像会很粗糙，放大尺寸时会相当模糊。在图片的创建期间，要根据图像的用途，来设置不同的分辨率。

一般情况下，在网店里用的图片为 72ppi 便可以了，再大也看不出明显的差别了，且文件过大会让网页加载很慢，影响浏览。而如果是打印输出，由于打印对分辨率的要求很高，就要将其设置得高一些，一般要求 300dpi。

#### 3. 图片分辨率与像素的关系

分辨率与图像的像素有着密不可分的关系。例如有两张图，第一张图宽、高都为 400px，那么这张图片就达到了 160000px，但分辨率为 200ppi，也就是说，单位面积里显示的像素数多，所以这张图从输出的尺寸上看并不大。而第二张图只有 40000px，但分辨率为 50ppi，也就是说，单位面积里显示的像素数少，所以输出的尺寸要比第一张图大。

一个像素很大的照片，如果将分辨率设置得很大，则打印出来的照片可能并不大（但是很清晰）。如图 3.8 所示，400px×400px，200ppi。

反之，一个像素并不很大的照片，如果将分辨率设置得很小，那么打印出来的照片可能很大（但是不清晰）。如图 3.9 所示，200px×200px，50ppi。

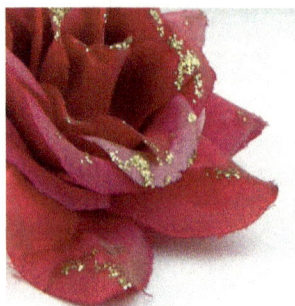

图 3.8　高分辨率图片　　　　　图 3.9　低分辨率图片

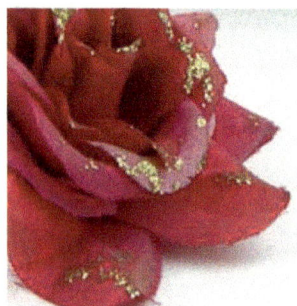

#### 4. 相机中的像素

像素是相机感光元件上的最小感光单位。以一般的感应器为例，每个像素都带有一个光电二极管，代表着照片中的一个像素。当然，它并不是拍出照片的有效像素，因为其中有些像素还要负责其他的工作。最大像素数是数码相机通过内部软件来放大的，所以图像虽然很大，但处于100%的状态时，不一定是清晰的，这种经过插值运算放大的像素与真正的感光成像不能比，有效像素更为重要。

选择相机时要了解感光元件——CCD 或者 CMOS。感光元件的大小和解析能力很重要，它们直接影响着成像效果。

#### 5. 数码相机中的像素与分辨率

在数码相机的使用中，要设定拍摄的分辨率时，只能进行选择，有的相机称之为分辨率，有的相机称之为尺寸，总之是在数码相机出厂前设定好的，是不可以自定义的，通常用水平和垂直方向上所能显示的像素数来表示分辨率，宽和高相乘便是总的像素数，如2048px×1536px、1600px×1200px 等。

在设置相机分辨率时，值设置得越大，拍摄的图片的面积也就越大，可以打印出的照片尺寸越大，文件量也就越大。

换句话说，如果要拍出大尺寸的清晰图片，选择大的相机分辨率或影像尺寸即可。如果不需要打印大的照片，完全没有必要选择太大的值。

#### 6. 数码相机输出图片的分辨率更改

将不同数码相机的图片使用图像处理软件（如 Photoshop）打开时，会发现在分辨率上显示的值是不同的，有的显示的是 72ppi，有的显示的是 180ppi，也有的显示的是 300ppi。这里提到的三个分辨率值，在总的像素值完全相同时，分辨率值越小的，打印尺寸一定越大，但清晰度一定越低。如果想在后期更改分辨率，可以通过图像处理软件来进行。

当然，有时通过软件来改变分辨率时，就像图片缩小看得更清晰一样，图片输出尺寸将缩小。

为了保持原有尺寸，也可以重定像素数，放在 Photoshop 里面改成更高的像素值，但是这样做没有太大的意义，因为在这种情况下，固定了尺寸，且在原有像素值的基础上又增加了许多像素，但这些像素并不是真实的扩大，而是软件通过插值计算出来的，图片的文件量变大，但图像的质量并没有什么变化。所以，如果为了变得更清晰而改变分辨率，那么它的尺寸只能变小。

## 3.1.3　相机的功能按钮和基本操作

### 1. 相机的功能按钮

在拍摄商品前，一定要先了解相关的性能及相关操作，以及相机的一些常用功能按钮。在本书中，以索尼 HX50 相机为例为大家进行介绍，如图 3.10 所示。

图 3.10　相机功能按钮

（1）模式拨盘 中，常用的几种模式如下。

① P（程序全自动）：相机自动设定快门速度与光圈，并通过 MENU 设定各种功能。

② A（光圈优先拍摄）：当想要虚化背景等效果时，设定光圈值进行拍摄。

③ S（快门速度优先拍摄）：拍摄移动速度较快的物体等情况下，设定快门速度进行拍摄。

④ M（手动曝光拍摄）：可手动设定快门速度及光圈，采用所需曝光值进行拍摄。

⑤ i（智能自动）：识别场景并自动拍摄。

⑥ i+*（增强自动）：可能拍摄比智能自动更高画质的影像。

（2）曝光补偿转盘 ，以相机自动设定的曝光为基准，根据所拍的物体情况，如果想让影像变亮，向"+"的方向调整；如果想暗一些，向"－"的方向调整。

（3）多接口热靴，目前只用于外接光源。

（4）W/T 变焦杆，向 T 侧拨动放大变焦；向 W 侧拨动缩小变焦。

（5）控制盘，四个功能 DISP 显示设置、闪光灯、照片创作、自拍/连接设置。再配合用于菜单选择时，可以旋转控制盘或上下左右移动选择框，另外还可用于手动模式下各参数的调整。

（6）MENU 按钮，该按钮主要是对相机进行各种设置，如图像的尺寸、ISO 感光度、白平衡、对焦方式等。

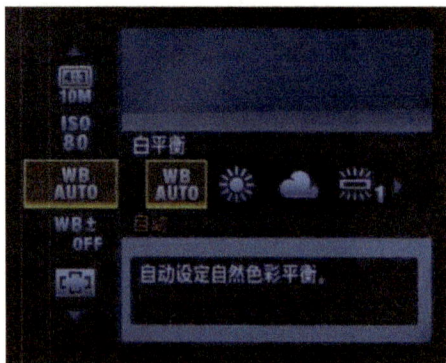

图 3.11　选择 P 挡时的 MENU 菜单

### 2. 主要菜单及相关手动操作

下面介绍拍摄状态下的菜单设置。

（1）在智能自动和增强自动两挡中，菜单可调节的内容非常少，大部分设置如光圈、快门等相机都能自动完成，只有图片大小是可以选择的，其余在拍摄商品时都不用调整。

（2）选择 P 挡时，按 MENU，可以设置静止影像尺寸、感光度 ISO、白平衡、对焦等，MENU 菜单如图 3.11 所示。

（3）选择 A 挡时，按 MENU，可设置内容与 P 挡相同，按控制盘中心圆点按钮，如图 3.12 和图 3.13 所示，可以对光圈与感光度分别进行设置，旋转控制盘即可进行值的调整。

图 3.12　选择 A 挡时调整光圈值

图 3.13　选择 A 挡时调整感光度

（4）选择 S 挡时，按 MENU，可设置内容与 P 挡相同，按控制盘中心圆点按钮，可以对快门速度与感光度分别进行设置，如图 3.14 所示，旋转控制盘即可进行值的调整（顺时针旋转时，值越大，快门速度越快）。

（5）选择 M 挡时，按 MENU，可设置内容与 P 挡相同，按控制盘中心圆点按钮，可以对光圈、快门速度与感光度分别进行设置，如图 3.15 所示，旋转控制盘即可进行值的调整。

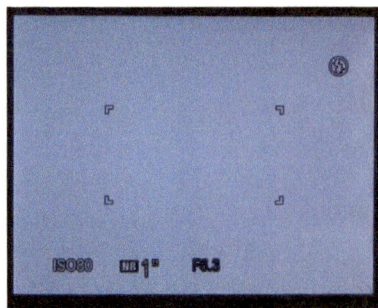

图 3.14　选择 S 挡时调整快门速度

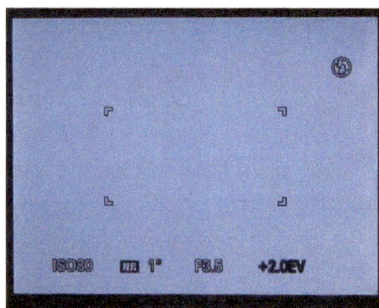

图 3.15　选择 M 挡时调整光圈和快门速度

# 学习任务 3.2　相关拍摄设备的使用

相关拍摄设备的使用

在拍摄过程中，有些情况还需要很多设备的帮助才能拍出想要的效果，如三脚架（见图 3.16）、柔光灯等。

三脚架主要起支撑作用，平时家庭用的话只要手能支撑稳，不用三脚架也是完全可以的。但在开店时想要拍大量的同背景的商品展示图片，三脚架的作用就不能忽视了，只需要换商品，相机不用再做调整，位置也不用变，便可以轻松拍出高质量照片。而且在光线比较暗、快门速度变慢的情况下，不使用三脚架时很容易拍出虚的图片来。

商品拍摄大部分是在室内完成的，通常情况下光线都不是很到位，这时就需要用柔光灯及反光板进行补光；当拍摄的物品需要倒影效果时，就要用到倒影板；小型亮棚起到的作用也是软化照明光线，减少强烈的高光，对于拍摄小型反光体也比较实用，基本是半密闭的，光线比拍摄台更好控制，但拍摄台的物品拍摄范围更广泛。

## 3.2.1　三脚架的操作注意事项及使用

### 1. 三脚架的操作注意事项

在使用三脚架前，不要盲目打开且急着使用，应先看说明书以便了解它的各项指数，如它的最大高度、负重等；再了解它的使用方法，如脚管如何拉伸、如何锁紧，不要硬拉或者随意扭动，方法不对时有可能导致脚管脱落、损坏。三脚架三个支脚虽可以任意张开，但正确的操作方法是把三个支脚开到规定范围内的极限后再锁紧，如图 3.17 所示。

使用三脚架时，要本着"先粗后细"的脚管下放原则，如图 3.18 所示，即应先伸出较粗的脚管，不够高时，再伸出次粗的脚管，最后伸出最细的脚管，因为越细越不稳定，并且尽量不拉高中柱，因为中柱太高易导致不稳。还要注意各脚管是否锁紧，以免影响稳定度，甚至倾倒。

图 3.16　三脚架　　　　　图 3.17　打开支脚并锁紧　　　　图 3.18　逐级放下脚管并锁紧

2．三脚架的使用

（1）拍照前取出三脚架并展开至规定范围的极限。

（2）取下云台上的快装板，将快装板上的螺钉顺时针拧好，如图 3.19 所示，锁在相机的底部，拉开云台快装板锁扣，将相机固定在云台上，如图 3.20 所示。按镜头取景的高度来调整，这时就可以用摇杆调整中柱来微调高度，如图 3.21 所示。

图 3.19　顺时针拧好快装板上的螺钉　　图 3.20　将相机固定在云台上　　图 3.21　用摇杆调整中柱高度

（3）将三脚架的其中一个支脚调到镜头的正下方，在进行拍摄时另外两个支脚面向拍摄者的方向，这样拍照的时候才不会碰撞到三脚架。

（4）在三脚架的云台旁边备有水平仪，如图 3.22 所示，装好相机后查看水平仪内的小气泡是否在水平仪的中心位置，如果没在可以微调脚架，在微调后记得锁紧并固定好，只要保持小气泡在水平仪的中心点附近就说明脚架基本处于水平位置。

（5）如图 3.23 所示为旋转手柄，可调整云台俯仰角度，位置应对着拍摄者，以方便操作。

（6）旋转旋钮可对云台进行 360° 转动调节，以配合拍摄的需要，如图 3.24 所示。

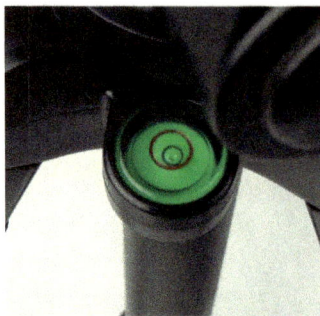

图 3.22　水平仪　　图 3.23　旋转手柄调整云台俯仰角度　　图 3.24　旋转旋钮对云台 360° 转动

### 3.2.2　柔光灯、反光板、倒影板及小型亮棚的使用

在拍摄中所使用的光源，分为瞬间光源和持续光源。瞬间光源可以是相机中自带的闪光灯，它的特点是强度大，持续时间短，但无法确定光线的情况，有时局部会出现很亮的高光斑，同时阴影很重。在拍摄摆放的静物商品时建议关闭相机闪光灯，使用持续的柔光灯源。

## 1. 柔光灯

　　柔光灯是将光线柔化，使拍摄物体没有明显的阴影，可以更好地体现物体的形态、颜色，消除拍摄物体上的高光斑，拍出自然、柔和效果的摄影灯。柔光灯灯箱由反光布、柔光布、钢丝架等组成，如图 3.25 所示。柔光灯灯箱结构多样，常规的是矩形柔光灯灯箱。大小有不同的各种规格，还有专配外置闪光灯用的超小柔光灯灯箱，长度只有几厘米。

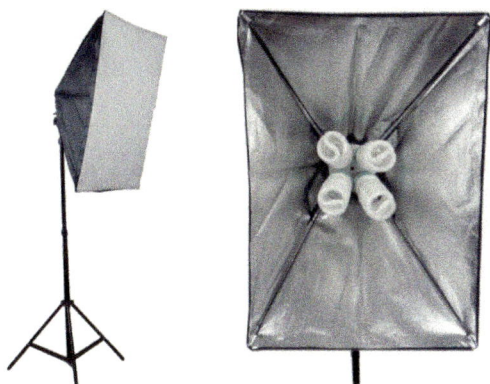

图 3.25　柔光灯及柔光灯灯箱

　　柔光灯灯泡选择色温为 5500K，如图 3.26 所示，因为它最接近标准日光的色温。

图 3.26　柔光灯灯泡

　　柔光灯灯架可以调整灯的高度及灯箱的俯仰角度，如图 3.27 所示。

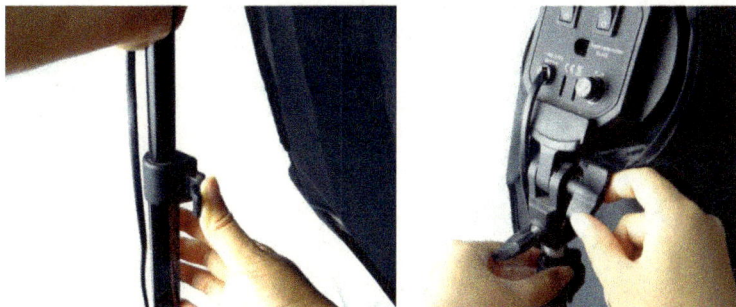

图 3.27　柔光灯灯架

## 2. 反光板

反光板是辅助照明设备，当一侧有照明设备，另一侧出现阴影时，便可以在物体的另一面竖起一个反光板以补充这一面的光线不足，减少阴影。反光板有金、银、黑、白四种颜色，通常用金、银两色，金色反光板反射的光线比较柔和，银色反光板反射的光线比较明亮，在室内用反光板拍摄商品时，银色反光板用得更多些。

反光板收放方便，如图 3.28 所示。

图 3.28　反光板

## 3. 倒影板

在摄影器材里，倒影板不算是专业的设备，只是在商品拍摄中，为突出商品本身特性及从艺术再造的角度考虑而选择合适的倒影板，用得最多的有黑色与白色两种。用黑色的倒影板拍摄时倒影明显、漂亮，用白色的倒影板拍摄时除了可以产生淡淡的倒影外，还可以很好地展现商品的底部细节。倒影板比较容易划伤，出现划痕，在使用时，不能在倒影板上面拖拉商品。倒影板如图 3.29 所示。

## 4. 小型亮棚

小型亮棚如图 3.30 所示，它的基本原理与柔光灯差不多，都是为了软化光线，不会出现高光斑，只不过它是半封闭式的，所以光线更均匀。对于不反射光线或反射光线较少的物体，在

图 3.29　倒影板

一般的环境下就可以完成拍摄；但拍摄光反射点比较多的饰品等商品时就需要用小型亮棚（也可以叫柔光罩），它是用于拍摄饰品、玻璃制品、完全漫反射的钢铁制品等商品时的辅助设备。可以将商品置于柔光罩中，使光线均匀分布，通过插入镜头的孔眼使摄影者和相机不显示在商品上。小型亮棚不但使用方便，而且收放也方便。

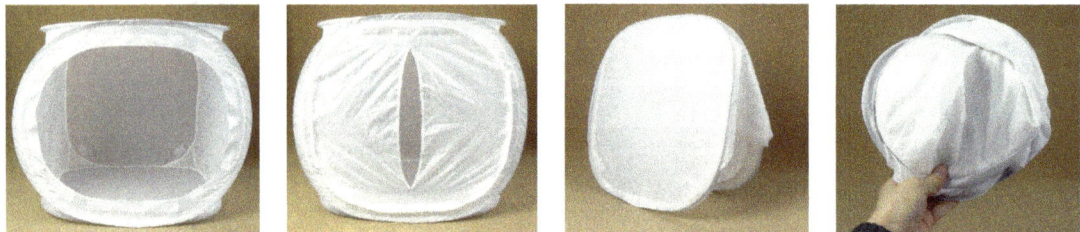

图 3.30　小型亮棚及其收放

# 学习任务 3.3　商品拍摄的布光

摄影光线　　商品拍摄的布光

商品的展示在开设网店中起着至关重要的作用，买家之所以会买商品，主要原因还是第一眼的满意度，虽不需要体现照片的艺术性，但这绝不意味着最终的图片可毫无美感。可以通过配饰及陈列使商品赋予生机，把商品最清楚、最真实的一面展现在买家的面前。

想拍摄出好的商品图片，要注意很多地方，如商品主体的位置、布光方法、质感的突出、画面色彩的协调、背景对商品的衬托、主题气氛的营造等。下面首先从布光开始介绍。

## 3.3.1　摄影光线

光是摄影的先决条件，人眼能看到的不同物体的外部形状、表面结构、表面颜色和质感都是因为物体对光线的反射。物体表面的结构不同，对光线的吸收、反射各不同。要拍摄物体，自然离不开光线。

从摄影时光线的角度来了解一下，大致分为顺光、侧光、侧顺光、逆光、侧逆光、顶光、底光几个光线方向。

### 1.　顺光

顺光也称正面光，指光线投射的方向与相机拍摄方向一致或基本一致，在拍摄主体的前方，阴影被主体挡住，不会产生明显的明暗，在拍摄时通常用弱顺光作为辅光，减淡阴影，如图 3.31 所示。

### 2.　侧光

侧光指光线的投射方向与相机拍摄方向和拍摄主体方向呈 90° 夹角，阴影投射在拍摄主体的侧面。这种布光可以突出层次、表面质感和立体感，如图 3.32 所示。

图 3.31　顺光　　　　　图 3.32　侧光

### 3.　侧顺光

侧顺光可以称为前侧光、斜侧光，指光线从拍摄主体前方投射，与相机和拍摄主体呈45° 夹角，可借助上午九十点钟、下午三四点钟的太阳光，比较符合日常人们的视觉效果，拍摄主体大面积受光，阴影在斜侧面，影调层次丰富、轮廓清晰、明暗对比适中，同时可以很好地表现拍摄主体的立体感和质感。在拍摄时通常用侧顺光作为主光，用顺光作为辅光进行搭配，如图 3.33 所示。

#### 4. 逆光

逆光指光线的投射方向与相机的拍摄方向相反，拍摄主体在光源与相机中间，主体曝光不足，可使拍摄主体产生轮廓光，但在拍摄透明或半透明的物体时，逆光可以增强物体的质感，如图 3.34 所示。

图 3.33　侧顺光

图 3.34　逆光

#### 5. 侧逆光

侧逆光光线的投射方向依旧是与相机的拍摄方向相反并呈钝角关系，为 120°～150°夹角，光照射的是主体的背面，正面的受光面积只占小部分，阴影较重，立体感较强，如图 3.35 所示。

#### 6. 顶光、底光

顶光是指光线由主体正上方照射下来，正午的阳光就属于顶光，使主体的凹凸感增强。底光是指光线由主体正下方照射上去，可以用于表现物体的通透性。

### 3.3.2　食品类商品布光

拍摄食品的过程中，要考虑如何突出它的色、香、味，突出质感，如松软的、酥脆的。大多数情况下，拍摄面包、蛋糕等小吃类的食物一般采用带有方向性的柔光，并要求色彩的正常还原；拍摄油炸或烘烤类的食品时，如果色泽金黄，会给人一种新鲜、松软感，增强人的购买欲，为达到这种效果，可以用暖性光线来照明；而拍摄红烧肉等肥腻的食物时，则需要通过稍硬些的光源来避免食物过于平实；拍摄饮料、酒等透光性比较好的商品时，要把它的通透感表现出来，就要运用逆光等轮廓光。面对不同的食物，运用好局部光源会达到意想不到的效果。

拍摄食品的布光方案如图 3.36 所示。

图 3.35　侧逆光

图 3.36　拍摄食品的布光方案

为了突出妙芙蛋糕的金黄色泽，右侧侧光稍高，做主光直射光（取下柔光罩），左侧顺光为辅光，稍暗，为柔光灯。

拍摄食品的布光效果如图 3.37 所示。

### 3.3.3　饰品类商品布光

拍摄小饰品时，因为反射点较多，会出现很多光斑，需要选择柔光，例如在自然光下，拍摄饰品的效果非常好，但自然光很难控制，天气和时间都会对光线产生影响。饰品高度反光，大部分光线都会被反射回去，尤其是流线型的造型最难拍摄，会出现明暗反差大、耀斑较多的情况。

图 3.37　拍摄食品的布光效果

不是所有的拍摄场地光线都很理想，所以可以选用柔光灯来完成布光，这也是布光的关键。一般情况下，一个灯加上各种反光板便可以完成，为了消除多处反光也可以用前面所说的小型亮棚，当然根据不同的材质，拍摄中的布光也会有所区别，后面会在实例中有相关讲解。如对图片有更多要求，也可以考虑多灯、加高位逆光等。

本实例采用左右两个侧顺光进行打光，均为柔光灯，如图 3.38 所示。

柔光灯下的拍摄效果如图 3.39 所示，卡子是流线造型，拍出来的图片明暗反差大，由于反光互相影响，部分水钻改变了颜色。

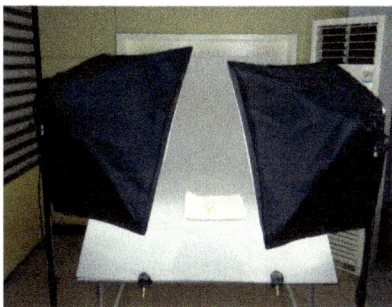

图 3.38　拍摄饰品的布光方案

图 3.39　柔光灯下的拍摄效果

在小型亮棚中的拍摄效果如图 3.40 所示，又如图 3.41 所示，减少了变色和明暗反差，光线更为均匀。

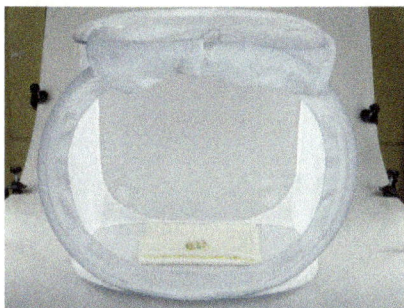

图 3.40　使用小型亮棚的拍摄效果

图 3.41　小型亮棚中的拍摄效果

### 3.3.4 服装类商品布光

在拍摄服装时，为了更好地表现它的立体感，会采用挂拍或模特穿拍方式。布光时的角度、方法会直接影响照片的质量，不管用几台灯，都要注意不能显得过于凌乱，不要相互矛盾。

拍摄服装时，室内布光的常用方式有大平光、三角光等。

大平光是传统影像最常用的布光方式，主要特点是拍出的影像比较柔和、唯美，适用于背景光线不需要有特殊要求，画面层次也不需要太多时。灯的数量可依据实际情况而定，有的要五六台，也有三四台的，主要是主灯、辅灯放于模特前两侧45°的位置，可以再放上一台背景灯用于照亮背景。

三角光也是一种常用的布光法，又称三点布光法，主要特点是可以拍出模特的立体感，适用于在搭建好的场景进行拍摄，突出立体感。布光位置不唯一，可以是主光位于模特前、正侧方45°，在左右两侧均可，辅助光源在相机附近，轮廓光基本上对着镜头方向，属于逆光，但要稍高一些。辅助光的亮度要比主灯稍弱，这样在被摄者鼻梁两侧面颊部位呈现出一个三角形，使鼻梁挺拔，突出立体感，同时也增加了商品影像的层次感。

在户外拍摄时，常用的补光工具便是反光板，当光线达不到要求时，常常用反光板来弥补，以增加亮度。通常在户外可以选择晴天状况下的清晨或傍晚，或阴天时进行拍摄，采用顺光光位，如想获得更靓丽的人像效果，可以用反光板在人像前进行人工补光，反光板反射的光线柔和，这种补光可以使模特的面部更加白皙，同时眼睛更加有神，从而更加突出服装的美感。

如想配合服装拍出个性的照片，也可以采用逆光效果，采用侧逆光时，会使模特更有立体感，对服装的展示也更为直观，有时也能产生街拍的感觉，更容易吸引买家。

大平光的布光方案如图3.42所示，主灯、辅灯放于模特前，两侧45°的位置放一台背景灯用于照亮背景。

服装布光效果（大平光）如图3.43所示。

图3.42　大平光的布光方案

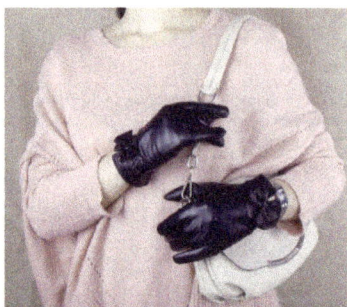

图3.43　服装布光效果

## 学习任务 3.4　商品拍摄的背景搭配

商品拍摄的
背景搭配

商品可选择的背景非常多，可以按照不同的商品特性或想营造的氛围来进行背景选择，最基本的就是背景布和背景纸，有它们的衬托，商品会显得更精致也更贴近生活。背景布和背景纸的材质、颜色、图案都很丰富，可以根据需求来选择。例如：在展示饰品、手表等商品时，有时绸缎比棉麻背景布更为合适；要展示中国风类的商品时，可以选择棉麻的带有书法类的背景布使整体风格统一，并起到衬托的作用。

在拍摄时，还可以注意一下深浅的搭配问题，如果商品的颜色浅，又放在了一个极浅的背景上，画面看起来既没什么特点，也不突出。这时可以考虑放一个稍深一些的背景来形成一个对比，突出主体。同样，一个颜色较深的商品最好选一个稍浅一些的背景。当然这也不是一成不变的，可以根据自己想表现的视觉效果进行搭配。

### 3.4.1　食品类商品的背景搭配

在拍摄食品时，少不了要用到盛装的器皿，这时要注意风格的搭配，如大小、外形等，使之起到衬托的作用，切记不可喧宾夺主。如图 3.44 所示，拍摄蛋糕时搭配了瓷盘和勺，背景简单，突出主体。

图 3.44　食品的背景搭配

拍摄食品时，有时候不用特殊的方法进行处理，是拍不出应有的效果的，拍摄出来的效果总是没有吸引力。为了突出食品的新鲜、美味，可以在食品上喷洒或涂抹一些油质的液体等，使其色泽、质感更鲜亮。

辅助拍摄的道具也可以用人工的来代替，如在拍摄饮料时想放上冰块来达到冰爽的效果，但冰块极易融化，这时便可以用有机玻璃仿的冰块来代替，以便达到预期效果。

### 3.4.2　饰品类商品的背景搭配

拍摄背景一定是搭配着拍摄商品来选择的，首先要了解商品属于哪种风格，有了定位，再来选择合适的背景和颜色，例如深色或浅色的各种单色丝、绸，黑色的绒布等可以衬托出饰品的高贵、典雅。如果选不好就直接用白色或者黑色的倒影板、背景纸、背景布都可以，无论什么样的饰品搭配这两个颜色都不会产生太大的问题。

饰品背景搭配效果如图 3.45 和图 3.46 所示。

图 3.45　以浅色丝绸为背景

图 3.46　以白色背景纸为背景

### 3.4.3　服装类商品的背景搭配

在拍摄服装时，为了使画面更为生动，可以适当地加入一些小道具，起到装饰的效果，使构图更合理、美观、均衡。在拍摄时，尽力将构图设计到位，后期的处理也会容易很多，不要因为图片太空再加入素材进行修饰，使之显得不自然。

背景和小道具的选择比较容易，平时的很多生活用品都可以用来进行搭配，当然风格要与拍摄主体的风格保持一致、统一。无论是摆拍还是挂拍都可以利用小道具来搭建场景，如花瓶、毛绒玩具、杂志、衣架、小橱子、箱子等，也可以为该服装穿着选择搭配饰品，如包、鞋、小礼帽、首饰、腰带、围巾等。道具的搭配可以使构图平衡，也可以适当地调节色彩，使画面更生动。

如图 3.47 所示，牛仔裤搭配了腰带，裤腿做了造型，从而显得更为生动。

服装的穿拍效果，在模特的演绎下，会更直观，也会更有吸引力，当然模特很重要，场景的搭配也很重要，如椅子、木梯等为展示不同的风格都可以作为背景出现。穿拍时，一定要做好服装的搭配，如果可以，最好选用店里的其他服饰做搭配，这样不但可以很好地展示该服装，还可以起到关联销售的作用。在拍摄时，如果实景中实在没有可以用的，也可以采用背景布来弥补。

图 3.47　牛仔裤搭配腰带

# 学习任务 3.5　商品拍摄的布局与角度

商品拍摄的
构图方法

商品拍摄的
布局与角度

## 3.5.1　商品拍摄的构图方法

商品的摆放，也可以称为商品的布局，在商品的实际拍摄中处于很重要的位置，有的网店甚至没有专门的细节展示，仅放上商品进行整体展示便能引来很多顾客，原因是不言而喻的——这个商品勾起了买家的购买欲望。

商品如何摆放才能更符合人的视觉感受呢？这就要先了解摄影中常说的构图，也可以简单地理解为静物拍摄构图。静物构图中的各种构图形式是长久以来的实践总结，符合人的视觉感受，拍摄出来的画面让人舒服，所以商品拍摄要遵循这些要求。商品的拍摄是人为刻意为达到宣传目的而进行布局的，所以要更加谨慎，把图像中的各种关系处理合理，使画面更为和谐。

### 1.　构图

构图的规则有很多，很多摄影教材都有详尽的解释，包括构图的基本要素——线条结构、影调、透视、平衡、对比。这些较为专业的内容较难理解，完全消化需要一定的时间，而且在拍摄的时候可能一时无法一一去判断。但最基本的原则要遵循，首先，主题必须明确、突出；其次，要懂得取舍，画面不能太过复杂；最后，陪体要把视线引向商品主体，不能主次不分。

在拍摄之前，首先要对商品进行仔细观察，选择最能体现商品特点、最完美的角度进行拍摄。构图时要考虑商品种类和特点来安排，要使画面充盈、留白适当，不能散乱。在本章实例中，会给出相应的介绍。当然，对于商品拍摄的摆放、构图的把握，还是要多练习积累，才能更好地应用。

下面为大家提供几种传统静物拍摄的构图形式，可以学习如何避免发生低级错误。在构图中没有固定不变的模式，要多实践，争取在实例的基础上，找到更为适合该商品的布局、构图。

### 2. 静物拍摄的构图形式

（1）中心点构图：将要拍摄的主体放在画面的中心区域，可以突出重点。这时的拍摄要注意画图整洁，不要出现太多的物品，如图 3.48 所示。

（2）黄金分割法构图：黄金分割比例在视觉感受中是比较舒适的。在拍摄时，将主体置于画面的 0.618 处。如图 3.49 所示，小女孩处在画面的 0.618 处。

图 3.48　中心点构图

图 3.49　黄金分割法构图

（3）三分构图：将面面的上下左右都分为三等份，四条线相交的四个点，便是安排拍摄主体的最佳位置，多用于产品的组合展示。如图 3.50 所示，杯子与杯盖的摆放为三分构图。

（4）三角形构图：在拍摄中较为常见，有正三角形、倒三角形、斜三角形（不等边三角形）。总体来说，这种构图既均衡又灵活，在静中有变，既不呆板，又较稳定，在视觉上更容易被人接受。如图 3.51 所示，两只鞋子组成了三角形构图。

图 3.50　三分构图

图 3.51　三角形构图

（5）对角线构图：把将要拍摄的商品主体放置在画面的对角线上，可以有效地利用对角线的长度，使线条汇集产生很强的视觉冲击力，既可以突出主体，又可以使画面更为活泼，具有动感。如图 3.52 所示为将饰品放置在画面的对角线上的效果。

（6）散点构图：将拍摄商品布满，画面很充盈，看似松散，实则是通过疏密或色调来进行布局，多用于小件同种商品多颜色展示，如图 3.53 所示。

图 3.52　对角线构图

图 3.53　散点构图

（7）S 型构图：在拍摄商品中较为少见，它富于变化，不好掌握，但要求通过线条来表现的商品，采用这种构图方式会带来意想不到的惊喜。

总之，要根据商品来选择构图方法，不必局限于以上方法，可以有自己的创新，只要能够达到突出主体、画面优美的目的就可以了。

### 3.5.2　食品类商品

西点、零食、饮品等都是立体感比较强的商品，采用 0°拍摄即可，这样可以很好地体现它的立体效果；如果是一些装了盘的西餐，可以采用 90°左右的垂直拍摄，配上精美的餐具，会带来不错的效果；常见的 45°拍摄角度，需要合理搭配，否则拍摄出来的视觉效果会比较平淡。

如图 3.54 所示，采用 45°进行拍摄，并为食品搭配了一个生活小场景，使画面生动活泼。

### 3.5.3　饰品类商品

进行布局时，应了解整个饰品的主题，拍摄时并不一定必须是全景，设计好它最主要的展示部位即可。可以考虑用其他物品搭配，但要注意风格的一致性。具有时尚个性的、甜美可爱的、复古风情等风格的饰品，都可以选择同风格的小装饰来进行搭配，既突出宝贝，又使画面充实。

图 3.54　食品构图

搭配过程中，为了保持画面的平衡感，将搭配饰物放在画面的空白角落，作为远景；可以用较浅的景深来达到效果，也可以用微距使背景模糊，突出主体。

选择拍摄角度时，每件商品都有适合它们自己的角度，有从上到下、从近到远等。例如，戒指竖起来拍要比平躺效果好，从 30°～45°侧面拍出的效果更好，耳环悬挂起来更生动。可以多试试每个角度拍摄的感觉，即在拍摄前先从每个角度观察一下商品，看看哪种视觉效果更好。

如图 3.55 所示，角度基本在 0°～30°，在卡子右上角的空白处放上一朵花，调整光圈，把景深调浅，突出主体，并使画面饱满。

如图 3.56 所示，角度为常规 45°拍摄，把戒指放在戒指盒中，在旁边加上一朵玫瑰，画面温馨。

图 3.55　饰品构图（0°～30°）

图 3.56　饰品构图（45°）

如图 3.57 所示，角度为水平 0°拍摄，将项链悬挂起来，在背景处搭配上绿植和一朵暖色的花，并虚化背景，使主体突出，给人一种小清新的感觉。

### 3.5.4　服装类商品

在拍摄服装前，最开始要做的工作便是整理好，先熨烫好。如果用到背景布也一定要选择不易皱、好打理的，以免影响拍摄效果。

图 3.57　饰品构图（0°）

#### 1. 摆拍

（1）造型。为了使拍摄的服装图片更直观，要模拟穿在身上的效果，在摆平铺展示时，尽量让它看起来有立体的效果，就像衣服自己在拍摄台上像人一样摆造型，如上衣，要让它看起来有腰身，适当地弄出一些褶皱，衣袖也可以卷起或折过来做些造型，衣襟撩起一点让衣服看起来灵动一些，不死板。裤子，可以在裤管里填充一些报纸类的东西，增加衣服的体量，再做造型，如果布料挺括也可以用手先撑一下，让裤管充满空气，做一些褶皱，可以做些折、卷等造型，尽量避免两条裤腿直直地并排摆，以免显得死板。如图 3.58 所示为对裤子做了造型，并在裤子内进行了填充，看起来比较立体的效果。

（2）背景。可以适当地加一些装饰道具，增加美感，背景要简单干净，主要目的是突出主体，不能喧宾夺主。

（3）拍摄角度。衣服在摆拍时最容易发生变形，主要是角度问题，可以在地板水平面进行造型，或将拍摄板一侧抬高一定角度，以不影响服装造型为宜。拍摄者站在较高的位置进行拍摄，如凳子或梯子等，与拍摄主体呈 90°拍摄角时，便不易出现变形的问题。

图 3.58　裤子的造型构图

#### 2. 挂拍

（1）造型。挂拍的效果，其实就像平时去服装店看到的悬挂衣服一样，有的店会选择做一些搭配和造型，拍摄出来的效果更吸引人。挂拍时可以用各种衣架，衣架的不同材质和造型也会影响拍摄效果，如能搭配统一风格的衣架和小装饰物，会产生很不错的效果。如果有条件的话，把上衣与裤子或裙子分开夹，搭在一起做个简单的造型，可以倾斜一定的角度。

（2）背景。在背景的选择上，可以搭建与该服装风格一致的场景，选择悬挂，可以摆脱简单背景布的平面的拍摄，可以利用主体与背景之间的空间来增加服装立体感。

（3）角度。以突出主体不变形为基本要点。

### 3. 穿拍

模特的穿拍效果主要取决于模特的气质和其肢体的表现能力，在通常情况下，很多店

图 3.59　模特穿拍

铺都会找专业模特来进行拍摄，虽然专业模特对服装的理解和肢体表现是毋庸置疑的，但资费太高，很多小店是承担不起的。可以试着自己来拍一拍，可以用自拍，让客户更信任自己商品的真实性。再有就是一些简单的姿势造型，时下有一种"哪疼捂哪"的造型说法，是指手的摆放位置，例如，"头疼"、"牙疼"、"腰疼"、"腿疼"等。当然还要根据个人的理解和艺术上的创作，才能带来不错的效果。

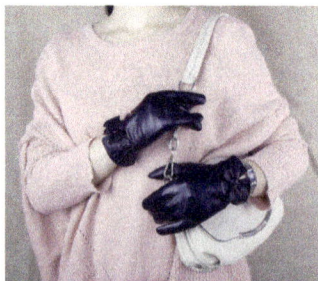

如图 3.59 所示，模特要展示的商品要突出，脸和身体不能在同一平面上，否则显得呆板，也更不自然。

# 学习任务 3.6　商品细节的拍摄及微距功能的应用

商品细节的拍摄及
微距功能的应用

在细节拍摄这一部分中，将介绍如何确定要展示的商品细节、如何表现细节中的不同质感、如何使用相机微距功能、如何利用微距拍摄小型物品的造型。

## 3.6.1　如何确定要展示的商品细节

在确定商品的细节时，要从买家的角度去考虑：如果买家买该类商品，他最需要了解哪些信息，除了整体的外观，他还要看到什么样的图就能直观地了解这些信息。

产品的材质、设计特点、面料、做工等都是要展示的内容。例如，服装类商品需要拍摄的细节部分有吊牌、拉链、兜口、线缝、内标、Logo、领口、袖口及衣边，以及特殊设计的部分等，牛仔裤的部分细节如图 3.60 所示；皮包需要拍摄的细节部分有表面纹理、拉链、车线、背带和背带扣、内部结构、Logo、实物对比，让买家直观地感觉包的大小。

每种商品所表现的细节都不一样，要针对不同的商品进行细节展现设计，细节越细致，对买家越有说服力，越会增加买家的购买欲。

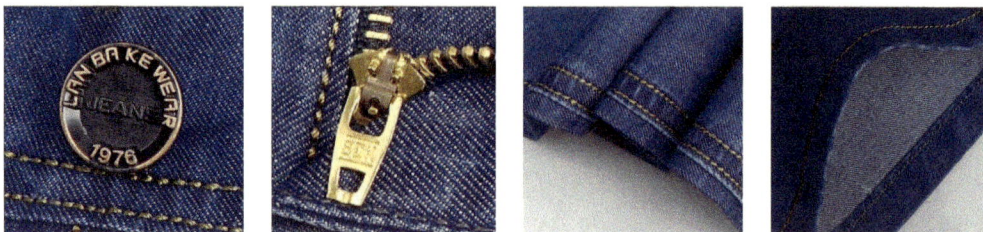

图 3.60　服装细节展示

### 3.6.2　如何表现细节中的不同质感

商品的质感，除了天然的质感，如竹、木、石等，也有人工质感，如布、瓷、金属、玻璃等，不同的质感给人的感觉也多有不同，有粗糙的、细腻的、透明的等。要合理地利用光线，把主体的细微纹理、独特材质结构表达得更清晰，强调主体的特性。

#### 1. 微距拍摄

相机的微距功能可以很好地表现商品的细节。

微距拍摄，就好像用放大镜来观察商品的细微之处一样，常常把局部、细小之处作为拍摄对象，将细节放大展现以强调商品的特点。使用微距功能，配合不同的布光方式，在拍摄主体表面产生细微的明暗变化，可以很好地突出表现不同的材质和纹理。

#### 2. 布光方法

不同材质要采用不同的布光方法。纹理粗糙的材质，在拍摄主体细节时，用柔光就能很好地表现。如果表面纹理很细腻，要突出其表面的细节部分，更不可像整体造型那样用柔光，应适当用稍硬些的光线打侧光，使被摄物表面的微小凹陷产生受光部和阴影，来突出分明的纹理质感。针对一些有纹理的商品，在拍摄不同材质时要灵活调整布光。

#### 3. 对焦与曝光

若要清晰地表现物体的质感纹理，对焦是关键之一；曝光度也是影响细节材质表现的重点，一旦曝光过度，会使细节丢失，没有层次感，更表现不出商品的质感与纹理。

如图 3.61 和图 3.62 所示，以两种布料为例，在细节展示中，粗糙的面料用柔光灯，细腻的面料用较硬的直射光。

图 3.61　采用柔光展示粗糙表面的纹理　　　　图 3.62　采用硬光展示细腻表面的纹理

### 3.6.3　如何使用相机的微距功能

#### 1. 微距的概念

微距功能可以将微观世界放大，并能带来奇异的视觉感受，在日常生活中从未注意到的细节，经过微距的放大，将变得异常美丽，不可忽视。

微距拍摄，一般指拍摄出的图片比物体的实际尺寸要大，超过 1:1 的比例。影响微距效果的是放大率。数码相机的感光元件面积小，镜头焦距通常比较短，一般微距功能还是很不错的，很容易实现背景虚化、突出主体、层次丰富。在拍摄过程中使用微距功能时，会使快门速度变得很慢，要防止抖动，可以使用三脚架或自拍的延时功能。

### 2. 微距功能的使用

对于单反数码相机来说，微距的拍摄能力由镜头决定。实际上，差不多每个镜头皆有微距功能，但它们所指的微距功能其实是指镜头的近摄能力。目前，数码相机无论档次高低都具有微距功能，有一个"小花"标志，对于本书所用的 SONY HX50，具有自动打开微距功能，当镜头与拍摄主体距离比较近时，相机便进入微距拍摄状态。

图 3.63　微距拍摄造型的效果

在拍摄过程中使用微距功能时，尽量不使用闪光灯，距离太近，闪光灯的光线可能会不太均匀。微距在对焦时要更加小心，稍有偏差，拍出的图片就会发虚，每次可先半按快门进行对焦。

微距拍摄的焦点选择在图中很重要，要从最想表现的部分入手，使整个画面有所指向，灵动，例如，进行水晶手链拍摄时对焦其中几颗水晶等，能起到画龙点睛的作用。在进行微距的拍摄时，景深一般都是非常浅的，为强调画面效果，可以适当地加强景深，保证主体的清晰。如图 3.63 所示，将项链悬挂起来，调整光圈，让景深变浅，背景的模糊衬托了前面饰品的出众。

# 学习任务 3.7　拍摄案例

拍摄案例

本次拍摄的实例是皮具的一种——皮包，拍摄的内容包括皮包的整体展示、搭配展示及细节展示，是按照制作商品详情页的内容来进行的。在拍摄过程中，会应用到前面学习的布光、背景的搭配、布局及拍摄角度等多个技能点。注意，布光时要考虑皮包质感的表现，以及曝光补偿、细节部分的对焦问题等。

### 1. 布光

在拍摄整体外观时，用了两个侧顺光，左侧 45°，辅光略高于商品；右侧 60°，主光，位置较高，是为了使皮包看上去更为立体，高光可以在皮包上很好地体现质感；左侧的辅光用于淡化阴影。

皮包布光方案如图 3.64 所示。

### 2. 相机设置及拍摄前准备

图 3.64　皮包布光方案

将相机设置为 P 挡，感光度 ISO 设置为 100，曝光补偿设置为+1.7EV。由于背景为白色，皮包颜色比较亮，相机会自动测光，造成曝光不足，画面非常暗，所以要增加曝光度。在拍摄前可以在皮包里填充上填充物，让皮包看起来比较挺括，也比较饱满。

### 3. 整体展示

皮包的正面整体效果如图 3.65 所示，拍摄时不要从正对面进行拍摄，本例选用的是向右 30°，同时显示了皮包的左侧面和正面，并形成三角形构图，拍摄角度为俯视 30°～45°，视觉较为舒适，皮包立体感较强，画面灵动不呆板。

皮包的背面整体效果如图 3.66 所示，构图及拍摄角度与正面拍摄相同。

图 3.65　皮包的正面整体效果

图 3.66　皮包的背面整体效果

进行皮包搭配展示时，搭配相应场景，用浅色桌布、镜框、松果等模拟生活场景，画面温馨，摆放的饰品也能达到平衡画面的作用，如图 3.67 所示。

### 4. 细节展示

皮包的底部细节如图 3.68 所示，展示了底部的平整走线、均匀无线头，突出了商品做工的精良。

图 3.67　皮包搭配展示

图 3.68　皮包的底部细节

皮包的拉链如图 3.69 所示，这种五金件的展示是从细节突出品质的要素，越细微处越精致，就更说明品质的可信赖性。该拉链表面光滑细腻，质量很好，拍摄时要兼顾五金件与皮包表面的皮质感，金属不要明暗差距过大，以采用柔光布光为宜。

如图 3.70 所示，皮包的背带环的拍摄方法与拉链基本一致。

图 3.69　皮包的拉链

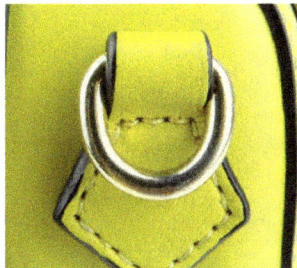

图 3.70　皮包的背带环

如图 3.71 所示为皮包的手提包带，可以突出走线的均匀和皮革的边缘是否平滑整齐。

皮包的外口袋展示如图 3.72 所示，为了对功能进行说明，光可以略高些，以便看到里面也是皮质感，另外要向外拉伸一下，便于拍摄。

图 3.71　皮包的手提包带

图 3.72　皮包的外口袋

皮包的内口袋拉链及标志的展示如图 3.73 所示，通过这部分可以看到包内材质，也可以看到包的品牌，因内衬颜色较暗，自动测光后，可能会产生皮包和标志曝光过度的情况，曝光度应减小些。

如图 3.74 所示为皮包的内口袋，与外口袋一样，主要是功能展示，同样要注意曝光过度的问题。

图 3.73　皮包的内口袋拉链和标志

图 3.74　皮包的内口袋

# 实　战　篇

## 实战任务　拍摄魔术道具

拍摄魔术道具

在实战篇中，选择魔术道具的哭笑脸，要拍摄的内容包括道具的整体展示、造型展示及细节展示，是按照制作商品详情页的内容来进行的。在拍摄过程中，会应用到前面学习的布光、背景的搭配、布局及拍摄角度等多个技能点。注意，布光时要考虑倒影板的倒影、骰子的透明度，曝光补偿的应用、细节部分的对焦等问题。

### 1. 布光

在拍摄整体外观时，用两个侧顺光，两侧均为 45°，略高于商品，稍远一些，否则柔光灯的倒影会映到倒影板上。将道具放置于倒影板上，为了凸显魔术道具的神秘，应采用黑色的倒影板，但其他物品的倒影也很容易出现在倒影板上，所以在道具的斜后方，又加了一块黑色的倒影板，当然也可以用黑色的卡纸或黑布来代替，如图 3.75 所示。

### 2. 相机设置及拍摄前准备

将相机设置为 P 挡，感光度 ISO 设置为 80，曝光补偿设置为-1.3EV。

由于背景为黑色，相机会自动测光，将造成曝光过度，道具上的细节都看不清楚，只能设置曝光补偿来降低曝光度。

### 3. 道具的整体展示

如图 3.76 所示为道具的整体外观展示，采用的俯视 45° 拍摄，在拍摄中要调整后面的黑色挡板，三脚架要远一些，位置稍高，再拉近焦距，可以使被拍道具不变形，如果距离太近会很容易出现变形。

图 3.75　魔术道具布光方案

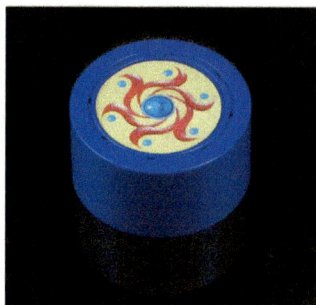

图 3.76　道具的整体外观展示

如图 3.77 所示为侧面的 0° 展示，展示了该道具的高度。

如图 3.78 所示为道具打开的造型，可以展示内部的骰子和盒子的组合，盒盖可以放在稍后一点的位置，否则盒盖会显得非常大，画面不协调。

图 3.77　侧面的 0° 展示

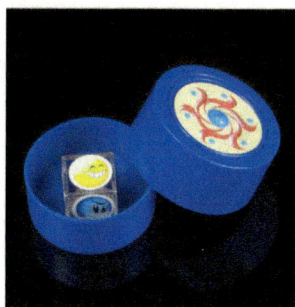

图 3.78　道具整体被打开的造型展示

如图 3.79 所示为盒子打开的展示。

如图 3.80 所示为盒内细节的展示。

图 3.79　盒子打开的展示

图 3.80　盒内细节的展示

### 4. 道具的细节展示

如图 3.81 所示为骰子的整体展示。骰子是透明的道具，因后方有挡板，所以无法采用逆光，利用侧光和侧逆光来展示完整的倒影，显得通透性更强。

在拍摄上，骰子与盒子不同，要采用近距拍摄，在对焦时，会较难对上，可以灵活对焦点，进行选择对焦，也可以多次调整焦距，半按快门对焦。

如图 3.82 所示为骰子笑脸展示。

图 3.81　骰子的整体展示

图 3.82　骰子的笑脸展示

如图 3.83 所示为骰子怒脸展示。

如图 3.84 所示为骰子哭脸展示。

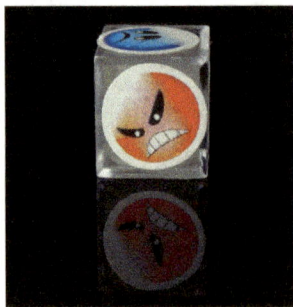

图 3.83　骰子的怒脸展示

图 3.84　骰子的哭脸展示

课后作业

**一、单项选择题**

1. 镜头焦距越长，视角越（　　　）。

A．大　　　　　　　　B．小　　　　　　　C．不变

2. 光圈越（　　　），曝光量越大。

A．大　　　　　　　　B．小

3. 拍摄时，要使被摄体色彩还原正常，应调节（　　　）。

A．感光度　　　　　　B．白平衡

4. 光圈系数大小与快门速度快慢的关系是（　　　）。

A．F/1.4 的图像亮度与 F/2 的图像亮度一样

B．光圈系数大，快门速度快；光圈系数小，快门速度慢

C．没关系

D．光圈系数大，快门速度慢；光圈系数小，快门速度快

5. 在同等条件下，F/5.6 的景深（　　　）F/11 的景深。

A．＞　　　　　B．≥　　　　　C．≤　　　　　D．＜

6. 拍摄时，既要表现主体又要显示环境，应选用（　　　）。

A．小光圈　　　　　　B．大光圈

7. 散射光的照明效果（　　　）。

A．较强硬　　　　　　B．较柔和

8. 能使主体产生轮廓光的是（　　　）。

A．逆光　　　　　B．侧光　　　　　C．顺光　　　　　D．前侧光

9. 关于曝光补偿，描述错误的是（　　　）。

A．白底拍摄，向正数补偿

B．拍摄商品时，可以随意调节曝光补偿值

C．黑底拍摄，向负数补偿

10. 拍摄衣服的时候通常可以采用（　　　）的布光方式。

A．透明体　　　　　B．反光体　　　　　C．吸光体

11. 决定相机像素大小的部件是（　　　）。

A．变焦镜头　　　B．液晶监视器　　C．感光元件

12. 以下不可以采用吸光类商品的拍摄方法的商品是（　　　）。

A．帆布鞋　　　　B．衣服　　　　C．亚光塑料　　　D．钻戒

**二、多项选择题**

1. 想要取得前后都清晰的大景深照片应选用（　　　）。

A．大光圈　　　　B．小光圈　　　　C．广角镜头　　　D．长焦镜头

2. 想要取得小景深的照片应选用（　　　）。

A．大光圈　　　　B．小光圈　　　　C．广角镜头　　　D．长焦镜头

3. 以下属于微距主要作用的是（　　　）。

A．微距拍摄力求将物品的主题细节纤毫毕现地表现出来

B．微距功能可以把商品的细节部分放大拍摄后呈现出来

C．微距拍摄是为了让买家将商品看得更加仔细，对商品的各个部位更加了解，有
利于达成交易

D．微距拍摄可以把一个大图拍成多个小图来展现商品细节

**三、实操题**

1．拍摄透明瓶体，体现其通透感，并进行整体及细节拍摄（以胶水瓶为例）。图 3.85～
图 3.88 所示为胶水瓶的整体及造型展示，在商品详情页中，用于商品信息说明。

图 3.85　胶水瓶整体展示

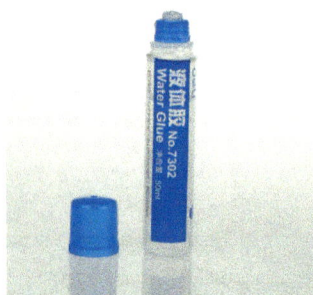

图 3.86　胶水瓶揭盖展示 1

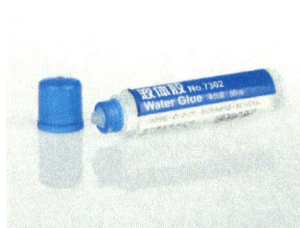

图 3.87　胶水瓶揭盖展示 2

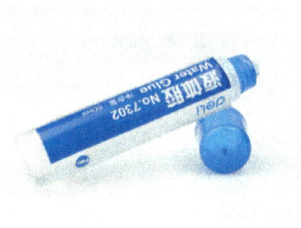

图 3.88　胶水瓶揭盖展示 3

2．图 3.89～图 3.93 所示为胶水瓶的细节展示，用于商品详情的细节说明。

图 3.89　胶水瓶头部展示

图 3.90　胶水瓶盖内部展示

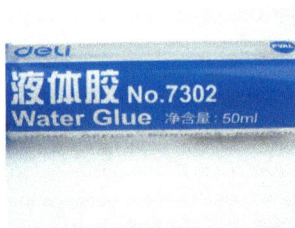

图 3.91　胶水的名称、
品牌、净含量

图 3.92　胶水的主要成分及
使用方法

图 3.93　注意事项

## 知识选读

**相机相关知识**

### 1. ISO 感光度

在光照不足又不适合使用闪光灯或其他光源增加光照时，可以进行感光度的调整，感光度越高，对弱光越敏感，适合在光线不足时或夜间拍摄，但噪点会增加；感光度越低，得到的影像越细腻，但只能在充足的光线环境中拍摄。

索尼 HX50 的感光度范围为 ISO 80～12800，在 ISO 80～1600 的范围内，噪点控制都十分出色，几乎不会看到画质的明显下降。但调整到 3200，噪点就很明显了。所以光线在拍摄过程中很重要。

### 2. 白平衡

白平衡可以帮助拍摄者在拍摄照片时获得尽可能准确的色彩还原，使实际环境中白色的物体在拍摄的画面中也呈现出真正的白色。也就是说，设置好白平衡可以让拍出的照片不偏色。可以用自动白平衡，它会按目前画像中的图像特质，立即调整整个图像红、绿、蓝三色的强度，以修正外部光线所造成的误差。白平衡主要以白为基色，就是让相机认为白是真正的白就可以了。数码相机中都会提供各种白平衡设置，如自动白平衡、日光、荧光、白炽、手动调节等。如果需要更逼真的色彩，则可以通过手动设置，给相机一个在这个环境下的标准"白"（可以备一张标准白色的纸）。

### 3. 曝光

如果照片中的主体过亮，而且亮的部分没有层次或细节，这就是曝光过度（过曝）；反之，照片较黑暗，无法真实反映景物的色泽，这是曝光不足。

### 4. 曝光补偿

在背景与拍摄主体都比较亮时，会看到，明明很亮的画面，拍完后就会变得比较暗，整体是灰色调的。这是因为相机的镜头测光受到了白色的影响，它自动降低了曝光度。这时可以旋转曝光补偿旋钮，适当增加曝光度，便可改善这一问题，使被摄主体提亮、鲜明。

当背景与拍摄主体都比较暗时，拍出的图像会特别亮，出现曝光过度的情况，这时就要适当降低曝光度，使画面不要过亮。

这个原理也就是大家常说的"白加黑减"。

### 5. 拍摄注意事项

在不使用三脚架的情况下，将双臂夹紧在身体两侧，进行构图。普通数码相机只需双臂夹紧，手指不要碰触镜头，托好相机即可；单反相机要左手托住相机与镜头处，保持稳定。

### 6. 焦距与景深

焦距越长、景深越浅；焦距越短、景深越深。

4

# 商品详情设计

## 学 习 篇

 学习目标

- 了解商品详情页设计理念
- 了解细节图的摆放顺序
- 掌握商品图调色的制作过程
- 掌握抠图的制作过程
- 掌握放大细节效果的制作过程
- 掌握水印的制作过程
- 了解添加其他信息的过程

商品详情页是电子商务网站中最容易与买家产生交集共鸣的页面，详情页的设计会对买家的购买行为产生直接的影响。因此，商品详情页面的设计会影响销售，在美观实用的基础上，应将要表达的信息尽可能用直观的视角展现出来，尽可能地提高成交转化率。

商品描述页一定不是只有产品展示和介绍那么简单，这些平庸的内容完全不能起到推动买家购买的作用。真正好的描述页，不会给买家太多理由思考要不要买，而是告诉买家很应该去买，所以除商品展示图以外的其他信息内容也很重要，要从商品表面以外的角度塑造产品品牌形象，刺激买家购买。

如图 4.1 所示为实训一号店详情页。

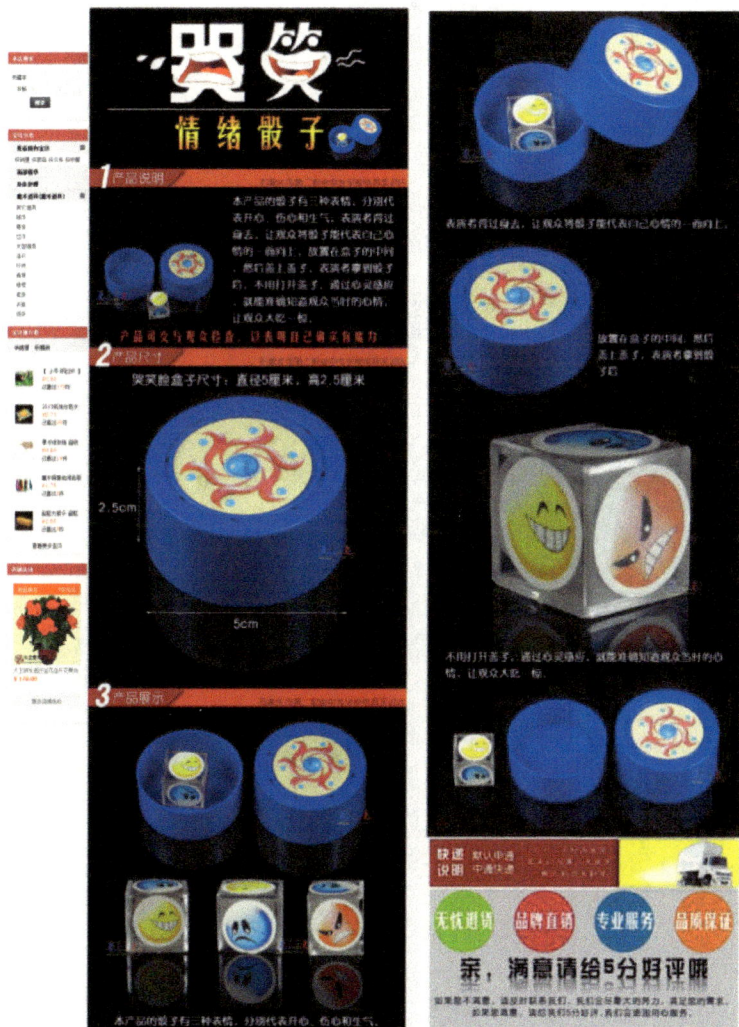

图 4.1　实训一号店详情页

# 学习任务 4.1　设计详情页

详情页设计理念

## 4.1.1　设计理念

　　商品详情页设计体现的不仅仅是单纯的视觉效果，无论是构思还是排版都是一个引导买家的过程。打动买家、刺激购买，设计师应该抱着这样的理念去传播一种想象，而不只是设计一个页面而已。

　　在设计商品详情页之前，要先想清楚一件事情，就是这个页面最重要的是什么，无论是要做到大气美观，还是要操作方便或者信息丰富，这些都不是商品详情页最重要的，或者说这些都是为了达到一个目的，就是最大化地促进买家的购买，也就是提高转化率，只有围绕这个中心做出来的产品详情页才会是买家真正需要的。

　　下面通过搜索体会一下买家的购买路线。买家在搜索栏里输入需要的宝贝名称，这里输入的是"羽绒服"，如图 4.2 所示。

图 4.2　输入关键词

　　在搜索结果页面挑选中意的宝贝，通过主图和商品名称传达的信息来为自己做出选择，如图 4.3 所示。

　　图 4.3 所示页面已进行了切分，可以看到，单单在一个搜索页就有这么多同类型的商品，可以想象在竞争如此激烈的市场中，如若抓不住买家的购买心理，最终牺牲的是销量。

　　择优挑选后单击商品主图就可进入宝贝详情页面，以该页面显示的第一个商品为例进行再次选择，如图 4.4 所示。

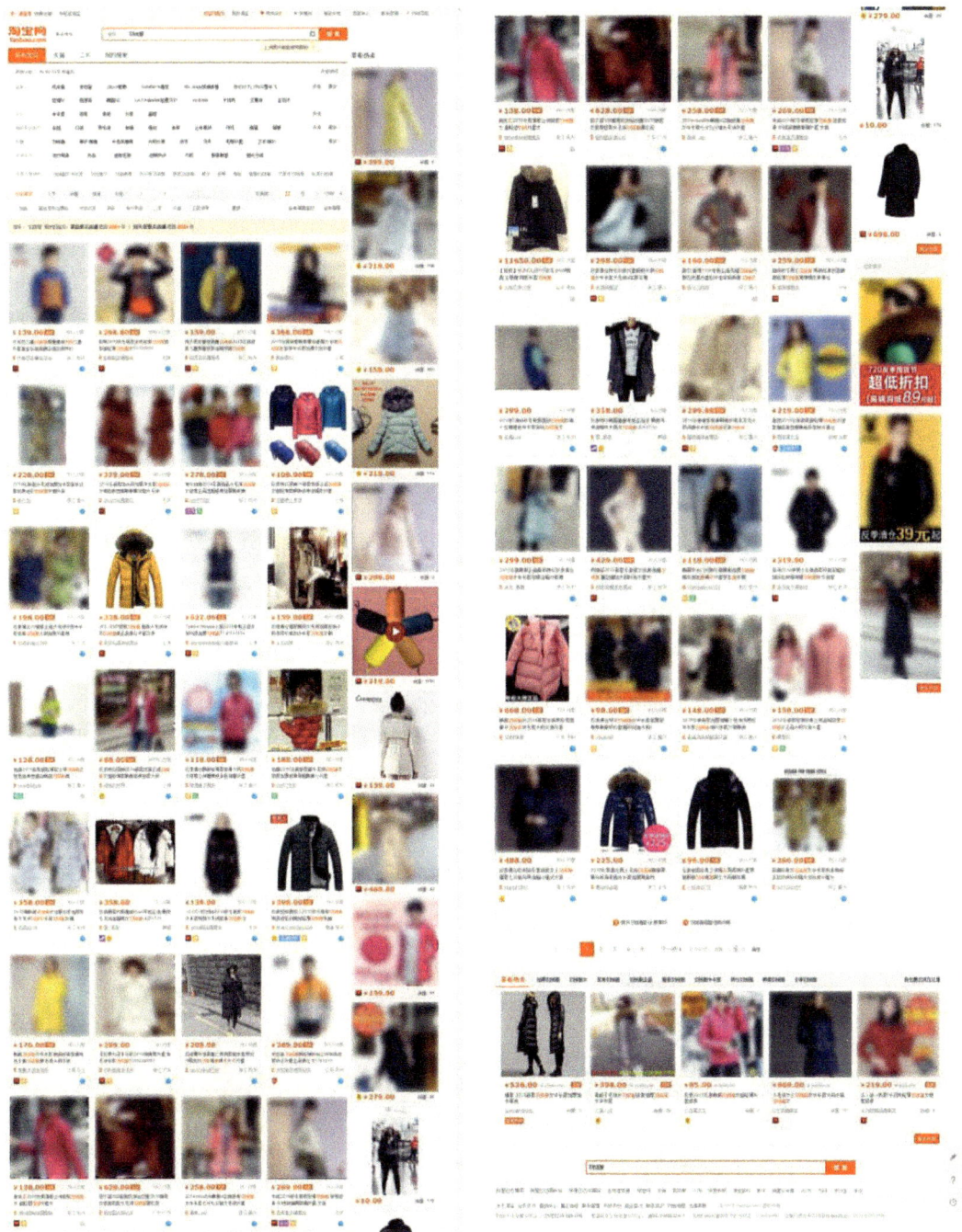

图 4.3　搜索结果页面

　　这个详情页通过切分为三部分才勉强放在一个页面上呈现，买家在这个页面上可以看到的内容全面，而且随着买家对商品了解的逐步深入，最终会产生购买的欲望，从销量和人气上可以判断出它的页面做得非常成功，否则也不会出现在搜索第一页第一个商品的位置上。

　　宝贝详情页面的整体感觉决定买家是否会对店铺产生好感，最大化地促进买家购买才是做好详情页的重要目标。详情页的热销商品、搭配套餐、优惠方式等活动还会吸引店铺潜在顾客的眼球，荣誉、资质、仓储等信息会成功地树立在买家心中，企业品牌的形象比实际成交一笔订单所取得的收益更大。

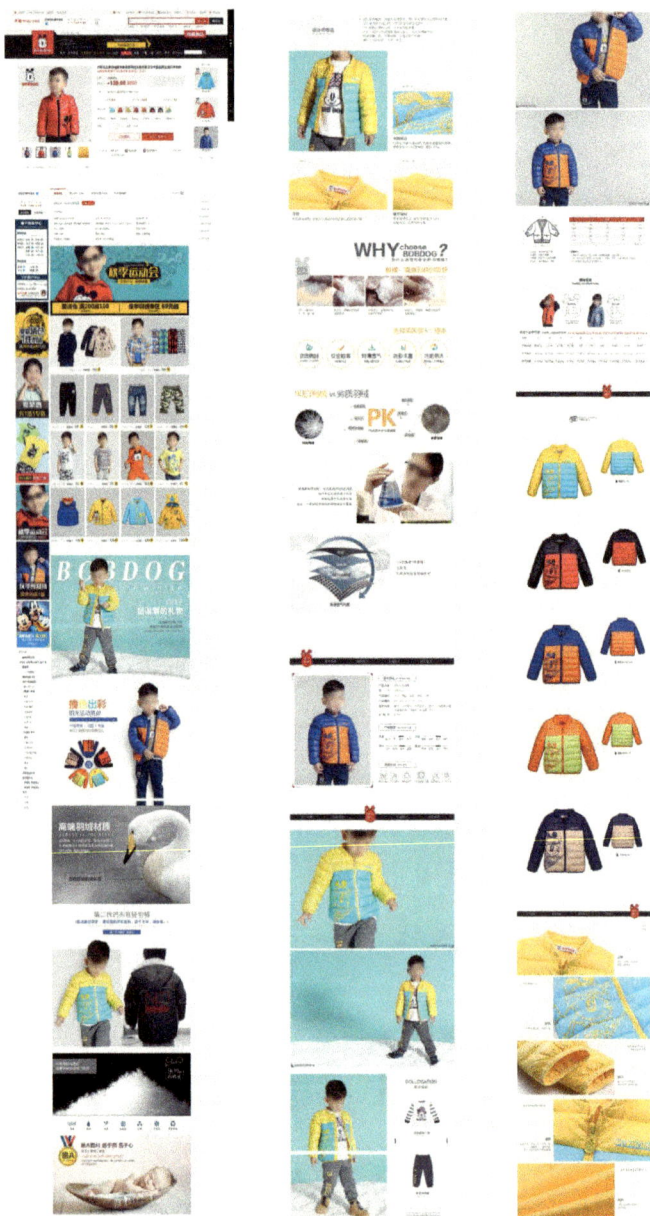

图 4.4　宝贝详情页

根据人们购物的心理需求，详情页大致有以下三个部分：

① 店内推荐、促销活动和当前商品的优势。

② 宝贝整体图片和细节图片。

③ 各种网店售后信息等。

如图 4.5 所示为详情页展示。

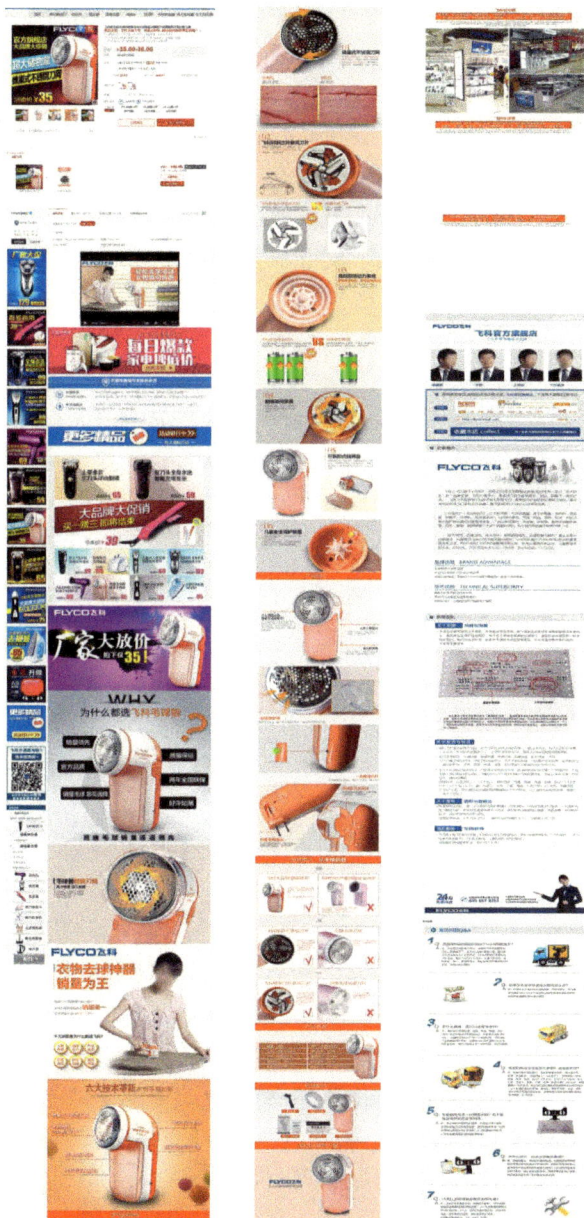

图 4.5　详情页展示

　　图 4.5 所示页面被分成了三部分来展示，按照三大内容进行了分块。第一部分分别对使用效果视频、促销活动、热卖推荐、产品优势进行展示，第二部分分别对产品细节、优劣对比、产品参数进行展示，第三部分分别对线上销售、销售分布图、公司介绍、购物保障进行展示。

　　这个分布的顺序就像去超市购物，超市会有很多优惠商品的推荐，当我们对某一商品感兴趣时会拿起来看（第一部分），看材质、手感、做工等，并询问服务员有何种功能或使用方法等（第二部分），产生购买意愿后会了解售后服务、保修期及地点、公司是否有实力兑现售后承诺等（第三部分）。对于网店来说还可以用图片的方式展示仓储、买家评语、公司面貌等，这样就可以完美地把商品给买家呈现了！

细节图的摆放顺序

## 4.1.2　细节图的摆放顺序

　　细节图的展示顺序不是随意摆放的，而是取决于拍摄角度，简单来说，就是由整体到细微，由大概到精确，由浅入深。例如：当遥望一个人的时候，开始只能判断其性别及身高，逐步走近后能辨别其样貌轮廓及身材，走到眼前时其肤色及清晰的五官就可以清晰地展现出来了。这个道理对学过素描的人来说很容易理解，因为这也是绘画中的一个基本常识。

　　宝贝描述部分的展示要注意以下几个要点：

　　第一，图片清晰。这要求拍摄的照片一定要清晰，因为模糊的图片给人以不专业、不真实的感觉。下面是两张图的清晰度对比效果，如图 4.6 和图 4.7 所示。

图 4.6　示例 1　　　　　　　　　　　　　图 4.7　示例 2

　　第二，真实展示。很多买家在网上买东西最担心买到和商品展示图不一致的宝贝，如果卖家因不能真实呈现而得到买家的差评，那将得不偿失。

　　第三，多角度展示商品。全方位地拍摄商品有助于买家对商品的了解认识。

　　展示商品图片时应该从整体过渡到细节，所以当拍摄照片时就要明确所展示的角度和目的，一件商品应该从哪些角度展示，这是拍摄之前应做好的准备工作，通过文字辅助的作用能够更加突出宝贝的特点，让商品描述更有说服力。下面来看几个宝贝细节。

　　铅笔是日常生活中常见的一类商品，它的外观较单一，没有过多的特征，在前几张图片里主要以摆造型、列参数的手法呈现整体效果，后面几张图片分别从笔芯、笔杆、胶芯、安全性及舒适度方面进行图片陈列和文字描述，符合前面讲的由整体到细节的表述，如图 4.8 所示。

　　碧根果从外观上没有过多差异性，所以在照片的拍摄方面多以摆造型为主，搭配一些和商品搭调的道具，既丰富了画面效果，又更具灵活性。这里的文字搭配就显得很重要了，此图片从产地、选材、理念、动销、服务五个方面进行了文字描述，使买家浏览图片的同时有了侧重点，如图 4.9 所示。

　　台式电扇在外观和结构上有很多差异性，在细节图的展示里要一一对其进行展示和说明。详细的参数数据对商品做了第一步分解，放大细节图后可从商品的外观造型进行全方位展示说明，如图 4.10 所示。

图 4.8　铅笔细节

图 4.9　碧根果细节

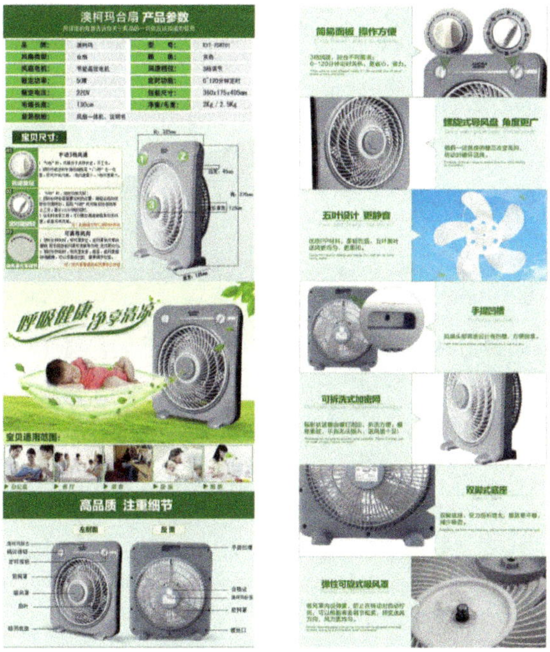

图 4.10　台式电扇细节

　　上述几张优秀的细节展示图都由多角度的多张图片组成，每张图片都离不开制作者的精心处理，很多时候相机拍摄出的原始图片会有各种瑕疵，有些是拍摄中避免不了的，有些是必须通过后期处理才能完成的，最终目的是实现丰富多彩、富有创意的画面。

# 学习任务 4.2　制作商品细节

　　拍摄商品的原片往往存在一定的瑕疵，这就需要后期用 Photoshop 软件来进行美化，完成一系列的细节展示，并对单张图片进行处理，这是做商品细节图的基本工作。下面讲解的是不同原片效果图片处理的详细步骤。

## 4.2.1　调色例图

制作调色例图

　　第一类拍摄原片效果如图 4.11 所示。

　　该图背景颜色较"脏"，商品颜色灰暗，但是背景颜色比较单一而且均匀，这类图片主要用【Ctrl+M】组合键设置曲线和用【Ctrl+L】组合键设置色阶来调色，其效果如图 4.12 所示。

图 4.11　原片　　　　　　　　　　　　　　图 4.12　调色后效果

　　制作步骤如下：

　　① 在 Photoshop 里打开钥匙环原图，使用快捷键【Ctrl+M】打开曲线面板，参数设置如图 4.13 所示。

　　② 使用快捷键【Ctrl+L】打开色阶面板，参数设置如图 4.14 所示。

　　③ 在图片的左侧有一部分浅灰色，用吸管吸右侧背景干净的颜色，选择画笔虚圈稍大笔触，在左侧边缘处把浅灰色擦拭掉，如图 4.15 所示。

## 4.2.2　抠图例图

制作抠图例图

　　第二类拍摄原片效果如图 4.16 所示。

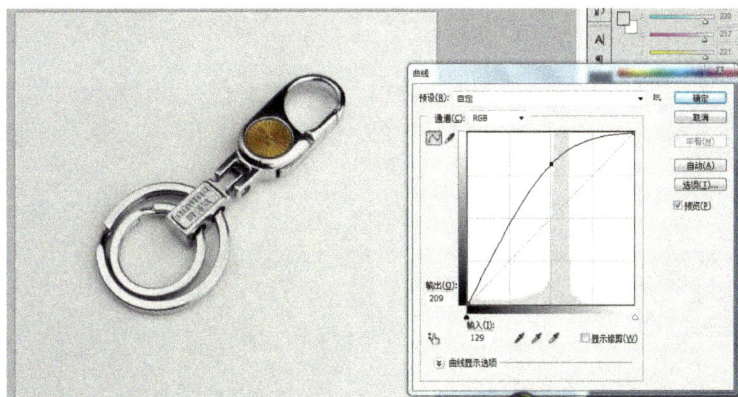

图 4.13　曲线设置

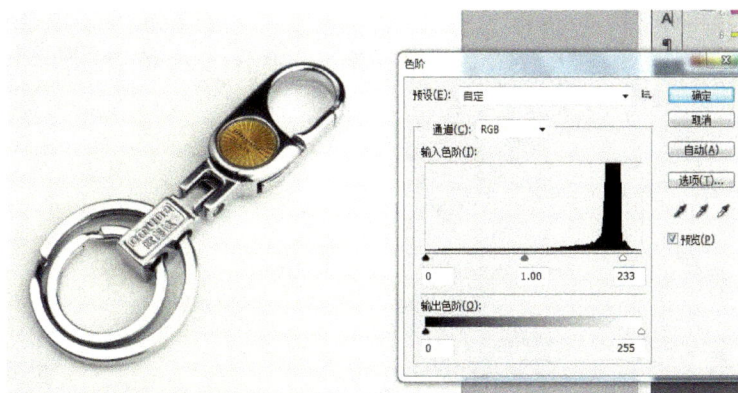

图 4.14　色阶设置

图 4.15　画笔擦拭

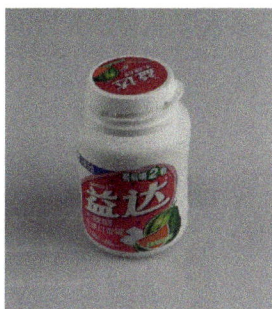

图 4.16　原片

　　该图背景颜色较"脏"而且不均匀，这类图做调色处理不合适，另外商品和背景有大面积的雷同色，用"魔棒工具"抠图也不能实现，这时需要用"钢笔工具"进行抠图，其效果如图 4.17 所示。

　　制作步骤如下：

　　① 选择"钢笔工具"，沿着商品的边缘做商品形状的路径，这里要注意两个小技巧：第一是用尽量少的锚点做尽可能长的路径，这样做是为了使路径尽量圆滑少折角；第二，为了能更好地控制路径的弧度，除了第一个锚点和最后一个锚点，其他锚点均要在单击且移动做出一定的弧度后，按住【Alt】键再次单击该锚点，以消除其中一个杠杆，这样路径

的弧度就容易控制了，如图 4.18 所示。

图 4.17　效果图

图 4.18　绘制路径

② 使用快捷键【Ctrl+Enter】使路径变成选区，如图 4.19 所示。

图 4.19　将路径变选区

③ 新建"图层 1"，使用快捷键【Ctrl+Shift+I】反选填充白色，这样背景就变为白色，如图 4.20 所示。

④ 也可以给商品图换背景，得到商品选区后使用快捷键【Ctrl+C】进行复制，再使用快捷键【Ctrl+V】进行粘贴，这时出现只有商品的"图层 1"，把新的背景图层放置在"图层 1"的下方就可以得到换完背景的商品图，如图 4.21 所示。

图 4.20　白色背景

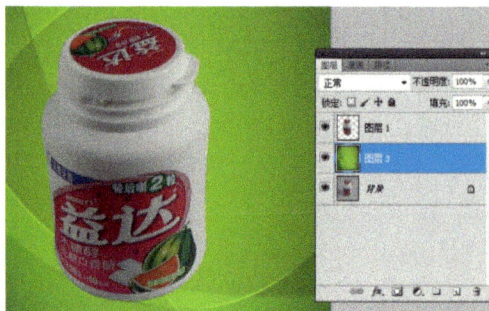

图 4.21　换背景

⑤ 将商品单独调色，选择商品图层，使用快捷键【Ctrl+M】设置曲线，如图 4.22 所示。

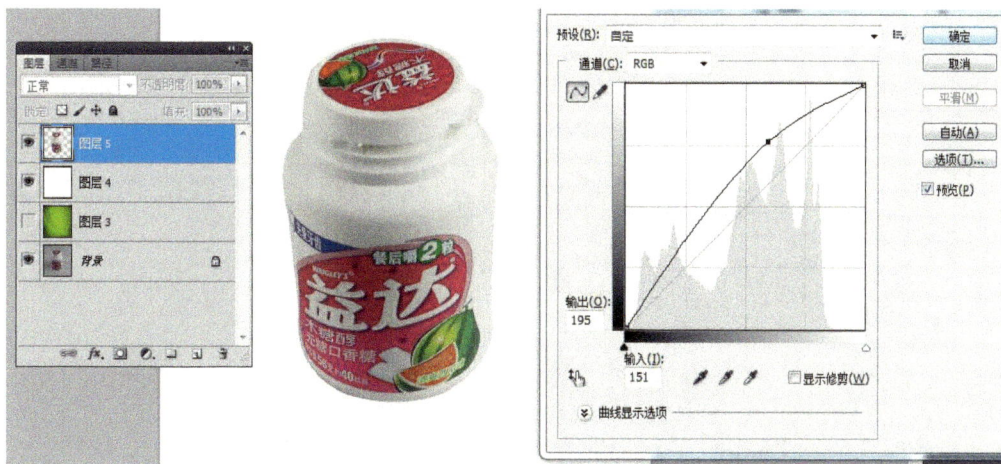

图 4.22　商品调色

## 4.2.3　放大细节效果例图

制作放大细节
效果例图

第三类拍摄原片效果如图 4.23 所示。

为了让买家通过商品照片图更细致、全面地了解商品，需要多角度、全方位地呈现商品各个细节，如果放大后的细节图单独出现，买家往往不知道是商品的哪个部分，所以在整图的基础上指示出各个细节并用文字加以描述，从而让买家更加清楚明了。拍摄时最好用微距功能单独拍摄需要放大的细节部分，从而使画面既清晰又有灵活的效果，如图 4.24 所示。

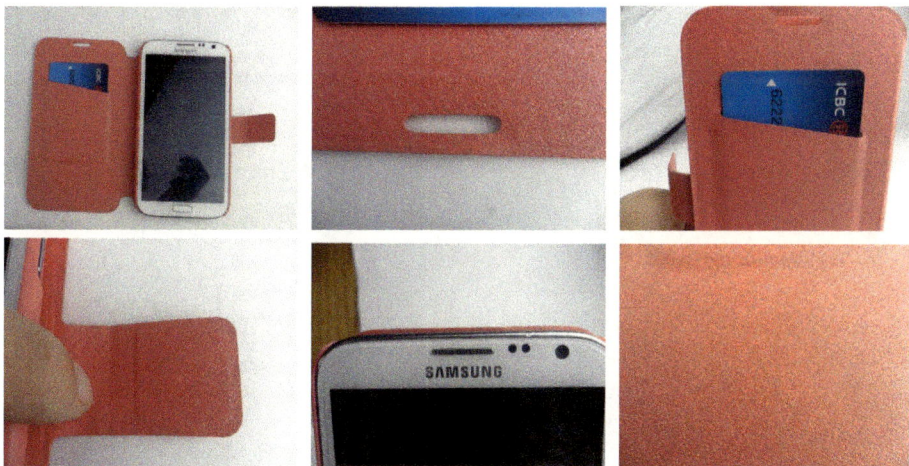

图 4.23　六张原图

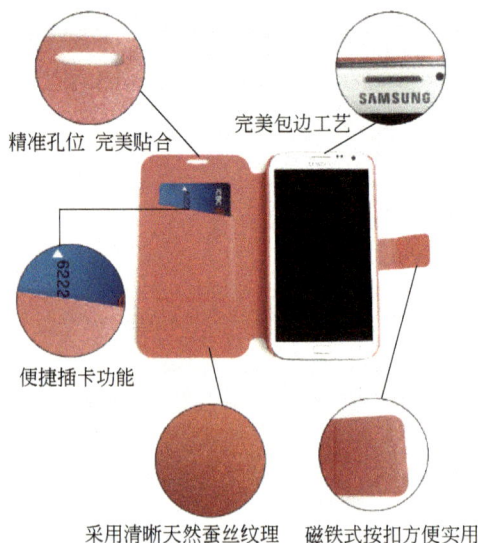

精准孔位 完美贴合　　完美包边工艺

便捷插卡功能

采用清晰天然蚕丝纹理　磁铁式按扣方便实用

图 4.24　指示各个细节并用文字描述后的效果图

制作步骤如下：

① 打开 Photoshop 软件，新建 711px×850px 的文档，如图 4.25 所示。

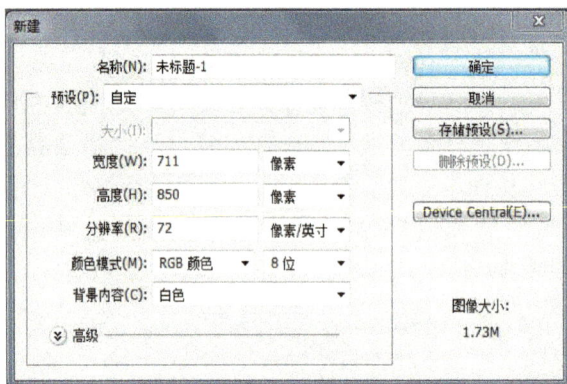

图 4.25　新建图像文件

② 把完整手机壳图片拖入新建文档内，使用快捷键【Ctrl+T】自由变换，等比例缩放至合适大小时进行调色处理，使用快捷键【Ctrl+M】设置曲线，如图 4.26 所示。

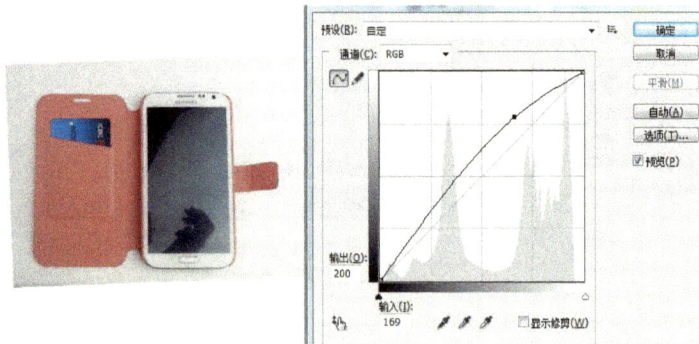

图 4.26　设置曲线

③ 使用快捷键【Ctrl+L】设置色阶，如图 4.27 所示。

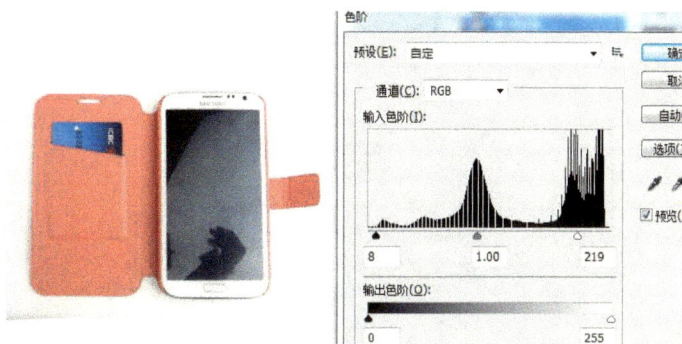

图 4.27　设置色阶

④ 图片左下角存在少量的灰色，可用"画笔工具"把它覆盖住。手机屏幕里的灰色是拍照时无意反射出的画面，要对它进行黑色覆盖。可新建"图层 2"，选择"矩形选框工具"做手机屏幕大小的选区，并填充黑色，如图 4.28 所示。

⑤ 由于拍摄角度问题，屏幕并不是规整的矩形，所以要对"图层 2"的黑色矩形进行调整，可使用快捷键【Ctrl+T】进行自由变换，按住【Ctrl】键的同时单击鼠标也可以自由地拖动四个角，直至黑色矩形与原屏幕形状重合，如图 4.29 所示。

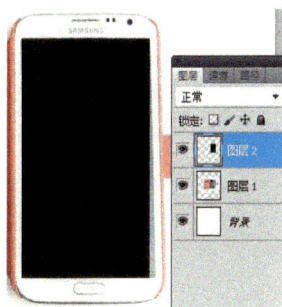

图 4.28　覆盖屏幕黑色

图 4.29　调整屏幕形状

⑥ 打开细节"孔位"原图，选择"椭圆选框工具"，按住【Shift】键得到正圆选区，如图 4.30 所示。

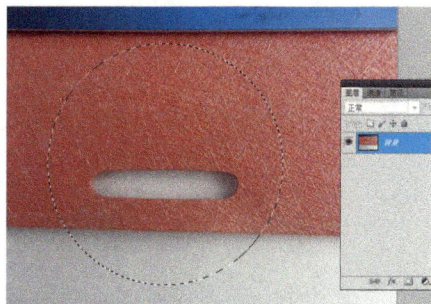

图 4.30　正圆选区

⑦ 选择"移动工具"，把原图的正圆选区移动到新建文档中，使用快捷键【Ctrl+T】进行自由变换，在上面的选项栏里单击"保持长宽比"按钮，在"W"和"H"的输入栏

里均输入"170px",即缩放尺寸长宽均为170px,按回车键确定,如图4.31所示。

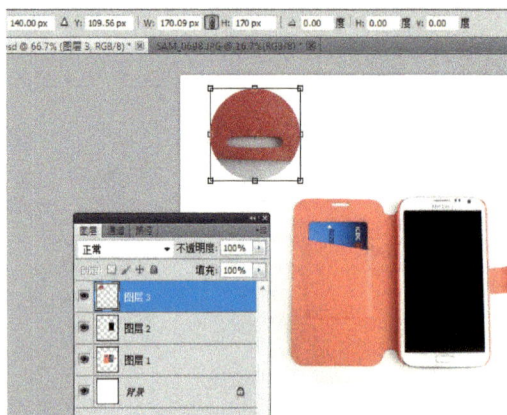

图4.31　固定尺寸缩放

⑧ 对细节图进行调色,使用快捷键【Ctrl+M】设置曲线,如图4.32所示。

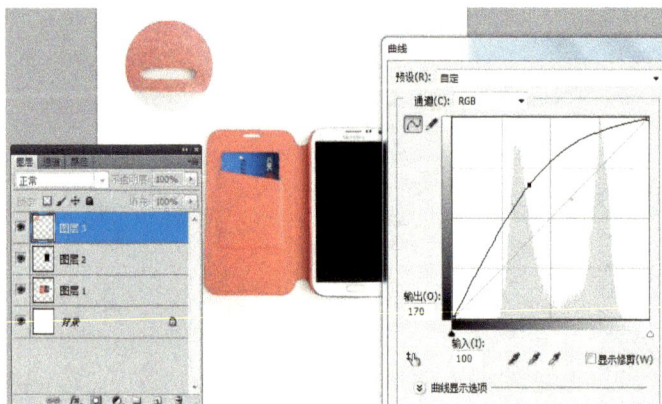

图4.32　调色

⑨ 打开"图层样式"页面选择"描边"设置,如图4.33所示。

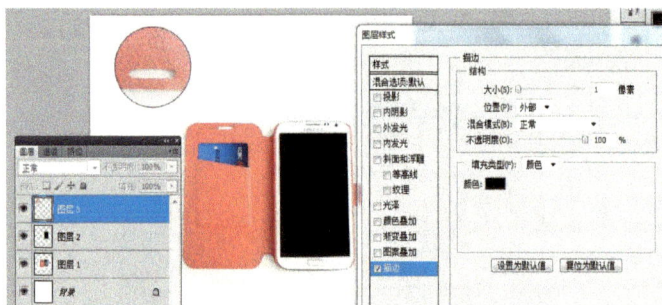

图4.33　设置描边

⑩ 因整体图和细节图照片位置不同,需要对细节图做垂直翻转操作。选择使用快捷键【Ctrl+T】自由变换工具,在框内右击,选择"垂直翻转"命令,如图4.34所示。

⑪ 画细节指示线,新建"图层4",选择"直线工具"选项为"填充像素",粗细"1px",画直线,并在整图端点处用"画笔"("实圈",大小"5")点一个黑色圆点,如图4.35所示。

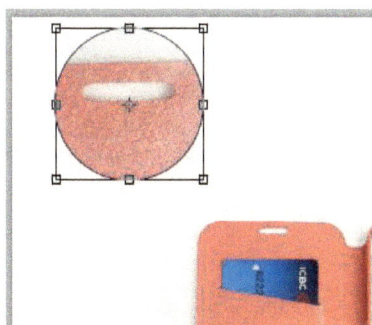

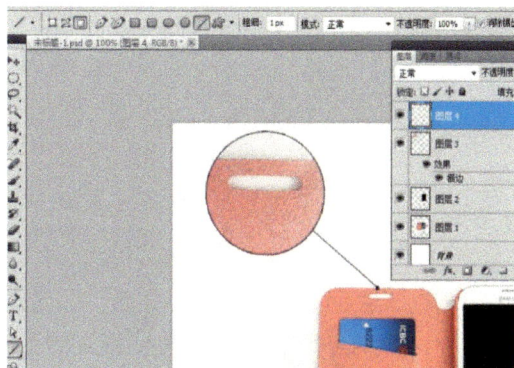

图 4.34　垂直翻转　　　　　　　　　　　图 4.35　画细节指示线

⑫ 其他细节图做法仿照步骤⑦～步骤⑪进行制作，如图 4.36 所示。

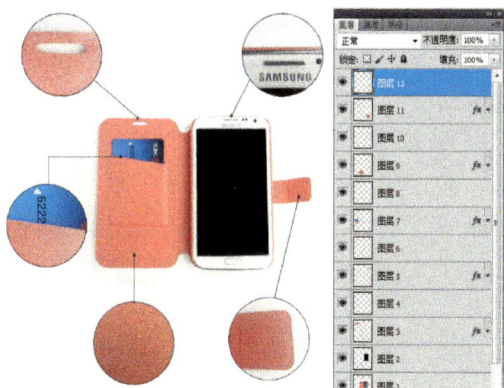

图 4.36　细节制作

⑬ 下面搭配文字描述，要求文字的内容要贴合细节的选取部分来诠释。选择"文字工具"，颜色（R：255，G：50，B：62），"宋体"、"22 点"，分别在各个细节处输入相应文字内容，如图 4.37 所示。

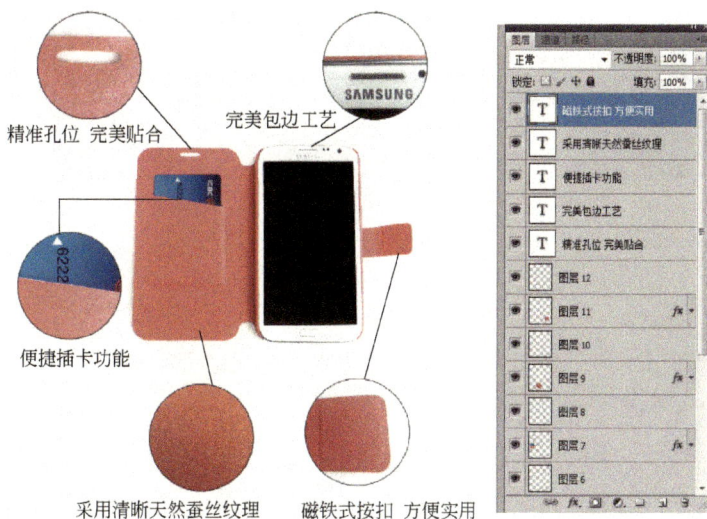

精准孔位 完美贴合　　　　完美包边工艺

便捷插卡功能

采用清晰天然蚕丝纹理　　磁铁式按扣 方便实用

图 4.37　输入文字内容

# 学习任务 4.3 添加水印

## 4.3.1 水印的作用

水印的作用

水印相当于在照片上做上自己的记号，就像印章一样。其作用就是不让别人盗用这张照片，另外水印也是对品牌的一种宣传，因为水印一般都是由店标或者店名制作的。水印既不能轻易去除，但又不能影响照片的观看，所以放水印的时候要注意既要压住商品，又不能压在商品的重要信息上，可以压在边缘处。

水印的制作要注意：

① 不要太大。

② 颜色对比要弱。

③ 不透明度的值要降低。

下面来看几个例图，评判一下哪个水印做得效果好，如图 4.38～图 4.40 所示。

三张例图中的前两张，其水印太过清晰或者面积太大，对商品的观看造成了影响，第三张例图的水印降低了不透明度，也压在了商品上，这样做既不影响商品的观看又可以起到防伪的作用。

## 4.3.2 制作水印

制作水印

下面来制作一个眼镜商品图压水印，原图、店标、效果图，分别如图 4.41～图 4.43 所示。

图 4.38　示例 1　　　　　图 4.39　示例 2　　　　　图 4.40　示例 3

制作步骤如下：

① 选择"魔棒工具"，不勾选"连续"，在空白处单击得到画面所有白色选区，使用快捷键【Ctrl+Shift+I】进行反选，如图 4.44 所示。

图 4.41　原图

图 4.42　店标

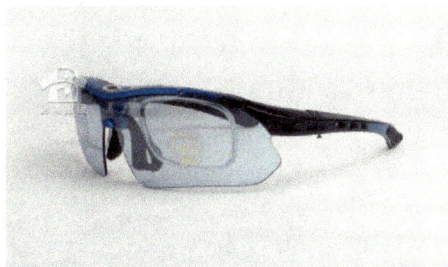
图 4.43　效果图

图 4.44　店标选区

② 在选区内填充白色，使用快捷键【Ctrl+C】进行复制，再使用快捷键【Ctrl+V】进行粘贴得到白色的店标"图层 1"，选择"图层样式"设置"投影"，如图 4.45 所示。

图 4.45　设置投影

117

③ 将"图层 1"拖动到商品图中，使用快捷键【Ctrl+T】进行自由缩放，按住【Shift】键拖曳任一四角小方块等比例缩小水印，如图 4.46 所示。

④ 降低"图层 1"不透明度为"50%"，放置在不影响商品图观看的侧面，如图 4.47 所示。

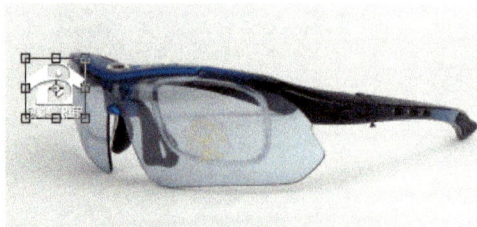

图 4.46　调整水印大小

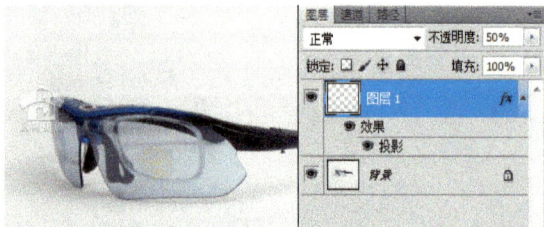

图 4.47　降低图层不透明度

# 学习任务 4.4　添加其他信息

添加其他信息

详情页的长度是证明店铺是否专业的一个象征，当然卖家也得有能展示的内容，下面列举几项应该包含的信息类别。

① 商品展示类：色彩、细节、优点、包装、搭配、场景图、尺寸表。

② 实力展示类：品牌、荣誉、资质、销量、仓储、质检、实体店。

③ 吸引购买类：买家好评、热销场景、买家秀、同类商品对比。

④ 购物指导类：付款、收货、验货、退换货、保修。

⑤ 促销信息类：热销推荐、搭配套餐、促销活动、优惠方式。

上述信息量足以撑起详情页面长度，请按照以上内容项认真做开店前的准备吧！

下面对几类除商品细节图以外的详情页内容进行讲解和欣赏。

（1）优惠券对买家来说目的是省钱，而卖家发布优惠券的目的是刺激消费，提高销量。对于不同类型的店铺，卖家所需要设置的优惠券的类型也要有所不同，并且派发优惠券的重点或者目标人群也要有所不同，卖家要按照不同的消费群体或者消费心理来设置店铺的优惠券，这样才能更加贴近买家的心理，如图 4.48 所示。

图 4.48　优惠券

（2）产品参数即尺寸表，是指卖家在页面上展示商品的某种特性，包括长度、宽度、质量、密度、规格、使用的行业标准、生产工艺、产地、使用寿命等，这些内容不一定全部列举，要根据商品的性质进行表述。例如：液体要标明容量，化妆品要标明成分及功效，食品要标明口味，盒装的要标明数量等，如图 4.49 所示。

图 4.49　产品参数

（3）热卖推荐又称掌柜推荐，是指卖家在详情页给买家展示的店内其他商品，这里推荐的商品一定要选店内最好的、最吸引人的招牌货，这些商品代表整个店铺商品的类型和风格，以及店铺的整体形象，所以要好好利用起来。从推荐区的商品图片本身入手，在利用好有限的推荐位的同时，又将掌柜推荐区作为一个整体来对待，使整个店铺和谐统一，如图 4.50 所示。

（4）实体店展示是为了证实商家的实力，实体店的装修、位置、数量在一定程度上证明了商家拥有雄厚的资金及规模，品牌效应和实力挂上钩就会增加人们心目中的信赖感，从而使买家产生购买欲望，如图 4.51 所示。

图 4.50　热卖推荐

图 4.51　实体店展示

（5）包装展示是为了给买家带来一种美的享受，同时也能体现商品价值，从而吸引买家下单，另外有些买家买东西是为了送给亲朋好友，好的包装也会让人觉得上档次，有面子，如图 4.52 所示。

패키지 전시 包装展示

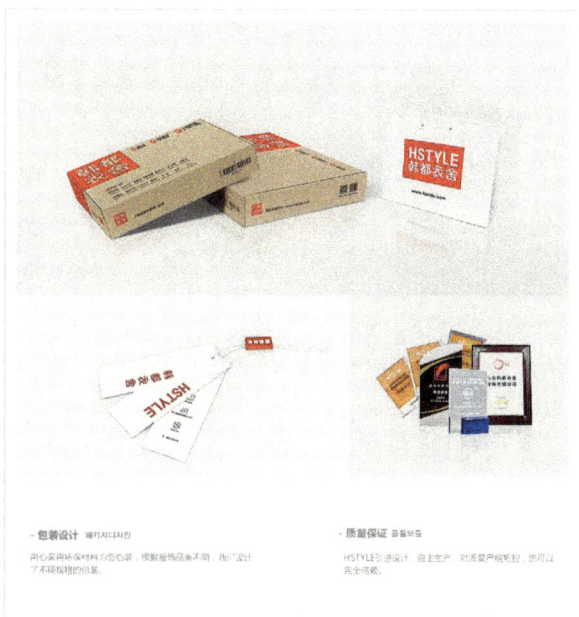

PROFESSIONAL PACKAGING

专业包装更有面

图 4.52　包装展示

# 实　战　篇

　　一号店是笔者所在学校电子商务专业的实训店，以经营魔术道具为主，此类商品的特点是神秘及富有挑战的感觉，在细节展示部分由于其操作的商业保密性，只能从商品材质和样貌方面去展现，文字部分以突出魔术表演效果为主，为了突出其神秘感多以黑色为背景。

以下制作过程以"哭笑脸骰子"为例，此魔术道具用于近景魔术，体积小、易携带、易操作，即使是没有魔术功底的普通人，学习很短时间后也能上手，在详情页里并没有出现操作步骤，仅以文字叙述表演过程及最终效果为卖点来展示，其营造的神秘感和价格上的优势让更多的人敢于尝试购买。

# 实战任务 4.1　制作实训店主图

制作实训店主图

主图是搜索页面进行第一次选择的依据，后台可上传五张主图，其中，第一张主要起到选择性推荐的作用，所以在第一张主图上最好放置店标、促销、价格、优势等信息以吸引买家进入，但不要把信息全部罗列，只需放置自己认为重点的信息内容即可。第一张主图一定要选一张商品的完整图，其余的四张主图不出现在搜索页，所以只需将原片修饰和裁切。

图 4.53　效果图

下面要制作的是第一张主图，店标和活动呈现在了画面里，其效果如图 4.53 所示。

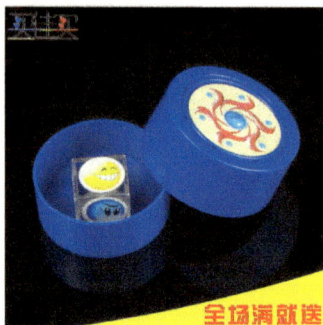

制作步骤如下：

① 打开 Photoshop 软件，拖入素材 1，选择"裁切工具"，设置宽度、高度均为 700px，如图 4.54 所示。

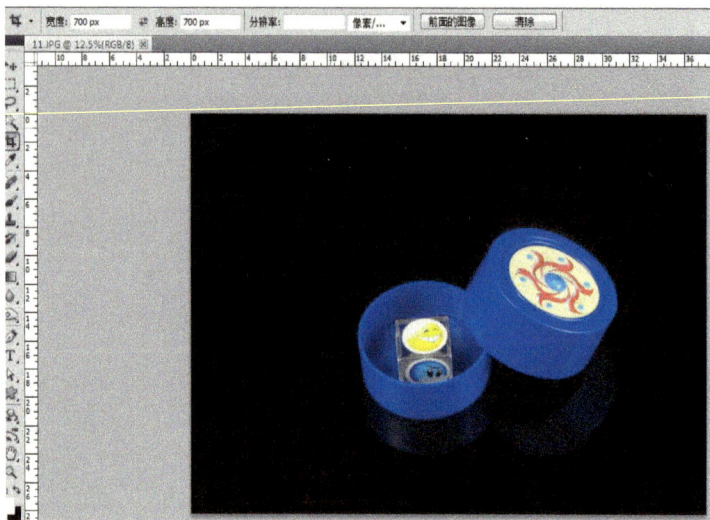

图 4.54　拖入素材

② 拖动鼠标把商品完整框住，调整大小后按回车键，如图 4.55 所示。

③ 打开店标进行白色背景抠图处理，使用快捷键【Ctrl+T】调整大小后打开"图层样式"进行"外发光"设置，如图 4.56 所示。

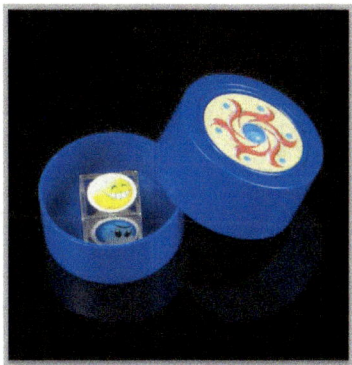

图 4.55　裁切图片

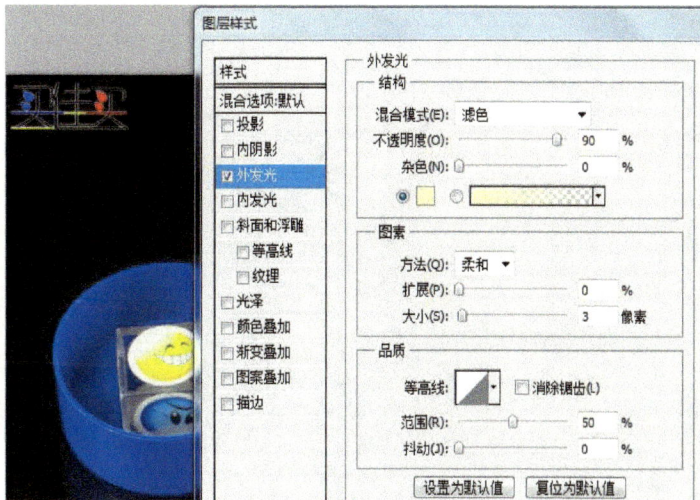

图 4.56　设置"外发光"

④ 输入文字"全场满就送",设置"方正综艺简体"、"10 点"、"红色",放置在右下角,如图 4.57 所示。

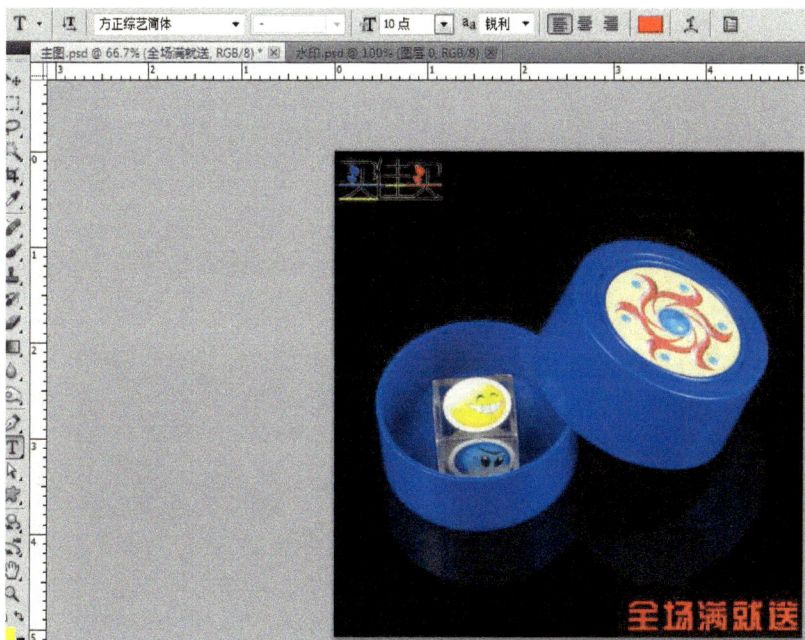

图 4.57　输入并设置文字

⑤ 新建"图层 2",将前景色设置为黄色,选择"自定形状工具",按下"填充像素",选择形状横幅 3,在画面中拖动出形状,使用快捷键【Ctrl+T】将形状倾斜放置在右下角文字层下,如图 4.58 所示。

⑥ 在原图的背景上有很多杂质,需要修整画面的杂质。选择背景层放大效果,选择"修复画笔工具",在有杂质的地方进行单击,以去除杂质。注意,图片和商品边缘处要细致处理,否则会影响边缘线的清晰度,如图 4.59 所示。

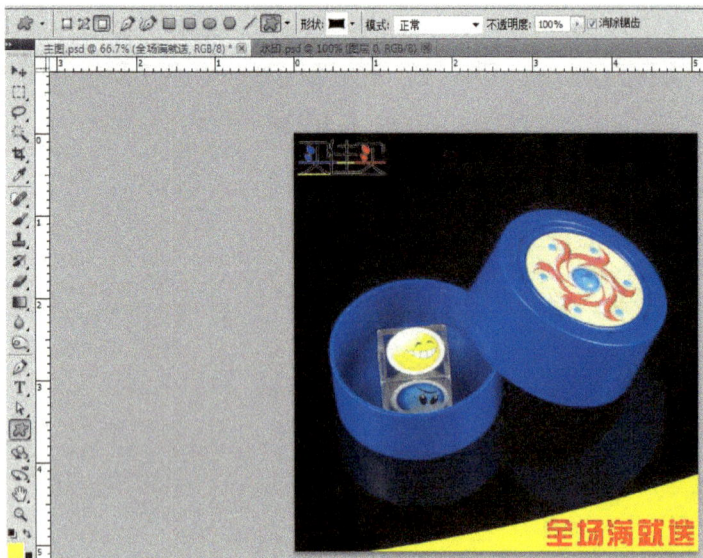

图 4.58 黄色形状

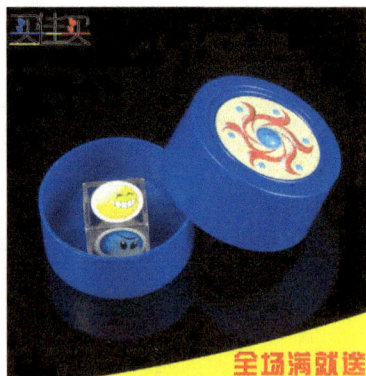

图 4.59 修整画面杂质后的效果图

⑦ 另外四个主图可以从拍摄商品的不同角度或细节上进行选取，只需对商品图进行 700px×700px 的裁切，再对背景杂质进行处理即可。

## 实战任务 4.2 制作详情页商品海报

制作实训店
详情页海报

在详情页里设计一个当前商品的宣传海报，是为了让买家进入页面后，以图片创意的形式对商品进行初步了解，本海报以抽象、夸张的造型诠释商品特性，用哭笑脸骰子来描述海报，如图 4.60 所示。

图 4.60 宣传海报效果图

设计分析：本产品的骰子有三种表情，分别代表开心、伤心和生气，表演者背过身去，让观众将骰子能代表自己心情的一面向上，放置在盒子的中间，然后盖上盖子，表演者拿到骰子后，不用打开盖子，通过心灵感应，就能准确地知道观众当时的心情，使观众大吃一惊。

制作步骤如下：

① 打开 Photoshop 软件，新建大小为 750px×350px 的文档，如图 4.61 所示。

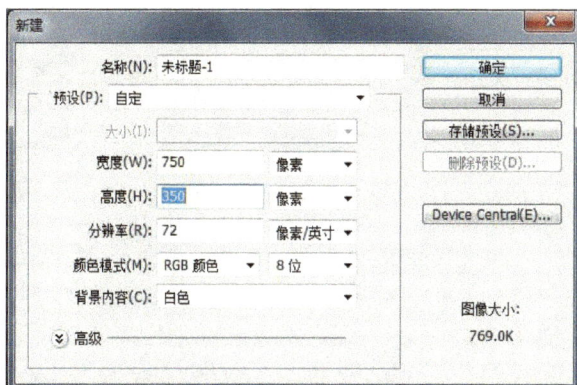

图 4.61　新建图像文件

② 填充黑色，如图 4.62 所示。

图 4.62　填充黑色

③ 输入文字"哭"，设置"汉仪综艺体简"、"200 点"、"白色"；输入文字"笑"，设置"汉仪长艺体简"、"200 点"、"白色"，如图 4.63 所示。

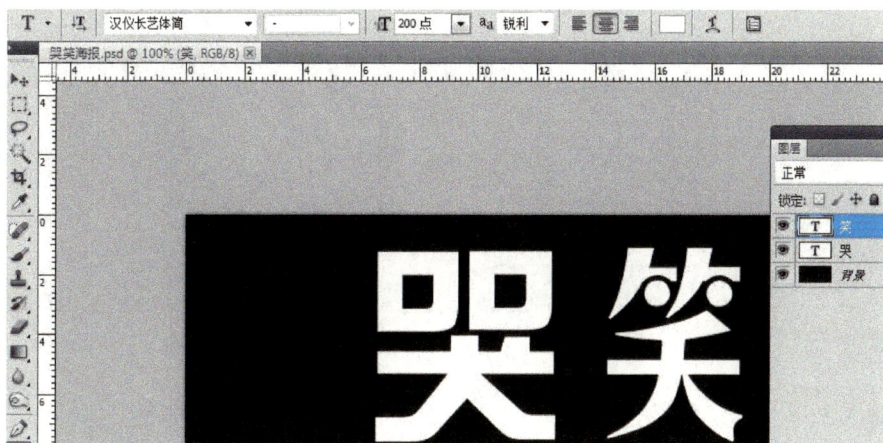

图 4.63　输入文字

④ 打开"哭笑素材"，选择"套索工具"，沿"哭"形象边缘进行选区的选取，如图 4.64 所示。

⑤ 使用"移动工具"把框选的部分移动到文字"哭"中间部位，调整大小，如图 4.65 所示。

⑥ 采用步骤④、⑤的方法对"笑"字的表情进行添加，如图 4.66 所示。

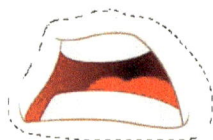

图 4.64  框选选区

图 4.65  "哭"字

图 4.66  "笑"字

⑦ 新建"图层 3"，选择"自定形状工具"，找到"叶子 3"图形，单击"填充像素"，前景色设置为白色，在"哭"字的左侧进行拖曳，使用橡皮擦把叶梗擦除，留下部分作为"泪滴"，复制一层，调整大小和方向，如图 4.67 所示。

⑧ 新建"图层 4"，选择"自定形状工具"，找到"波浪"图形，单击"填充像素"，前景色设置为白色，在"笑"字的右侧进行拖曳，使用橡皮擦擦除两根纹理，留下部分作为"笑声"，复制一层，调整大小和方向，如图 4.68 所示。

图 4.67  泪滴

图 4.68  笑声

⑨ 新建"图层 5"，选择"直线工具"，单击"填充像素"，粗细"2px"，在文字的下部按住【Shift】键拖曳白色直线，调整到与背景层水平居中对齐，如图 4.69 所示。

图 4.69  白色线条

⑩ 输入文字"情绪骰子"，设置"汉仪长艺体简"、"85 点"、"白色"，如图 4.70 所示。

⑪ 打开"图层样式"，选择"渐变叠加"，参数设置如图 4.71 所示。

⑫ 对"商品素材"进行抠图，把商品放置在右下角，调整大小和位置，完成后另存为 JPG 格式，最终效果如图 4.72 所示。

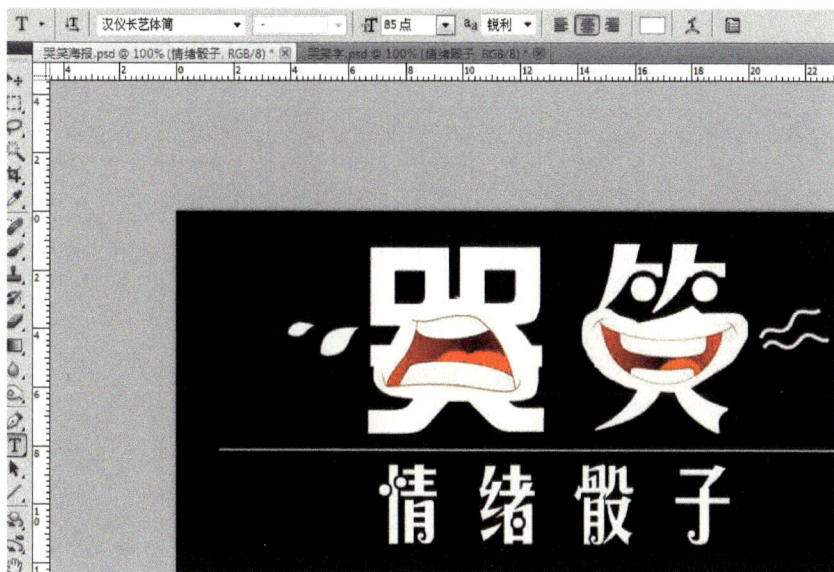

图 4.70　输入文字

图 4.71　设置"渐变叠加"

图 4.72　效果图

⑬ 登录店铺账号上传详情页海报。登录买家中心，在左侧的选项中单击"发布宝贝"，对发布的宝贝进行分类选择，选择好后单击"我已阅读以下规则，现在发布宝贝"按钮，如图 4.73 所示。

⑭ 进入宝贝基本信息页面，带*内容认真填写，单击"宝贝图片"→"本地上传"→"文件上传"选项，分别上传五张 700px×700px 的商品主图，如图 4.74 所示。

127

图 4.73　选择类目

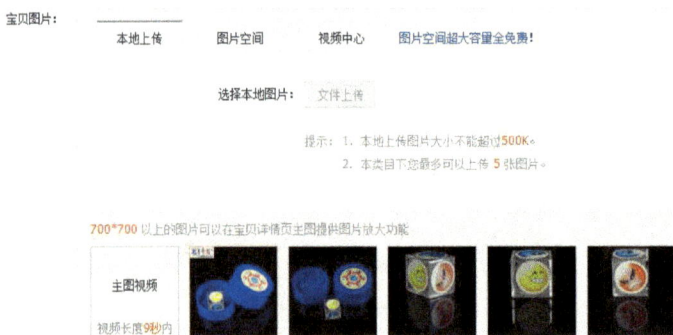

图 4.74　上传主图

⑮ 在"宝贝描述"中单击"插入图片"→"上传新图片"→"添加图片"选项，找到海报所在文件夹并选择，单击"插入"→"完成"→"发布"选项即可，如图 4.75 所示。

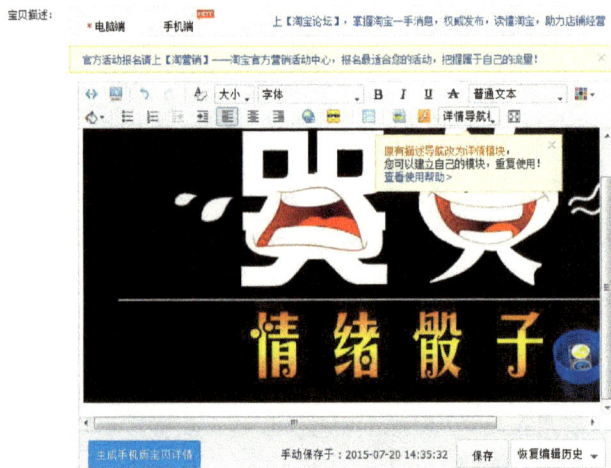

图 4.75　上传图片至页面

# 实战任务 4.3　制作水印

制作实训店水印

如图 4.76 所示为店铺水印效果图。

设计分析：水印是店铺图片防伪及宣传的一种方式，既不能太突出影响商品观看，又要和店名、店标统一，所以以店标为原型制作水印，去除了白色背景，缩小和降低不透明度。

制作步骤如下：

① 打开 Photoshop 软件，打开店标原图，如图 4.77 所示。

② 双击背景层变为"图层 0"，用"魔棒工具"把画面中所有的白色背景选中，按【Delete】键删除，使用快捷键【Ctrl+D】取消选区，仅留下文字部分，如图 4.78 所示。

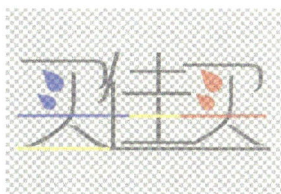

图 4.76　店铺水印效果图

图 4.77　店标原图

图 4.78　删除白色背景

③ 降低图层不透明度为"60%"，打开"图层样式"，选择"外发光"，参数设置如图 4.79 所示。

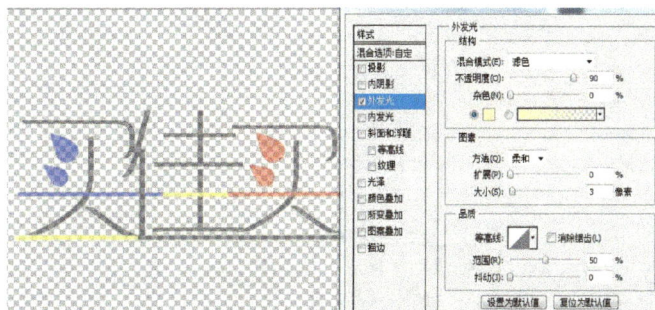

图 4.79　设置外发光

④ 最后存储为 PSD 格式，这样背景为空，在使用时直接拖曳即可，如图 4.80 所示。

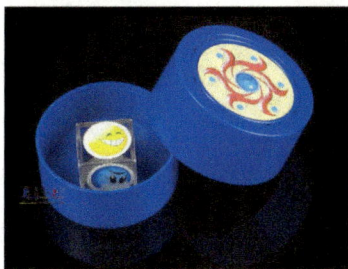

图 4.80　水印效果图

129

# 实战任务 4.4　制作商品细节

制作实训店　　制作实训店
商品细节（一）　商品细节（二）

制作实训店　　制作实训店
商品细节（三）　商品细节（四）

如图 4.81 所示为商品细节效果图。

设计分析：商品细节展示是一个店铺的重要内容，买家通过商品展示图了解商品的详细情况，展示图的基本摆放规律是由整体到细节。下面一起来做哭笑脸骰子的细节展示图。

制作步骤如下：

① 打开 Photoshop 软件，新建一个 750px×3900px 的文档，如图 4.82 所示。

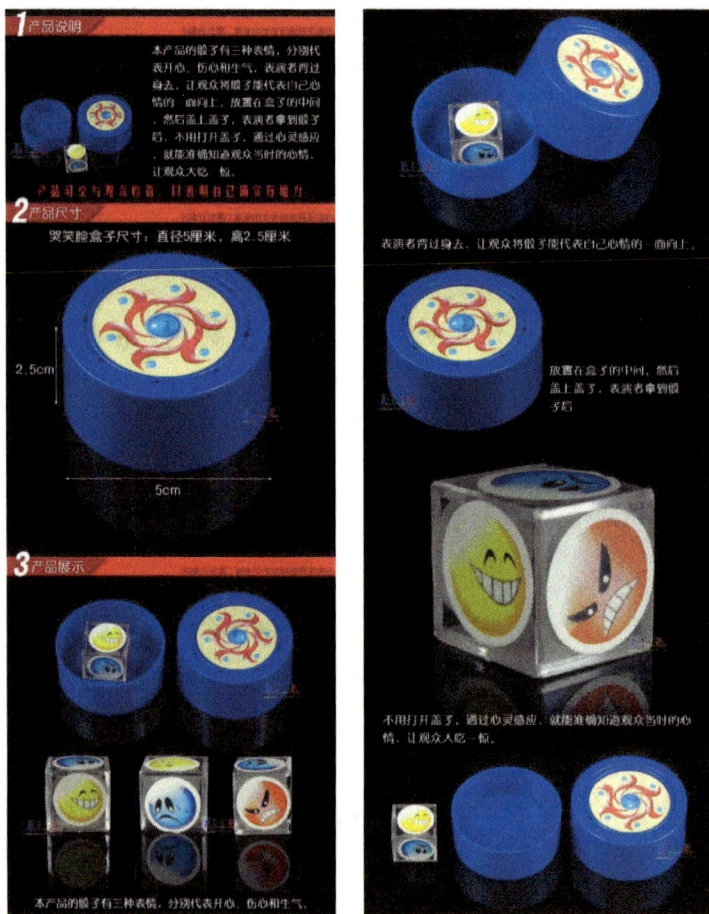

图 4.81　商品细节效果图

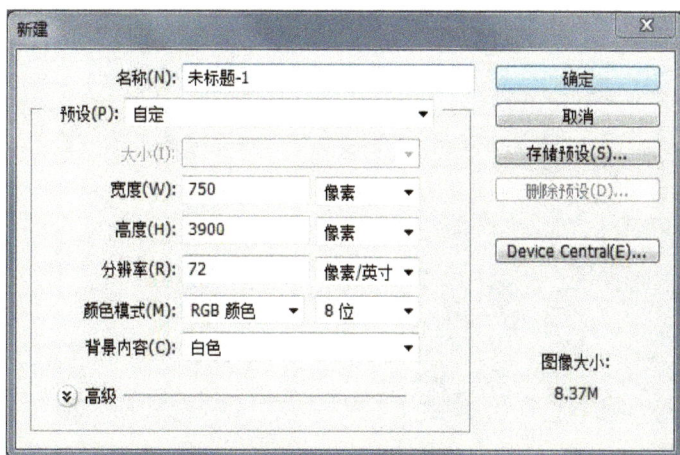

图 4.82　新建图像文件

② 背景填充黑色，新建图层组并命名为"分隔线"，输入数字"1"，设置"汉仪水波体简"、"80 点"、"白色"、"倾斜"，输入文字"产品说明"，设置"汉仪中圆简"、"30 点"、"白色"，如图 4.83 所示。

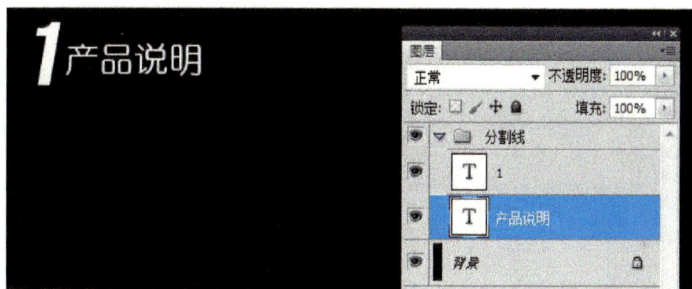

图 4.83　输入文字

③ 在文字层下新建"图层 1"，选择"矩形选框工具"拖曳矩形填充红色（R 为 209，G、B 均为 0），复制"图层 1"得到"图层 1 副本"，"图层 1 副本"填充为深红色（R 为 164，G、B 均为 0），使用快捷键【Ctrl+T】自由变换，缩短深红色层，按住【Ctrl】键拖动右下角的锚点，使右侧边缘倾斜，如图 4.84 所示。

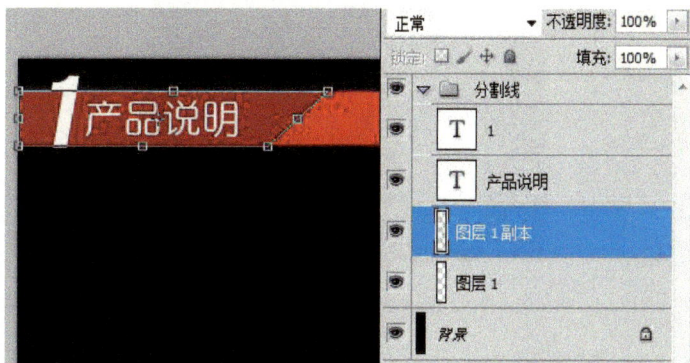

图 4.84　红色矩形

④ 打开"图层样式"选择"投影",参数设置如图 4.85 所示。

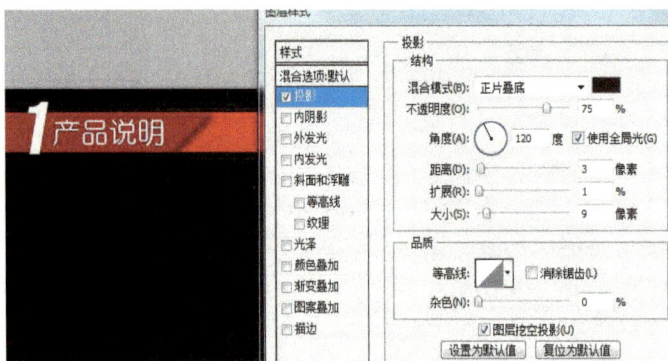

图 4.85　设置投影

⑤ 输入文字"石家庄市第二职业中专学校电商实训店",设置"汉仪中圆简"、"20 点"、"深红色"（R 为 126，G、B 均为 0），如图 4.86 所示。

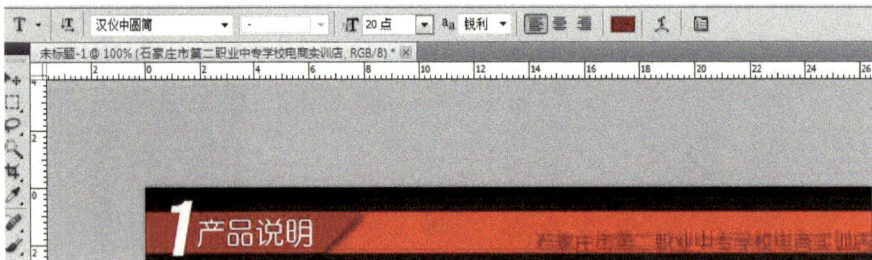

图 4.86　输入文字

⑥ 收起图层组,拖入商品原图 4,使用快捷键【Ctrl+T】进行自由变换,缩放至合适大小并放置在合适位置,原图黑色背景上有多处污点,离商品较远的背景用"矩形选框工具"删除,残留的污点用"污点修复画笔工具"点除,如图 4.87 所示。

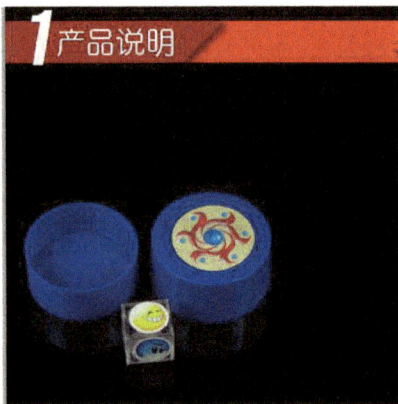

图 4.87　修饰原图

⑦ 输入文字"本产品的骰子……大吃一惊。"设置"汉仪中圆简"、"25 点"、"白色",如图 4.88 所示。

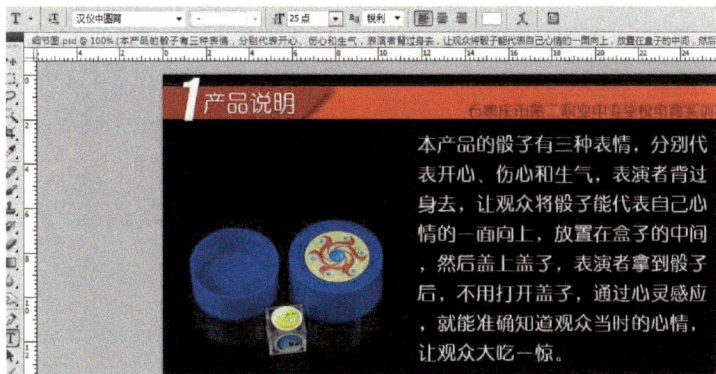

图 4.88　输入文字

⑧ 输入文字"产品可交与……有魔力",设置"汉仪长艺体简"、"30 点"、"红色"(R 为 209,G、B 均为 0),如图 4.89 所示。

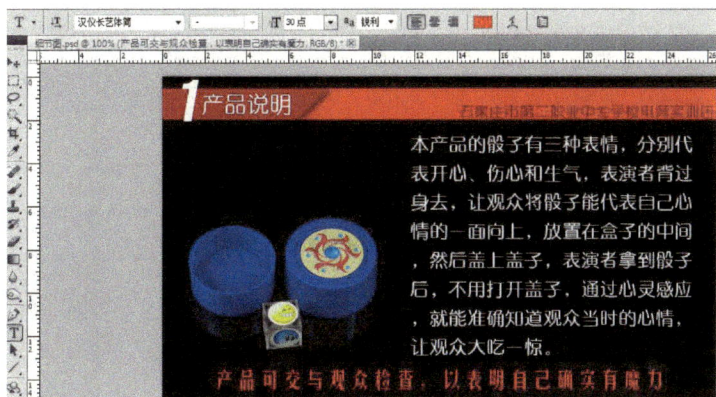

图 4.89　输入文字

⑨ 复制"分割线"图层组得到"分割线副本"图层组,将其平移至下方,将"1"改为"2",将"产品说明"改为"产品尺寸",如图 4.90 所示。

图 4.90　幅值分隔条

⑩ 输入文字"哭笑脸盒子尺寸:直径 5 厘米,高 2.5 厘米",设置"汉仪中圆简"、"30 点"、"白色",如图 4.91 所示。

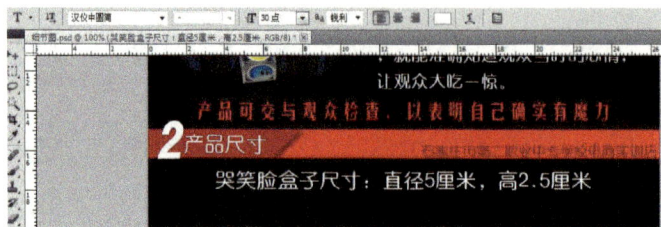

图 4.91　输入文字

⑪ 拖入商品原图 5，使用快捷键【Ctrl+T】进行自由变换，缩放至合适大小后放置在合适位置，原图黑色背景上有多处污点，离商品较远的背景用"矩形选框工具"删除，残留的污点用"污点修复画笔工具"点除，如图 4.92 所示。

⑫ 新建"图层 4"，在标尺处拖曳出四根标线，选择"直线工具"，按下"填充像素"，箭头勾选起点和终点均为 1px，前景色为白色，按住【Shift】键拖曳出高和直径的标线，如图 4.93 所示。

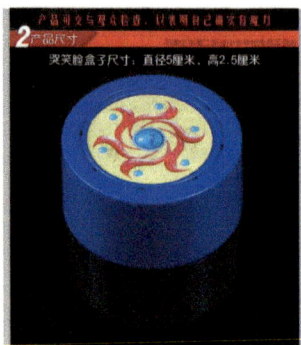

图 4.92　修饰原图

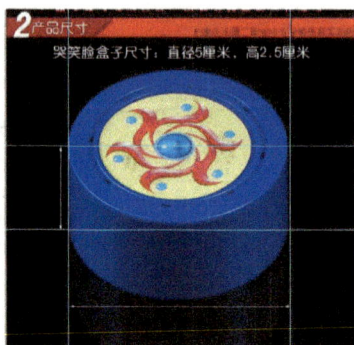

图 4.93　标线

⑬ 按快捷键【Ctrl+H】隐藏标线，在标线旁输入尺寸"2.5cm"、"5cm"，设置"汉仪中圆简"、"30 点"、"白色"，如图 4.94 所示。

⑭ 复制"分割线副本"图层组得到"分割线副本 2"图层组，将其平移至下方，将"2"改为"3"，将"产品尺寸"改为"产品展示"，如图 4.95 所示。

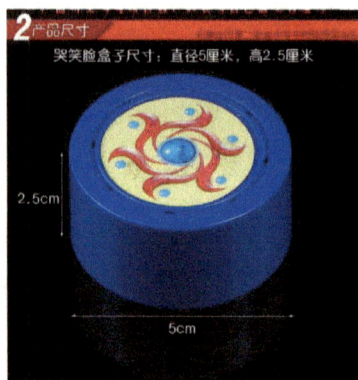

图 4.94　输入尺寸

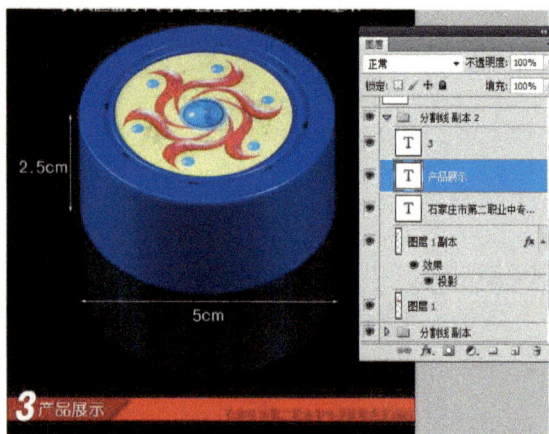

图 4.95　复制"分割线副本"图层组

⑮ 拖入商品原图 3，使用快捷键【Ctrl+T】进行自由变换，缩放至合适大小后放置在合适位置，原图黑色背景上有多处污点，离商品较远的背景用"矩形选框工具"删除，残留的污点用"污点修复画笔工具"点除，如图 4.96 所示。

⑯ 拖入商品原图 6、原图 7、原图 8，使用快捷键【Ctrl+T】进行自由变换，缩放至合适大小后放置在合适位置，原图黑色背景上有多处污点，离商品较远的背景用"矩形选框工具"删除，残留的污点用"污点修复画笔工具"点除，三个骰子排列整齐，如图 4.97 所示。

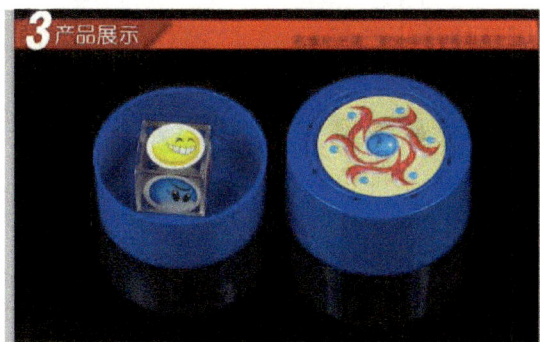

图 4.96　修饰原图

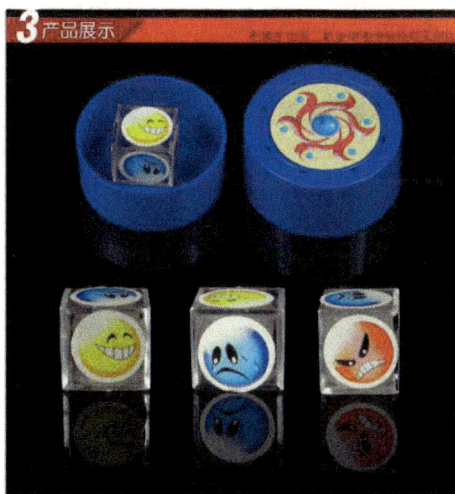

图 4.97　修饰原图

⑰ 输入文字"本产品……"，设置"汉仪中圆简"、"25 点"、"白色"，如图 4.98 所示。

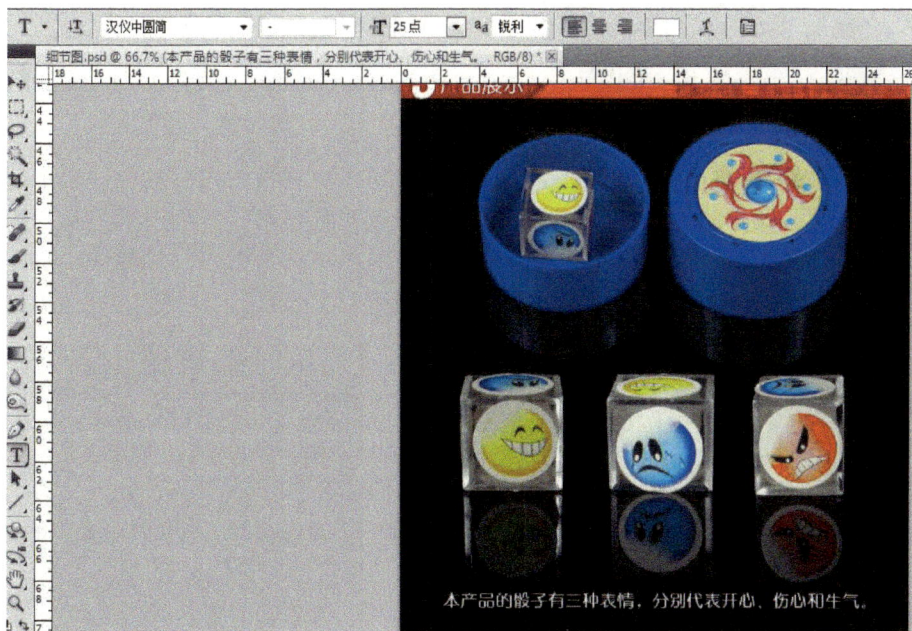

图 4.98　输入文字

⑱ 拖入商品原图 11，使用快捷键【Ctrl+T】进行自由变换，缩放至合适大小后放置在合适位置，原图黑色背景上有多处污点，离商品较远的背景用"矩形选框工具"删除，残留的污点用"污点修复画笔工具"点除，如图 4.99 所示。

⑲ 输入文字"表演者……"，设置"汉仪中圆简"、"25 点"、"白色"，如图 4.100 所示。

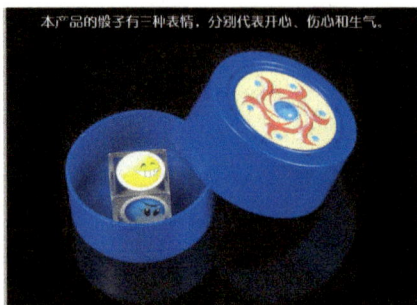

图 4.99　修饰原图

图 4.100　输入文字

⑳ 拖入商品原图 5，使用快捷键【Ctrl+T】进行自由变换，缩放至合适大小后放置在合适位置，原图黑色背景上有多处污点，离商品较远的背景用"矩形选框工具"删除，残留的污点用"污点修复画笔工具"点除，使用橡皮擦擦拭倒影，如图 4.101 所示。

㉑ 输入文字"放置在……"，设置"汉仪中圆简"、"25 点"、"白色"，如图 4.102 所示。

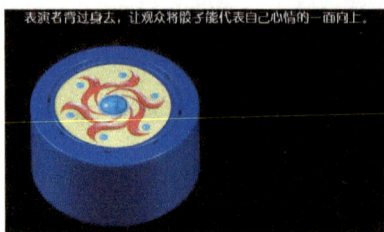

图 4.101　修饰原图

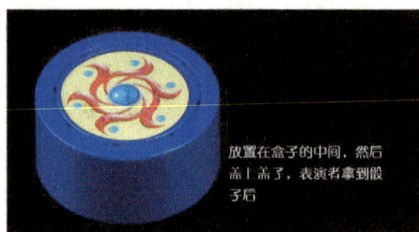

图 4.102　输入文字

㉒ 拖入商品原图 9，使用快捷键【Ctrl+T】进行自由变换，缩放至合适大小后放置在合适位置，原图黑色背景上有多处污点，离商品较远的背景用"矩形选框工具"删除，残留的污点用"污点修复画笔工具"点除，使用橡皮擦擦拭部分倒影，如图 4.103 所示。

㉓ 输入文字"不用打开……"，设置"汉仪中圆简"、"25 点"、"白色"，如图 4.104 所示。

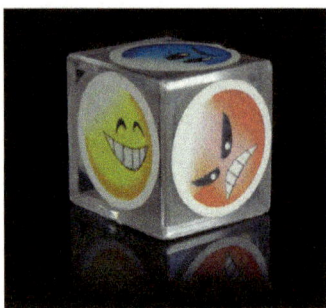

图 4.103　修饰原图

图 4.104　输入文字

㉔　拖入商品原图 10，使用快捷键【Ctrl+T】进行自由变换，缩放至合适大小后放置在合适位置，原图黑色背景上有多处污点，离商品较远的背景用"矩形选框工具"删除，残留的污点用"污点修复画笔工具"点除，如图 4.105 所示。

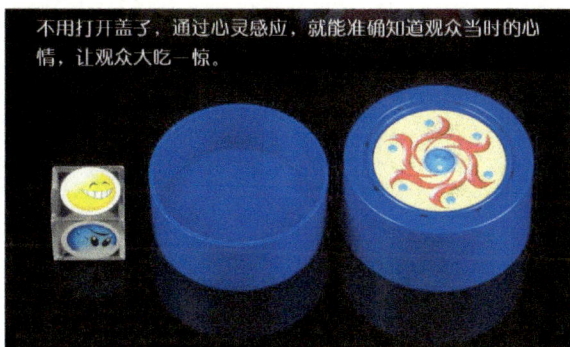

图 4.105　修饰原图

㉕　打开 PSD 格式的水印图片文件，用"移动工具"拖曳到本图中，使用快捷键【Ctrl+T】进行自由变换，缩小到合适大小后放置在商品图的偏角落位置，第一个放置完毕后，后面每个商品的水印都采用按住【Alt】键拖曳复制的方法完成，最后完成细节展示的制作，完成后另存为 JPG 格式，如图 4.106 所示。

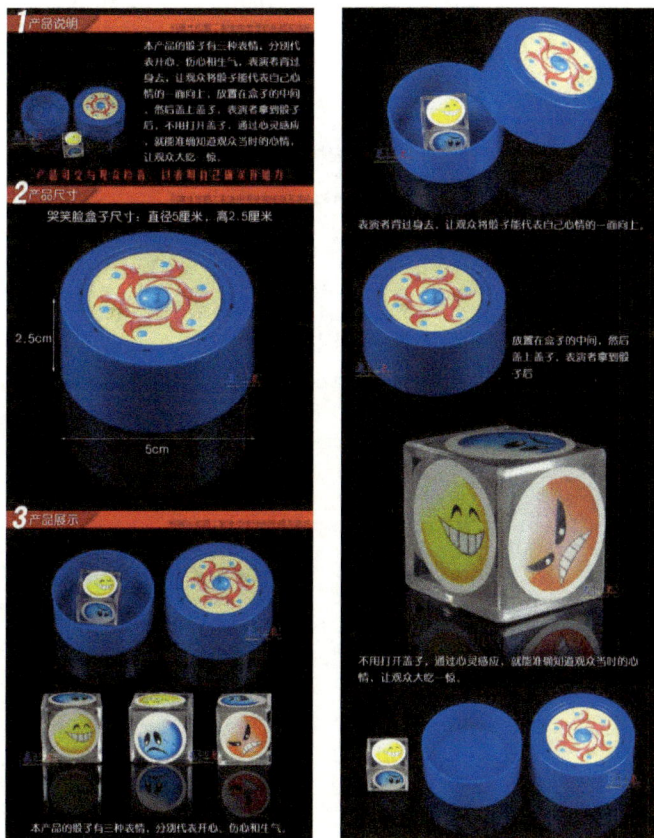

图 4.106　细节展示效果图

㉖ 登录店铺账号上传海报。在首页单击"卖家中心"进入后台管理，在左侧选项中单击"出售中的宝贝"，在"哭笑脸"选项中单击"编辑宝贝"，即进入编辑宝贝页面，如图 4.107 所示。

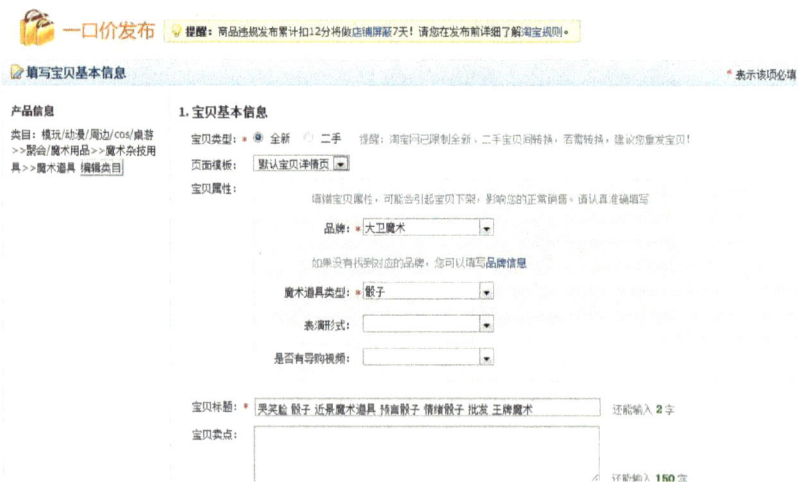

图 4.107　编辑宝贝

㉗ 选择"电脑端"→"插入图片"→"上传新图片"→"添加图片"选项，找到"保存细节图"JPG 文件的地址，单击"插入"→"完成"→"确认"按钮即可，如图 4.108 所示。

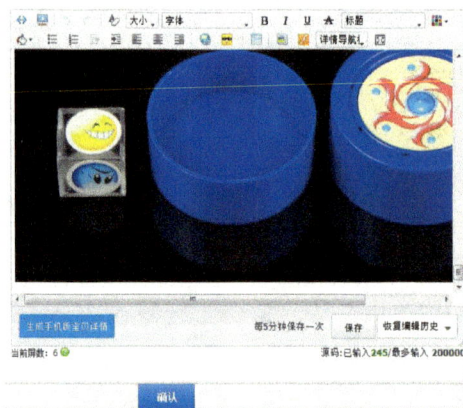

图 4.108　上传图片至页面

# 实战任务 4.5　制作 5 分好评图

制作实训店
5 分好评（一）

制作实训店
5 分好评（二）

如图 4.109 所示为 5 分好评效果图。

图 4.109　5 分好评效果图

设计分析：5 分好评关乎店铺的动态分数，如果店铺的动态评分高出同行业很多，可以给买家留下很好的印象，从而能够提高店铺的成交转化率。买家做出的售后评价很重要，在这里也标识出了店铺的售后保障，让买家无忧购物。

制作步骤如下：

① 打开 Photoshop 软件，新建 750px×450px 的文档，如图 4.110 所示。

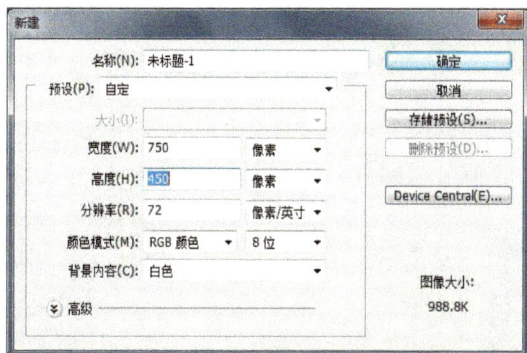

图 4.110　新建图像文件

② 新建"图层 1"，选择"矩形选框工具"，拖曳矩形选区并填充深红色（R 为 148，G、B 均为 0），如图 4.111 所示。

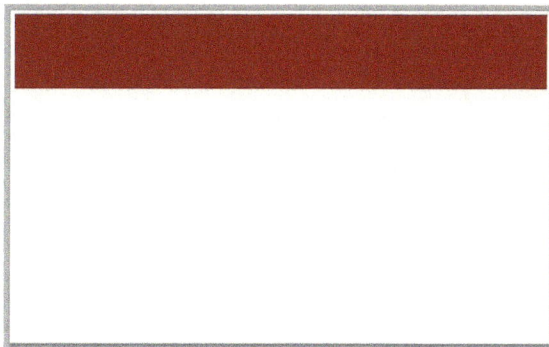

图 4.111　深红色矩形

③ 复制"图层 1"得到"图层 1 副本"，并填充黄色，使用快捷键【Ctrl+T】进行自由变换，缩短黄色区域，如图 4.112 所示。

图 4.112　黄色矩形

④ 打开"图层样式"选择"投影"，参数设置如图 4.113 所示。

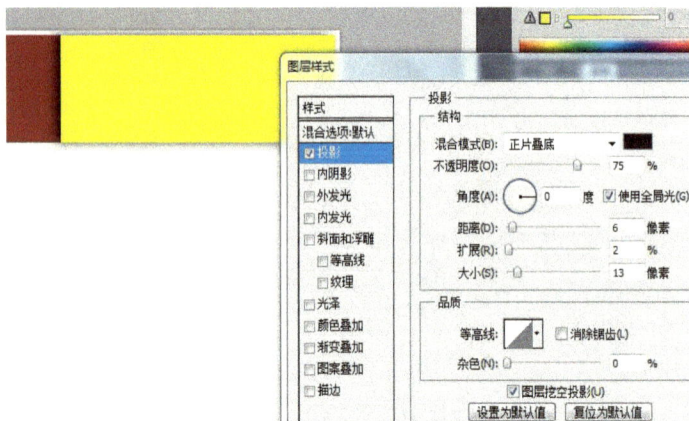

图 4.113　设置投影

⑤ 拖入汽车素材，调整大小，用"魔棒工具"把白色背景去除。新建"图层 3"，用"画笔工具"在汽车的尾部画白色尾气，注意调整画笔大小，如图 4.114 所示。

图 4.114　汽车尾气

⑥ 新建"图层 4"，选择"矩形选框工具"，框选红色矩形左侧部分，使用快捷键【Alt+E】后按【S】键描边，参数设置如图 4.115 所示。

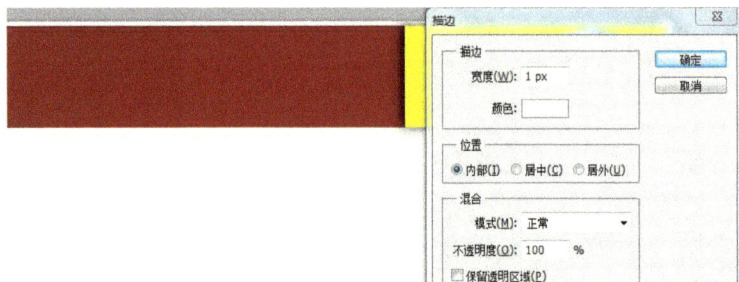

图 4.115　设置描边

⑦　输入文字"快递说明"，设置"汉仪综艺体简"、"30 点"、"白色"；输入文字"默认申通中通快递"，设置"微软雅黑"、"25 点"、"白色"；输入文字"七十二小时……到货"，设置"汉仪小隶书简"、"20 点"、"白色"，三个文字层同时选中，垂直居中对齐，如图 4.116 所示。

图 4.116　输入文字并设置为垂直居中对齐

⑧　新建"图层 5"，选择"画笔工具"，打开切换画笔面板，设置画笔笔尖形状的间距，按住【Shift】键画虚线，如图 4.117 所示。

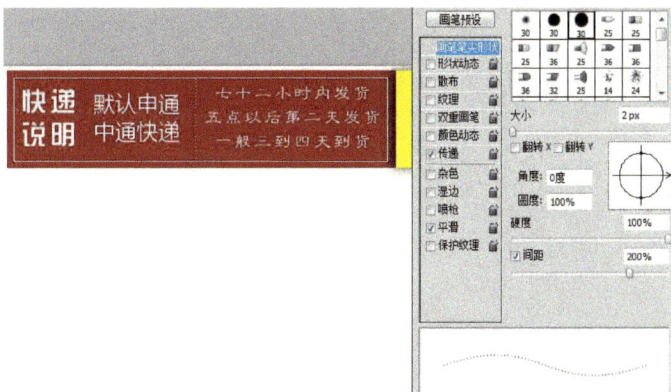

图 4.117　画虚线

⑨　输入文字"亲，满意请给 5 分好评哦"，设置"汉仪综艺体简"、"50 点"、"黑色"，如图 4.118 所示。

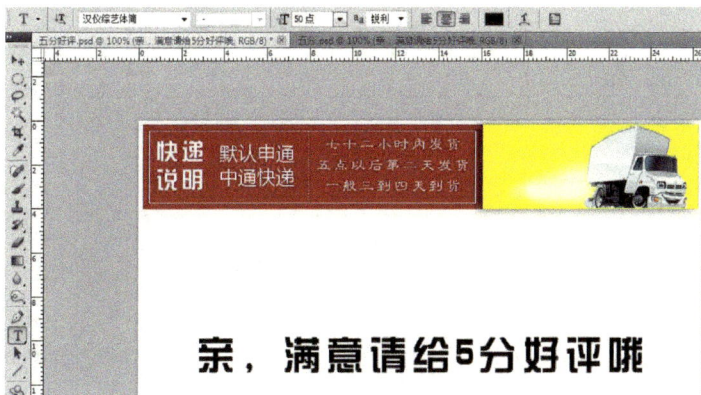

图 4.118　输入文字

⑩　复制文字层，选择下方文字层，使用快捷键【Ctrl+T】自由变换，框内右击，选择"垂直翻转"命令，移动至下方，添加图层蒙版，选择"渐变工具"，设置由黑到白线性渐变，在蒙版中自下向上拖曳鼠标，不透明度降低为 50%，得到渐变的倒影，如图 4.119 所示。

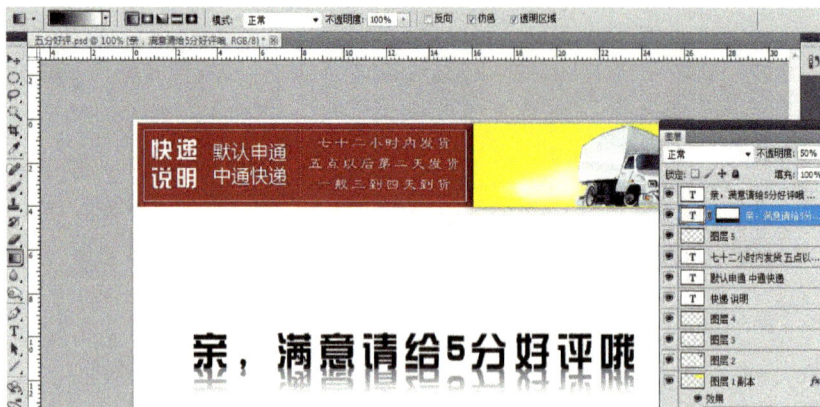

图 4.119　设置文字

⑪　输入文字"如果您不满意……更加用心服务。",设置"汉仪中圆简"、"20 点"、"黑色"、居中对齐,如图 4.120 所示。

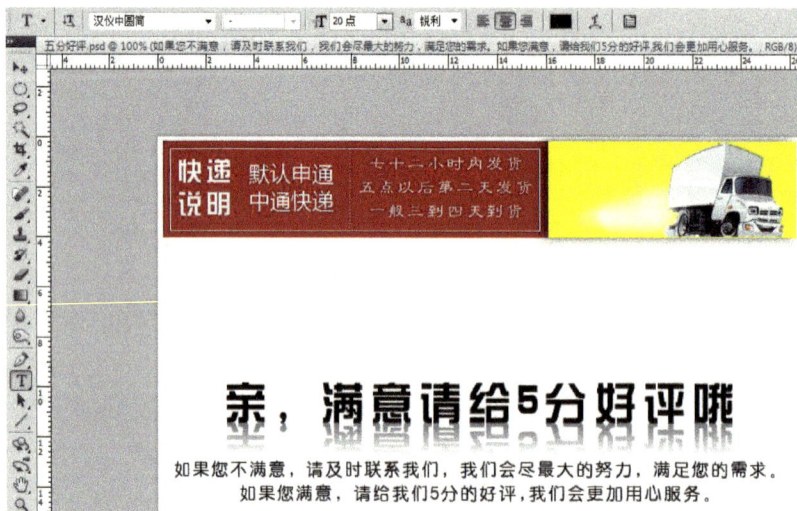

图 4.120　输入文字

⑫　新建"图层 6",选择"椭圆选框工具",按住【Shift】键画正圆选区,填充绿色(R:124,G:182,B:18),再复制三个圆并平均分布,如图 4.121 所示。

图 4.121　画圆

⑬ 填充第二个圆（R：205，G：1，B：52），填充第三个圆（R：23，G：108，B：165），填充第四个圆（R：237，G：97，B：12），如图 4.122 所示。

图 4.122　给圆填充颜色

⑭ 在每个圆中输入文字，设置"汉仪长美黑简"、"45 点"、"白色"，如图 4.123 所示。

图 4.123　输入文字

⑮ 在背景层上新建"图层 7"，选择"矩形选框工具"，拖曳矩形并填充灰色（R、G、B 均为 200），完成后另存为 JPG 格式，效果如图 4.124 所示。

图 4.124　效果图

⑯ 登录店铺账号上传海报。在首页单击"卖家中心"进入后台管理，在左侧选项中单击"出售中的宝贝"，在"哭笑脸"选项中单击"编辑宝贝"，即进入编辑宝贝页面，如图 4.125 所示。

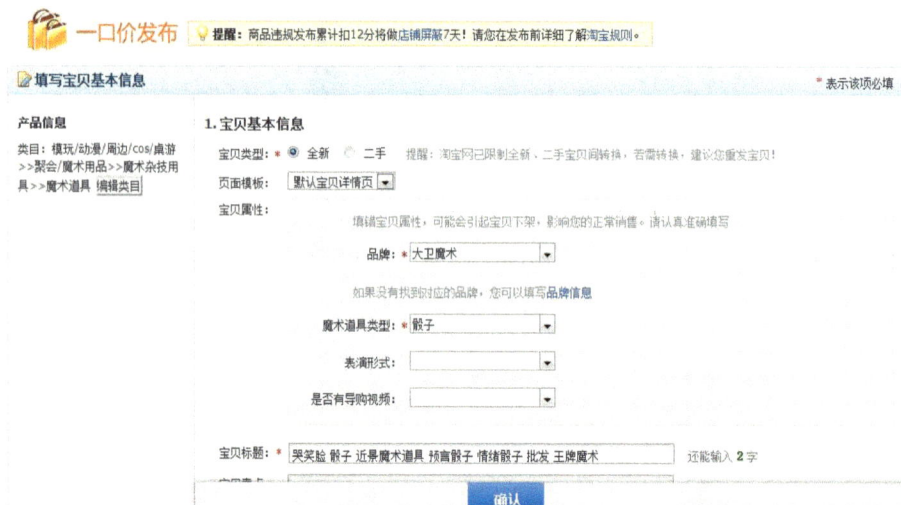

图 4.125　编辑宝贝页面

⑰ 选择"电脑端"→"插入图片"→"上传新图片"→"添加图片"选项，找到"五分好评"JPG 文件的地址，单击"插入"→"完成"→"确认"按钮即可，如图 4.126 所示。

图 4.126　上传页面

## 课后作业

### 一、选择题

1. 细节图的摆放顺序是（　　　）。
   A. 无所谓　　　　　　　　　　B. 由整体到局部
   C. 由上到下　　　　　　　　　D. 由左到右

2. 对水印制作理解错误的是（　　　）。
   A. 与店铺名称一致　　　　　　B. 不要太大
   C. 好看就行　　　　　　　　　D. 不要太明显

3. 细节图里的文字描述要保持一致的字体、字号、颜色、间距，对吗？（　　　）
   A. 对　　　　　　B. 错　　　　　　C. 无所谓

### 二、实操题

在自己的淘宝店铺里制作商品详情页，内容要求如下：

1. 商品图要添加水印。
2. 制作当前商品的促销海报。
3. 展示商品参数。
4. 细节展示图要做商品局部的放大效果。
5. 至少展示八张细节图。
6. 制作退换货流程图。
7. 制作 5 分好评图。

## 知识选读

### 让详情页更精彩的几个小技巧

#### 1. 内容的陈列一定要具有连贯性

网购用户在买一件东西前，会有很多顾虑，例如：他会去比价格，会去考虑商品品牌，会考虑该商品的性价比，等等。为了打消用户的心理顾虑，产品描述页需要有很多的内容才行。内容众多，就必须做好内容排版的规划，而规划最重要的一点就是要有连贯性，要一步一步地引导用户去购买，而不是让用户的思维有所跳跃。跳跃的内容只会让用户产生更多疑问，导致购买欲望降低。

#### 2. 文字永远没有图片有渲染力

图片阅读简单，不容易引起视觉疲劳，同时好的图片说明会比文字来的更有力度。举个很简单的例子：你要说明店铺正在做促销，用文字描述可能是"亲!现在全场半价，5 折优惠!"。这样的文字看起来并没有很强烈的促销感，但是用一个 50% Sale 的图片，一个向下的箭头，就足够表达，而且更显眼，促销味道更浓。

#### 3. 关联推荐如何使效率事半功倍

下面给大家讲几个小经验以备使用：①搭配放功能性产品或者减价产品；②搭配高单价产品的低价商品；③搭配单价高二三十元就可以免邮或者送礼品的商品；④同类价或者低价包邮商品，一起购买的时候可以省快递费；⑤买二送一的商品。

# 宝贝发布

## 学习篇

**学习目标**

- 了解影响宝贝排名的因素
- 掌握定义宝贝类目技巧
- 掌握宝贝属性填写技巧
- 掌握宝贝标题命名技巧
- 掌握宝贝定价技巧
- 掌握如何设置宝贝规格
- 掌握主图设计技巧
- 掌握运费模板设置方法
- 掌握宝贝上架规律
- 掌握橱窗推荐技巧

宝贝发布是网店运营中非常重要和关键的部分，宝贝发布过程中需要填写许多宝贝相关项，每一项的填写都要认真仔细地完成，填写得错误或者不合适，不仅会影响宝贝排名，严重的还会导致被降权，给宝贝和网店带来重大损失。

在这一章中主要讲解宝贝发布界面的细节操作，宝贝标题如何命名才有利于引入流量，正确填写宝贝属性给网店带来类目流量，合理给宝贝定价增加商品竞争力，巧妙设置宝贝上架时间及橱窗推荐，这对新店来说也是很宝贵的引来流量的方法。

## 学习任务 5.1　了解影响宝贝排名的因素

影响宝贝
排名的因素

店铺想要获得销量，首先要保证宝贝能够被搜索到，对于如何达到此效果，将在后面发布商品部分具体讲述。宝贝能够被搜索到，同时获取好的排名，是关系店铺生意好坏的关键。如图 5.1 所示为淘宝网搜索"t 恤女夏"这个关键词的搜索结果。从搜索结果中可以看到，淘宝默认是按照"综合排序"进行排名的，这种综合的排名因素就给了店铺各种排名的机会，尤其作为新店来说，紧紧抓住综合排序带来的流量是至关重要的。

图 5.1　搜索结果

"综合排序"中影响宝贝排名的因素主要有以下几点。

### 1. 消费者保障服务和 7+天内退换服务

在淘宝开店加入消费者保障服务并提交消费者保证金的，就算是加入了淘宝的消费者保障服务（以下简称消保）。如图 5.2 所示矩形中的小黄花表示该店已经加入消保。消保是对买家网购安全最基本的保障，买家进店后如果发现店铺没有消保，一般不会下单。最重要的一点是，在搜索排名中，优先展示加入消保并且提交保证金的卖家。

图 5.2　加了消保的店铺

7+天内退换是网店提供的一些服务，有条件时一定要加上。如图 5.3 所示为加了 7 天无理由退换的宝贝。尽可能多地给宝贝参加服务，如 7 天无理由退换、赠送退货运费险、24 小时发货、正品保障等，淘宝会优先排名有保障服务的宝贝。

图 5.3　参加了 7 天无理由退换服务的宝贝

### 2. 宝贝上下架时间

宝贝上下架时间是指卖家发布宝贝的时候选择的时间和时间周期,时间可以精确到分。宝贝上下架的时间对宝贝的排序有着重大的影响，尤其对于新店铺，在前期没有投入太多付费推广的情况下，必须牢牢抓住下架时间对宝贝排名的影响。在宝贝快下架的时候会根据店铺权重将宝贝排名排到前面，因此下架时间是影响搜索排名最重要的因素，忽略了这一点，店铺将很难获得流量。如图 5.4 所示为宝贝的上架时间，可以推算 7 天后宝贝的下架时间，具体宝贝下架时间的设置将会在后面章节中讲述。

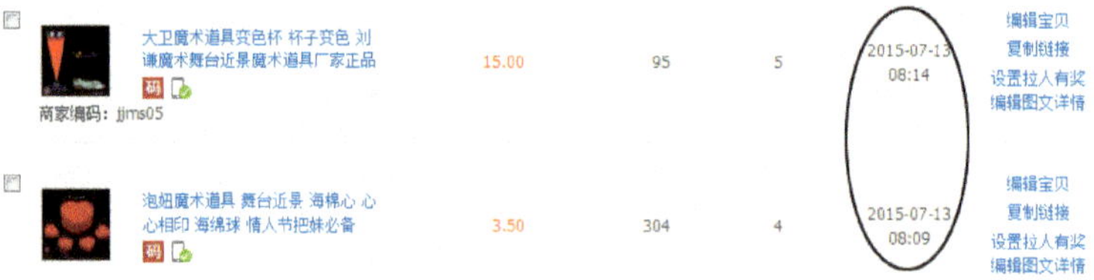

图 5.4　宝贝的上架时间

### 3. 橱窗推荐

淘宝橱窗就好比实体店中的橱窗，可以摆放一些商品，用来吸引买家进店，橱窗推荐位是帮助卖家成交的重要工具。橱窗推荐是指把卖家的宝贝作为优质宝贝展现出来，让宝贝曝光率增加。卖家可以将自己的主打产品设置为橱窗产品，这些橱窗产品将在搜索结果页中获得优先推荐。橱窗推荐的宝贝排名比没有橱窗推荐的靠前，下架时间结合橱窗推荐，是排名靠前最基本的要求。如图 5.5 所示为设置了橱窗推荐的宝贝。

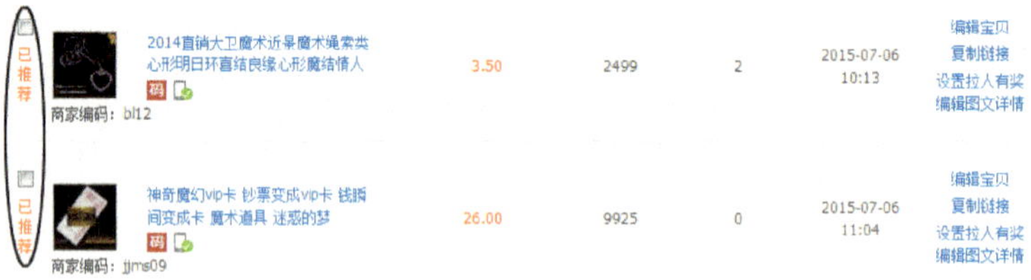

图 5.5　橱窗推荐宝贝

### 4. 店铺信誉度

对于卖家来说，店铺信誉度越高，店铺排名越靠前。而对于买家来说，信誉度越高的店铺越值得信赖，在商品同样的情况下，多数买家会挑选信誉相对高的店铺进行购买，因为交易过程中一旦发生问题，信誉度高的卖家会给予更专业的售后服务。目前，淘宝最新规则出台，对于店铺各种经营类目下的信誉度是分开计算的。如买家想搜索一件 t 恤，如果卖家店铺虚拟交易信誉度为 200，而实体女装行业信誉度为 100，那么在这个搜索下卖家信誉度就为 100，所以说，卖家应该合理调整结构，让自己店铺经营的类目集中起来。如

图 5.6　钻级店铺

图 5.6 所示为信誉一颗钻的店铺。

### 5. 宝贝人气

宝贝的人气就是宝贝受欢迎的程度，也是决定宝贝排名非常重要的一点。影响宝贝人气的因素主要包括销量、收藏率、转化率、回头客等。

宝贝销量是指有效销量，其中作弊的销量和官方一些活动的销量不计入排名，如参加

聚划算、天天特价的销量。如图 5.7 所示为宝贝销量。

收藏率指的是收藏宝贝人数占浏览人数的百分比，只有真实意义的收藏才有促进宝贝人气的作用，刷的收藏是不计入其中的。如图 5.8 所示为宝贝收藏数。

图 5.7　宝贝销量

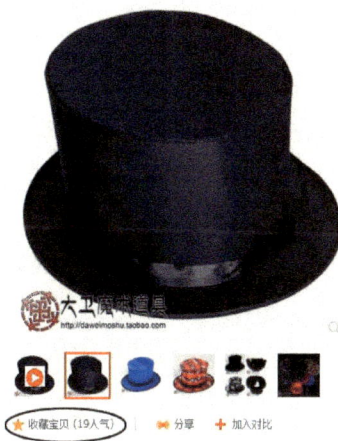

图 5.8　宝贝收藏数

转化率指的是一件宝贝购买的人数占浏览人数的百分比，它反映了一个宝贝受欢迎的程度，宝贝详情页的质量及宝贝的好评率会直接影响转化率，所以要特别注重宝贝详情页的制作及宝贝售后服务，尽量不要到处乱发自己宝贝的链接，从而降低宝贝转化率。

回头客同样是提高宝贝排名的好办法，顾客再次购买，说明这个宝贝确实好，所以做好店铺一定要珍惜每一个顾客，争取做到让每一个顾客都满意，在店铺里搞一些针对老顾客的优惠活动，如优惠券、二次购买打折活动等。

### 6. 宝贝主图的质量

宝贝主图会显示在搜索结果页面中，宝贝主图应该真实地反映宝贝的原来面貌，添加过多的文字信息，会使主图很花哨，一是不美观，让买家感觉不舒服；二是过多的文字修饰会掩盖宝贝真实面貌，不能让买家很好地辨认出宝贝细节，而且过多的文字会使宝贝降权，影响宝贝排名。一般情况下，主图上的文字不要超过主图面积的 10%，且不得覆盖主图商品。如图 5.9 所示为搜索"魔术扑克"的结果，其中第 2～3 张宝贝主图中文字内容过多了。

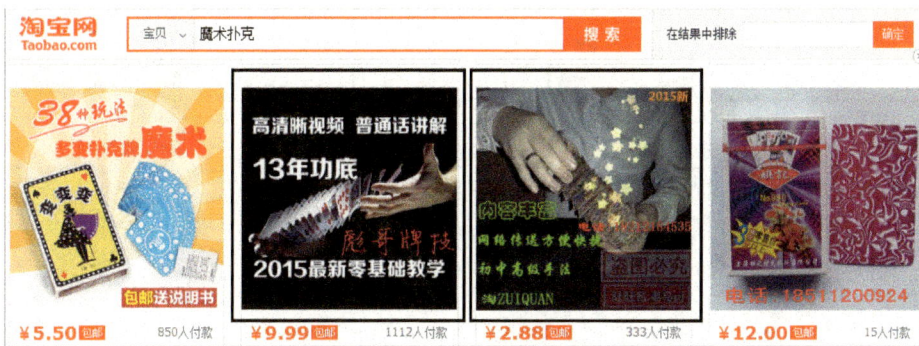

图 5.9　搜索"魔术扑克"的结果

### 7. 宝贝是否被降权或者处罚

处罚或者降权的可能性如下。

（1）虚假交易处理。目前，淘宝对网店刷信誉、虚假交易的督查越来越严格，一旦发现就会对宝贝进行处罚降权，严重的甚至封店。

（2）标题滥用关键词。淘宝系统识别到宝贝设置不符信息后，会对宝贝进行降权，降权时间根据作弊的严重程度不同而不同，如标题滥用关键词的商品修改正确后最早可在 5 天内结束降权。因此，在发布宝贝时，要细心设置宝贝标题、图片、价格、描述等信息，一旦出现矛盾，淘宝会立刻实行降权。这些处罚信号在淘宝后台"宝贝体检中心"可以看到，这也是卖家每天都要关注的地方，一旦发现有处罚，要立刻修改甚至下架商品。

### 8. 卖家服务质量

卖家服务质量主要体现在以下几点。

（1）店铺 DSR 三项综合评分。店铺三项综合评分体现了卖家店铺宝贝描述相符度、卖家服务态度、宝贝发货速度等因素，综合评分的高低反映了店铺宝贝质量及店铺的服务水准。如图 5.10 所示为店铺的综合评分。

图 5.10　店铺综合评分

（2）店铺近 30 天退款率。退款率明显高于同行业水平的将会根据情况给予一定降权处理，所以这里也告诫各位卖家，不要无货空挂。

（3）纠纷退款笔数及纠纷退款率。纠纷退款笔数多，纠纷退款率大，反映了卖家在处理售后问题上的服务水平，同时在这里提醒各位卖家，一个月内纠纷笔数达到 6 笔，下个月将会加倍收取消费者保证金。如图 5.11 所示为店铺的退款及纠纷退款情况。

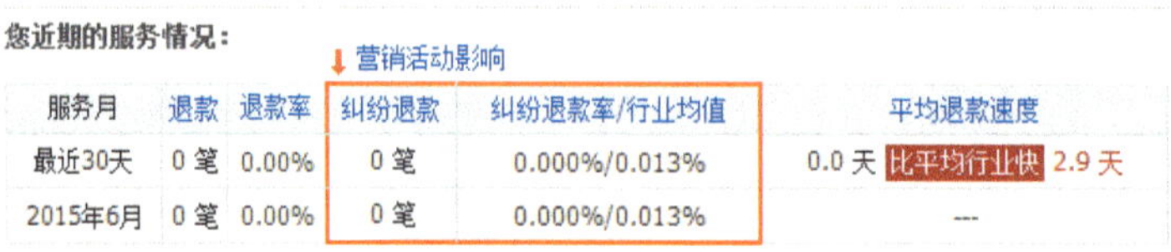

图 5.11　店铺退款及纠纷退款情况

# 学习任务 5.2　准确定义宝贝类目

准确定义宝贝类目

宝贝所在类目的精确性也是影响宝贝搜索排名的一个重要因素，单击"发布宝贝"按钮后会进入宝贝类目选择界面，如图 5.12 所示。

图 5.12　定义宝贝类目

## 5.2.1　宝贝类目的重要性

卖家说得很多的是如何优化宝贝标题，关键词的重要性大家都明白，很多人也在花大力气优化宝贝标题关键词，但却往往忽略了宝贝"类目匹配"的重要性。类目匹配错误会受到惩罚，假如卖家把"男装"放在"女装"类目下，那必然就是类目错放，这样做不仅在淘宝中搜索不到该宝贝，而且会受到淘宝违规处罚。如图 5.13 所示为由于放错类目被检测出违规。

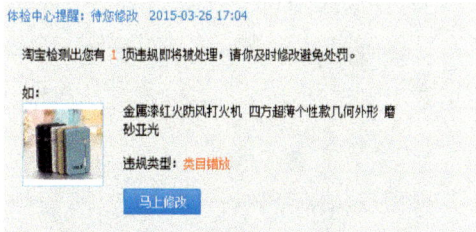

图 5.13　宝贝类目错放

## 5.2.2　设置宝贝类目

### 1. 使用类目搜索能方便、快捷地找到类目

对于一般的商品，淘宝都会分出贴切的类目或者属性，所以只要输入宝贝关键词，系统就会自动寻找与此匹配的类目。如图 5.14 所示，当输入关键词"背心"时，系统显示匹配到 10 个类目，这 10 个类目都是符合背心的类目。

图 5.14　宝贝类目搜索

当然也可以对已经上架的商品编辑类目信息，如图 5.15 所示。单击"编辑类目"按钮，会回到选择类目的页面，可以重新选择宝贝类目，确认提交后，系统也会自动默认生成相关的内容。

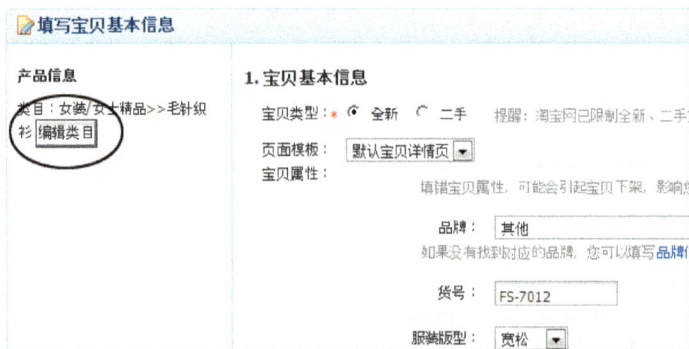

图 5.15　编辑宝贝类目

### 2.　快速选择经常选择的类目

在类目选择界面中，从"您最近使用的类目"下拉框中选择类目非常方便。淘宝系统会记录卖家选择类目的历史情况，保留经常使用的子类目，如图 5.16 所示。

### 3.　逐级选择类目

也可以从一级类目开始，往下选择类目，当有一些比较容易混淆或者选择错误的类目时，会有该类目的一些发布建议和提醒，如图 5.17 所示。

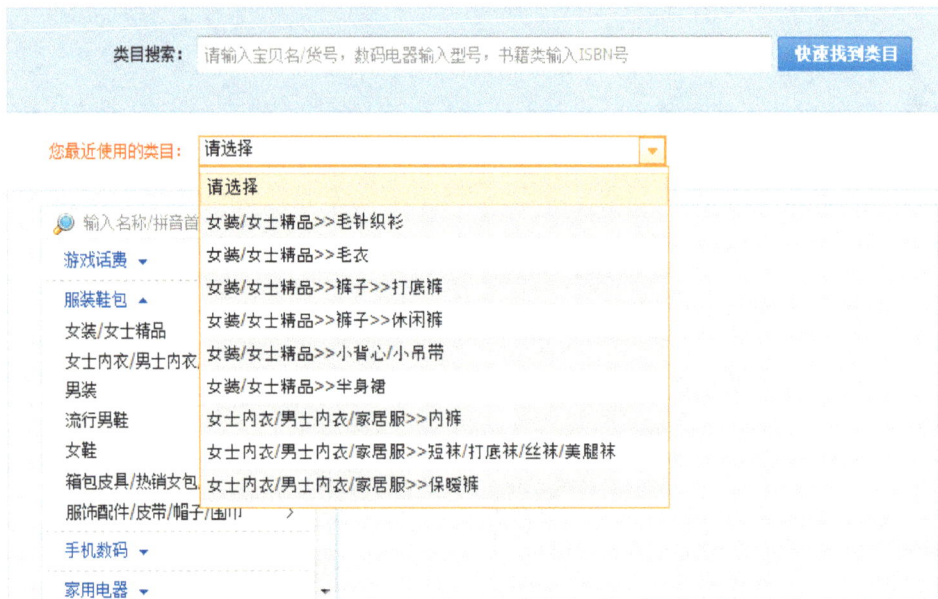

图 5.16　您最近使用的类目

图 5.17　类目提醒与建议

# 学习任务 5.3　填写宝贝基本属性

填写宝贝属性

　　宝贝类目选好后，单击"我已阅读以下规则，现在发布宝贝"按钮，如图 5.18 所示。接下来进入宝贝信息填写界面，如图 5.19 所示。首先选择宝贝类型"全新"，接下来要大篇幅填写的是"宝贝属性"。

图 5.18　单击"我已阅读以下规则，现在发布宝贝"按钮

图 5.19　宝贝属性信息

现在以发布宝贝"女士 T 恤"为例进行讲解，该款 T 恤的特点是纯棉、短袖、V 领、宽松、短款、动物图案印花、口袋，讲解填写宝贝属性的方法。

（1）输入宝贝货号及品牌，品牌可以从下拉框中选择，也可以在文本框中直接输入，如图 5.20 所示。

（2）选择宝贝流行元素，如图 5.21 所示。注意，要将所有符合宝贝特点的流行元素都勾选上，但是不符合宝贝的一定不要勾选。

图 5.20　输入宝贝货号及品牌

图 5.21　选择宝贝流行元素

（3）接下来根据宝贝特征，输入宝贝的其他相关属性。完成后的最终界面如图 5.22 所示。

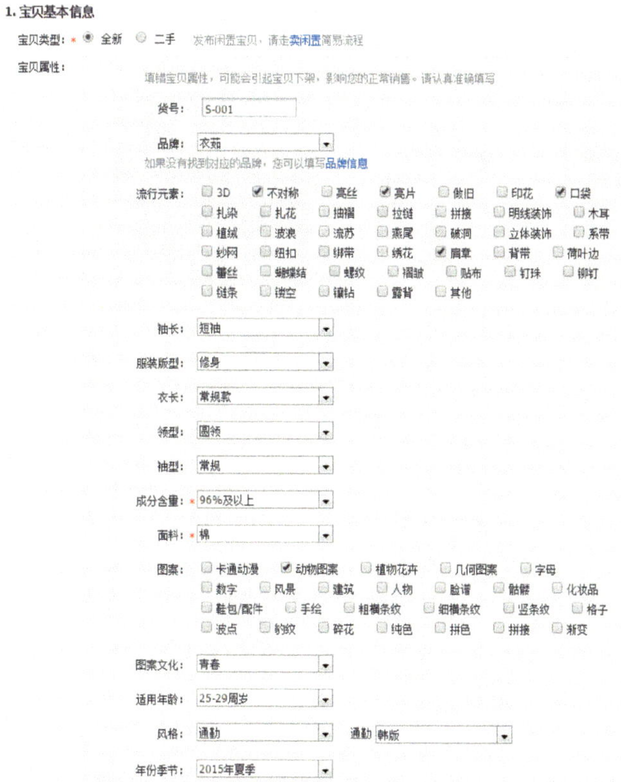

图 5.22　宝贝属性填写

# 学习任务 5.4　给宝贝起个好名字

## 5.4.1　标题的重要性

在网店优化推广中，优化宝贝标题是一项非常重要的任务，标题由多个关键词组成，是宝贝的第一个广告。宝贝标题起的作用如下。

### 1. 保证商品能被搜索到

买家在淘宝搜索框中输入关键词时，标题是影响宝贝能否被搜索到的主要因素，因此要想提高店铺的曝光率、流量，必须给宝贝起一个好名字。在淘宝搜索框中输入"魔术道具"，搜索结果如图 5.23 所示。可以看到凡是搜索到的宝贝，标题里均有"魔术道具"这个关键词，并且都用红色标识。宝贝再好，首先得能被人搜索到才行，买家是通过搜索关键词的方法去找宝贝，作为卖家，想要增加宝贝的曝光率，关键词是宝贝标题的核心内容。宝贝标题中包含的关键词越多越好，这样，买家在搜索不同的关键词时，宝贝被搜索到的概率才会更大。买家搜索的关键词五花八门，每个人的出发点和对要买的东西了解程度不同，用的词也会不一样，甚至同一个商品在不同地域的叫法也不同。作为卖家，这些情况需要了解，要全面挖掘出买家可能搜索的关键词。

图 5.23 "魔术道具"搜索结果

### 2. 促进买家点击宝贝

宝贝标题除了保证商品能够被搜索到外，还会影响宝贝的点击率，有时候标题里的促销和商品特点等字眼，会激发客户的点击兴趣。给宝贝起一个既有利于淘宝搜索而又通顺的名字非常有必要。这就需要卖家开动脑筋，分析买家的需求和欲望，让人看了后知道这是卖什么的，同时能激起他的点击欲。所以好标题的评判标准是点击率，点击率高的就是好标题，点击率低的就是差标题。

## 5.4.2 寻找关键词

寻找关键词　　筛选蓝海关键词

宝贝的名称往往有很多种叫法，在定义宝贝标题时，尽可能多地把买家可能称呼的名称写入标题中，可以大大提升宝贝被搜索到的概率。尽量站在买家的角度考虑，假如自己是买家，会怎样搜索，认真思考并记下与店铺或商品有关的所有关键词；也可以通过询问周围朋友，尽可能多地想一些宝贝的关键词；参考其他网店，多参考一些同类店铺，看一下他们的商品名称是怎么写的。除了这个办法之外，淘宝系统还提供了很多免费获取优质关键词的地方。

### 1. 淘宝首页的系统推荐词

图 5.24 所示为淘宝系统大量数据分析后总结的一些热门搜索词，当然这些词会随着季节或节日而变化。

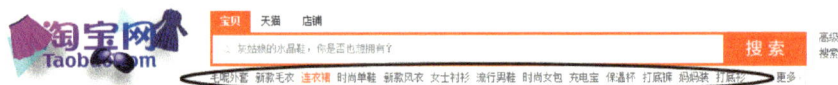

图 5.24 搜索框下热门词

图 5.25 所示为淘宝首页类目导航。

图 5.25　淘宝首页类目导航

## 2. 搜索下拉框关键词

例如当输入一个主词 "t 恤女"（见图 5.26）时，淘宝搜索框会自动出现一个下拉框，里面出现了许多和搜索词相关的长尾关键词，这些词都是买家热衷搜索的词，也是获取宝贝关键词非常好的途径。

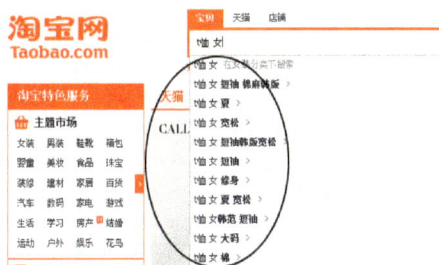

图 5.26　淘宝搜索下拉框

## 3. 下拉框中的属性词

淘宝搜索框的下拉框，除了显示和搜索词相关的长尾关键词之外，还会出现和搜索词相关的属性词，这些词是宝贝的一些热门属性词，比如当鼠标指向 "t 恤 女 短袖韩版宽松" 时，会弹出和其相关的属性词（见图 5.27），这些词可以和搜索关键词一起组合成长尾关键词。

图 5.27　下拉框中的热门属性词

## 4. 搜索结果页面提供的 "您是不是想找" 的功能

在搜索结果页面中，淘宝系统提供了 "您是不是想找" 的功能，如图 5.28 所示。这里列出了大量关键词，往往也是买家容易点击的词，因此也是搜集宝贝标题关键词非常重要的途径。

图 5.28　淘宝"您是不是想找"功能

### 5. 搜索结果页面给出的流行元素关键词

在搜索结果页面中，系统根据宝贝属性及买家对宝贝的关注点，提供了许多流行元素关键词，如图 5.29 所示。买家往往在搜索过程中去点击这些词，宝贝标题里有没有这些关键词的设置，直接影响宝贝能否被搜索到。这些词和搜索词可以组合成精准长尾关键词，是卖家优化宝贝标题时应该重点考虑的。

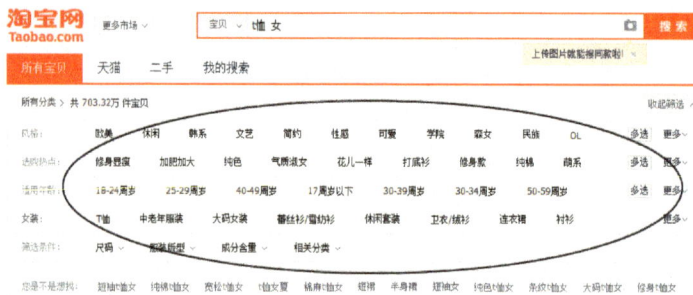

图 5.29　淘宝提供的流行元素关键词

图 5.30　寻找的关键词列表

在以上寻找关键词的过程中，除了搜索"t恤 女"外，也可以换其他关键词进行搜索，如"背心 女"、"短袖上衣 女"等，通过多途径寻找关键词，将关键词复制整理到 Excel 表格中（见图 5.30），以方便后期命名标题使用。

### 5.4.3　打造高流量标题注意事项

打造高流量标题

通过前面的办法，已经找到大量与宝贝相关的关键词，接下来可用这些关键词去命名宝贝标题。

### 1. 宝贝标题字数限制

宝贝标题一共可以输入 30 个汉字，60 个字符，如图 5.31 所示。在命名标题时，要尽量写满 30 个字，关键字之间尽量少用标点符号，以免标题空间的浪费，充分利用标题 30

个汉字的位置，多一个关键词就多一分宝贝曝光的机会。

图 5.31　宝贝标题最大字数

### 2. 命名要注意相关性高

前面已经收集了大量关键词，在给具体宝贝命名时，要注意宝贝和关键词的相关性。如图 5.32 所示为一款雪花纸类的魔术道具。由于这几年春晚的影响，魔术扑克牌特别流行，导致被买家搜索的概率大幅度提高，为了提高宝贝流量，假如将"魔术扑克牌"加到标题中，问题就来了，一方面买家搜索进来发现根本不是自己想要的商品，商品虽然产生了流量但没有成交量，导致宝贝转化率下降，从而影响宝贝排名；另一方面，也是重要的一点，淘宝会对这样的宝贝降权，这对整个网店都是不利的。不要写与宝贝无关的词，否则容易被降权。

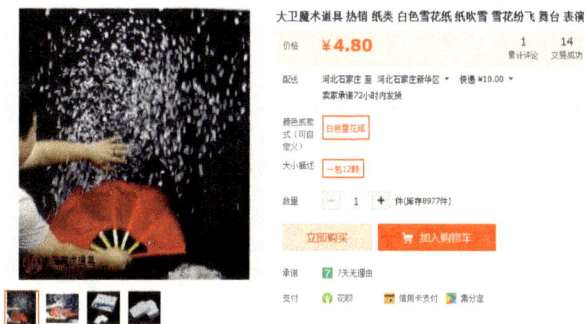

图 5.32　魔术雪花纸

### 3. 尽量优化挤压，节省空间

宝贝标题 30 个汉字的空间非常宝贵，命名标题时要注意空间的充分利用，要把空间留给最有价值的词，同时注意优化挤压，减少关键词的重复使用，避免空间的浪费，如"女士 T 恤"和"T 恤女款"，在命名标题时可以挤压成"女士 T 恤女款"，省出 2 个字的空间，用来写更多的宝贝关键词。

### 4. 命名标题

宝贝标题里一般都包括宝贝关键词、宝贝属性、促销信息等，有以下几种设定方式：
① 促销、特性、形容词+宝贝关键词；
② 地域特点+品牌+宝贝关键词；
③ 店铺名称+品牌、型号+宝贝关键词；
④ 品牌、型号+促销、特性、形容词+宝贝关键词；
⑤ 店铺名称+地域特点+宝贝关键词；
⑥ 品牌+促销、特性、形容词+宝贝关键词；

⑦ 信用级别、好评率+店铺名称+促销、特性、形容词+宝贝关键词。

# 学习任务 5.5　给宝贝合理定价

给宝贝合理定价

在发布宝贝时需要填写宝贝的价格，如图 5.33 所示，宝贝价格填写也是需要讲求技巧的，是卖家需要仔细研究和斟酌的一项工作。

一口价：＊□□□□□ 元
付款模式：◉一口价付款 ○分阶段付款

一口价付款 即普通交易模式

图 5.33　设置宝贝价格

## 5.5.1　宝贝定价依据

淘宝里给宝贝定价时主要依据的条件如下。

### 1. 成本导向

首先，考虑宝贝成本，这也是定价最基本的依据。现在淘宝里的价格战进行得特别激烈，所以能够选择一个价格低的货源或者选择一个成本比较低的物流，都会给竞争带来巨大优势。

### 2. 需求导向

有经验的卖家会根据商品的需求来调整价位，例如宝贝是新品，市场调查受大众喜爱，而且在淘宝里其款式独一无二，这时候可以适当提高价位。有的卖家为了打开销路，一开始将价格定低一些，等销量和好评多了，买家需求量大了，再提高价位。当然也有卖家会根据节日来调整，例如春节前人们的购买热情高涨，急需购物的心理会对价格的要求放低，卖家可以适当提升价位，以上都是依据客户需求定价的促销策略。

### 3. 定位导向

按照潜在买家的承受能力来制定价格，例如，如果卖的是学生装系列，那么定价就应该相对偏低一些。而如果面对的买家是白领群体，那么宝贝的定价可以偏高一些，因为白领对价格不是很看重，他们最看重的是产品的品质。

### 4. 竞争导向

在给宝贝定价之前，可以先到淘宝里搜索一下同款或类似款的价格，然后给宝贝定一个相对低一些的价格，会比较有竞争力。当然淘宝里宝贝的热销绝对不仅仅是"价格"因素来决定的，不是宝贝价格越低越好，要根据自己的成本、店铺信誉等定一个合理价格。如果是新店，运营的主要目的是赚取人气和信誉，可以把价格定得低一些，有竞争力一些。

总之，定价是一个需要综合考虑的问题，适合自己的定价就是最好的定价，不能一味地实行低价策略，而应在给宝贝定一个合理价格的同时，把精力更多地用在完善宝贝图片、页面推广等方面，只有各方面都做到位才能最终决定宝贝的销量。

## 5.5.2　宝贝定价技巧

### 1. 利用淘宝机制，巧妙定价

淘宝提供了很多方便买家购买的功能，作为卖家要充分了解这些功能，根据自己的营销目标来合理定价。例如在搜索一件商品时，会发现淘宝对商品提供了"找同款"和"找

160

相似"的功能，如图 5.34 所示，单击"找同款"按钮会发现竟有一堆相同的产品、相同的图片、相同的描述、不同的价格和店铺，如图 5.35 所示。通过这种方式，买家能够很轻易地在同款之间比对价格，进而选择低价商品购买。这对于卖家来说是机遇也是挑战，假如是新店，为了提升信誉，可以将价格压低，在宝贝有一定的销量和好评的情况下，这样的低价策略会提升宝贝的销量。但是对于信誉比较高的网店，营销往往以盈利为目标，这个功能无疑是一个挑战，这时可以通过修改宝贝主图、属性、描述，来避免宝贝被搜到后买家使用"找同款"功能，如图 5.36 所示，搜索 T 恤时，这个商品主图的"找同款"呈现灰色禁用状态。除此之外，淘宝提供的很多功能机制，例如按人气、按销量排名等，作为卖家，只有充分了解，才能真正做到有的放矢。

图 5.34　找同款和找相似功能

图 5.35　使用"找同款"功能后的结果

图 5.36　"找同款"和"找相似"功能

### 2. 揣摩买家心理，巧妙定价

（1）折扣定价，让买家感觉买到了实惠。买家对价格的理解习惯，作为卖家要了解，不是单纯把价格定得很低，宝贝就会卖得很好，大多时候买家都有爱"占便宜"的心理。例如准备卖 100 元的宝贝，是直接把价格标上 100 元，还是宝贝原价标 500 元，打折后卖 100 元的销量好？显然后者的做法更能让买家感觉买到了实惠。如图 5.37 所示，宝贝原价和折扣价的明显比对，加上淘金币抵钱活动，让宝贝价格显得格外有吸引力，从而大大提升买家下单的概率。所以店铺要多搞活动，例如限时折扣、搭配套餐、淘金币抵钱等，这些活动在一定程度上都能大大提升宝贝转化率。

图 5.37　限时折扣宝贝

（2）高贵即尊贵，不自贬身价。淘宝买家群体各式各样，有的图便宜，但也有很大一部分图的是品质。质量好、价格高的东西，会让宝贝给人留下一个"尊贵"的印象，很多买家知道"便宜没好货，好货不贱卖"的道理，一分钱一分货，所以作为卖家不要一味地给宝贝定很低的价格，要认真考虑宝贝所面向的客户群体。

（3）尾数定价，让买家感觉便宜。例如，定价 99.9 元会比定价 100 元更能让买家体会到宝贝的实惠，而且往往采取小数点能够体现宝贝定价精确，让买家觉得这个产品是经精确确认、正规的产品，更容易得到买家的认可。

（4）分割定价。有时候宝贝价格比较昂贵，而高价位往往把买家吓跑，这时对宝贝进行分割定价，往往能够吸引买家的眼球，因为分割定价能够让买家感觉便宜，容易接受。例如，搜索"德芙 巧克力"（见图 5.38），在众多昂贵的价格中，"33.9"这个数字特别能引起买家注意，其实和 89.9 元宝贝相比，就是宝贝数量的差距，也就是对数量分割后进行了定价。再如搜索"无花果"（见图 5.39），同样是先对数量分割后定价，都能够吸引买家的兴趣。

图 5.38　"德芙 巧克力"搜索结果

图 5.39　"无花果"搜索结果

给宝贝定一个合理的价格是淘宝网店营销的重要手段之一，定价既要考虑淘宝运营机制，同时也要充分考虑买家心理，卖家可以根据店铺商品特点，大胆尝试，然后给宝贝设置一个有创意的价格，不仅能够获取一个有利的排名，更能够让买家感觉买到了实惠，提高宝贝的销量和买家回访量，进而提升宝贝和店铺的人气。

---

### 5.5.3　设置宝贝价格

设置宝贝价格有两种方式：一口价付款和分阶段付款，如图 5.40 所示。下面来介绍具体的定价方法。

（1）付款模式选择"一口价付款"，在"一口价"文本框中直接输入价格即可，如图 5.41 所示。

图 5.40　两种定价模式　　　　图 5.41　"一口价定价"设置

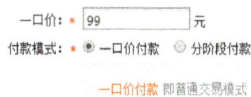

（2）付款模式选择"分阶段付款"，也就是买家可以分阶段完成宝贝的付款，将一笔交易分为若干个阶段进行，适用于定制类、个性化交易。设置预付款的比例为20%，输入完成后，会自动显示预付款数额，接着设置定金支付结束时间，同样的道理，设置尾款的比例及尾款开始支付时间，完成后如图 5.42 所示。

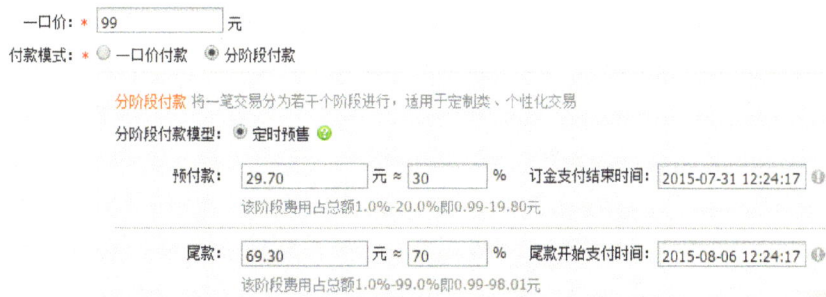

图 5.42　"分阶段付款"设置

（3）宝贝发布后的界面如图 5.43 所示。

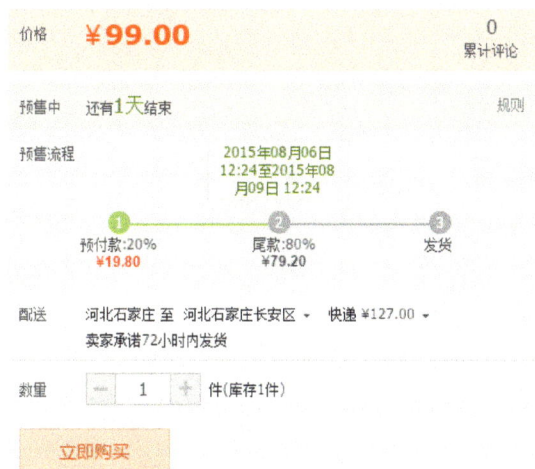

图 5.43　预售宝贝阶段付款

# 学习任务 5.6　设置宝贝规格

设置宝贝规格

买家在购买宝贝时，要能够选择宝贝的规格，如颜色、尺码等，如图 5.44 所示，买家在选择不同的颜色、尺码时，左侧的主图跟着变化，宝贝的库存数量也跟着变化。

图 5.44　宝贝规格

设置宝贝规格是在发布宝贝界面的"宝贝规格"中进行的，如图 5.45 所示。

图 5.45　设置宝贝规格

下面以女士 T 恤为例来讲解设置宝贝规格的方法。

① 选择宝贝颜色，单击"红色系"，会出现红色系中所有的颜色，选择颜色"西瓜红"，在下面就会出现主要颜色：西瓜红，如图 5.46 所示。

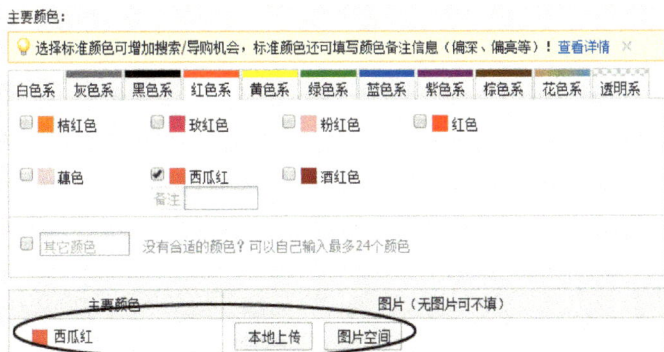

图 5.46　选择颜色

② 单击"本地上传"按钮，可以选择上传西瓜红颜色的宝贝，如图 5.47 所示，前面看到的选择颜色时主图也跟着变化，就是由这个功能实现的。

图 5.47　选择图片

③ 颜色图片上传完成后如图 5.48 所示。

图 5.48　颜色图片上传成功

④ 接下来选择宝贝尺码，选择尺码"通用"，会显示出通用中所有的尺码，选择 155/80A，这时可以再备注尺码的名称，将来买家在详情页看到的尺码就是备注的名称，如图 5.49 所示。

⑤ 这时下面会出现宝贝的主要颜色、尺码、价格等信息，如图 5.50 所示，输入宝贝数量。

⑥ 以此类推填写宝贝其他颜色、尺码、数量信息，完成后如图 5.51 所示。

图 5.49　填写宝贝尺码

图 5.50　填写宝贝数量

图 5.51　完整的规格信息

# 学习任务 5.7　打造有吸引力的宝贝主图

打造有吸引力的宝贝主图

## 5.7.1　宝贝主图的重要性

前面讲解了宝贝标题命名技巧，通过优化宝贝标题，宝贝排名靠前了，但是如何更进一步地提高流量，提高宝贝的点击率，吸引买家进店呢？宝贝主图的质量会直接影响宝贝的点击率，因为宝贝主图会显示在搜索结果页面中，如图 5.52 所示，在搜索结果页面主要能看到宝贝的两部分信息，上面是宝贝的主图，下面是宝贝标题，标题负责让宝贝被搜索到，而主图则会影响买家的点击，宝贝只有被展现且买家点击进去了，才能产生有效流量。因此宝贝主图的制作至关重要，只要将主图设计好，基本就可以在点击率上有一个质的飞跃。

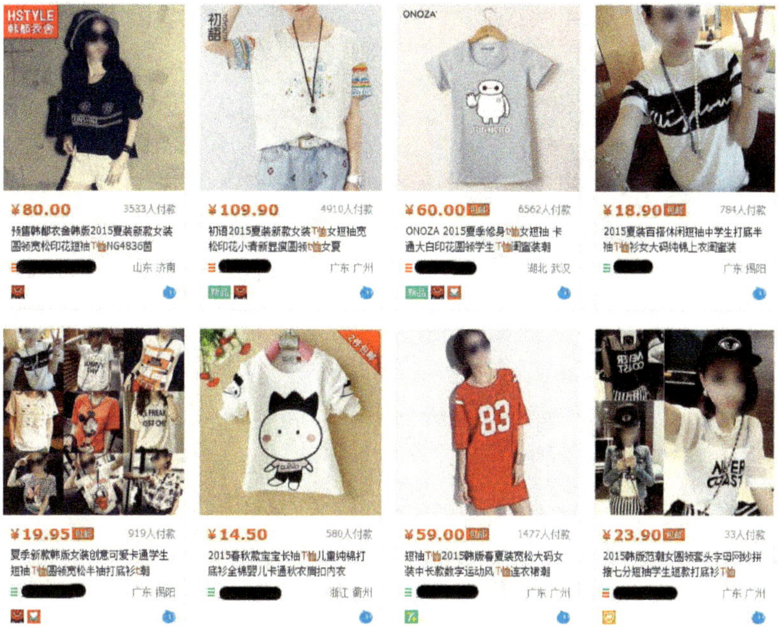


图 5.52　宝贝搜索结果页面

## 5.7.2　制作有吸引力的主图

### 1. 主图的尺寸

淘宝规定主图长宽大于等于 700px 就能提供放大图，如图 5.53 所示。通过放大镜效果，能够很清楚地观察到宝贝细节：材质和做工。因为大部分买家很注重宝贝细节图，有了细节放大图无疑能增加宝贝的吸引力。所以在制作主图的时候最好把长宽尺寸调到 700px 以上。

## 2. 突出主体

主图要能够让买家一眼看上去就知道在卖什么，因此在制作主图的时候首先要确保图片的清晰度，同时要注意突出商品，在选择主图背景的时候，最好选用较浅的颜色，以能够很好地突出宝贝，如图 5.54 所示。当然，有时候为了彰显宝贝的高贵、雅致，也可以不单纯用浅色作为背景（见图 5.55），通过虚化背景不仅能突出宝贝，而且能增加宝贝的美化意境。如果宝贝是金银首饰或者其他浅色调的，那么可以选用稍微深的颜色作为背景，如图 5.56 所示。

图 5.53　主图放大图

图 5.54　浅色的背景

图 5.55　虚化的背景

图 5.56　深色背景

总之，主图要根据商品特点选择合适的背景，切忌由于背景花哨导致喧宾夺主，或者主图的展示困惑买家，让人感觉不出到底是卖什么的。例如，对于如图 5.57 所示的毛衣主图，买家可能会产生疑问，到底是卖毛衣还是裙子？或者一身？

当然有时候为了突出宝贝，也可以选择有代表的宝贝局部图来做主图，会产品强烈的冲击感，吸引买家点击，如图 5.58 所示。

图 5.57　毛衣主图

图 5.58　突出宝贝局部

## 3. 突出卖点

主图要注意突出宝贝的卖点，文字与图像是传递信息的两大基本渠道，它们各具特色，文字以抽象、联想著称，而图像以直观、形象见长。主图要以图片为主要篇幅，辅助适当的文字突出卖点，会起到画龙点睛的作用。

（1）突出价格优势。如果宝贝在价格上比同行有很大的优势，那么一定要在主图上突出这一卖点优势，如图 5.59 所示。

（2）突出宝贝特色。可以从质量、样式、材质等方面挖掘宝贝特色，把宝贝最吸引人的地方提炼成文字，写在主图上。如图 5.60 所示，第一张图通过"独家正品"来表明商品的质量，第二张图通过"一穿就瘦"来强调宝贝的功能。

图 5.59　价格优势

图 5.60　宝贝特色

（3）突出宝贝销量与好评。买家一般比较关注宝贝的销量和评价，通过展示宝贝销量和好评情况，有助于吸引买家进入，如图 5.61 所示。

文字虽然能够突出宝贝卖点，但要注意，宝贝主图还是要以图片为主，防止文字过多构成"牛皮癣"图片，很多卖家为了让消费者看到自己的促销信息，在主图上面加上过多的促销字眼（见图 5.62），但是舍本逐末的"牛皮癣"图片不但不能抓住顾客的眼球，还让消费者感到眼花缭乱，因为字体过于抢眼而忽略宝贝。除此之外，淘宝搜索降权规则也明确指出了图片"牛皮癣"会被搜索降权，对宝贝也非常不利。

图 5.61　销量与好评优势

图 5.62　"牛皮癣"图片

### 5.7.3　上传宝贝图片

上传宝贝图片的方法如下。

①　在上传宝贝前，先准备好要上传的五张图片，如图 5.63 所示。其中，主图图片进行了促销活动的设置，所有图片尺寸均为 700px×700px。

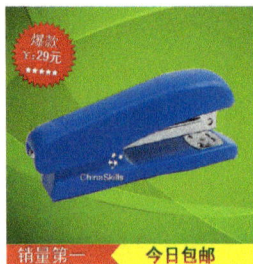

图 5.63　准备好五张图片

② 进入"发布宝贝"界面，找到"宝贝图片"区域，如图 5.64 所示。单击"文件上传"按钮。

宝贝图片：

本地上传　　　图片空间　　　视频中心　　图片空间超大容量全免费！

选择本地图片：　文件上传

提示：1. 本地上传图片大小不能超过500K。
2. 本类目下您最多可以上传 6 张图片。
3. 若不上传竖图，搜索列表、市场活动等页面的竖图模式将无法展示宝贝。

图 5.64　单击"文件上传"按钮

③ 在弹出的对话框中，选择图片"主图 1"，如图 5.65 所示。

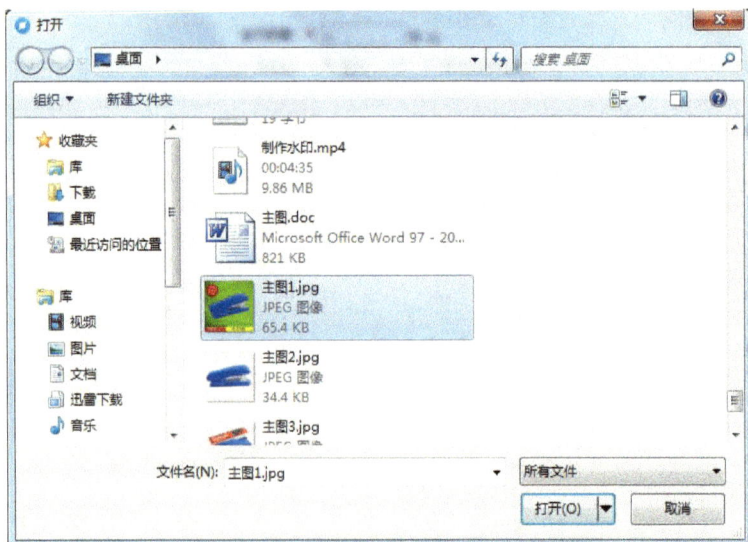

图 5.65　选择图片

④ 采用同样的方法实现其他四张图片的上传，完成后效果如图 5.66 所示。

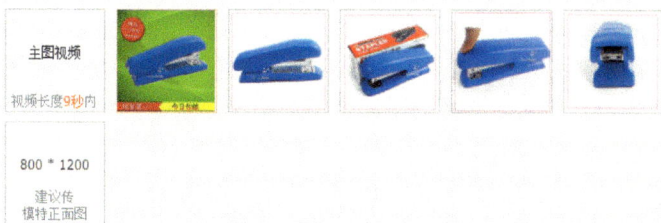

700*700 以上的图片可以在宝贝详情页主图提供图片放大功能

图 5.66　完成图片上传

# 学习任务 5.8　设置宝贝运费模板

设置宝贝运费模板

买家在浏览宝贝信息时，除了能看到宝贝的价格信息外，同时也能看到宝贝的配送运费信息，如图 5.67 所示。如果卖家设置了包邮活动，配送运费同样会显示出来，如图 5.68 所示。

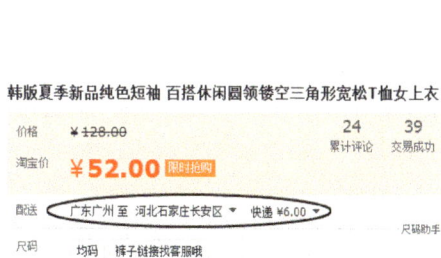

图 5.67　配送运费信息

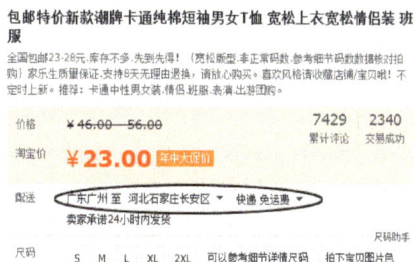

图 5.68　免运费宝贝

运费模板就是为一批商品设置同一个运费，它能够批量设置运费，并且自动根据买家所在不同地区，对应不同运费金额的需要。在发布宝贝时，需要设置宝贝的物流信息，如图 5.69 所示，这里需要选择已经设置好的运费模板，当然也可以新建运费模板，同时可以输入宝贝体积或宝贝重量的信息。

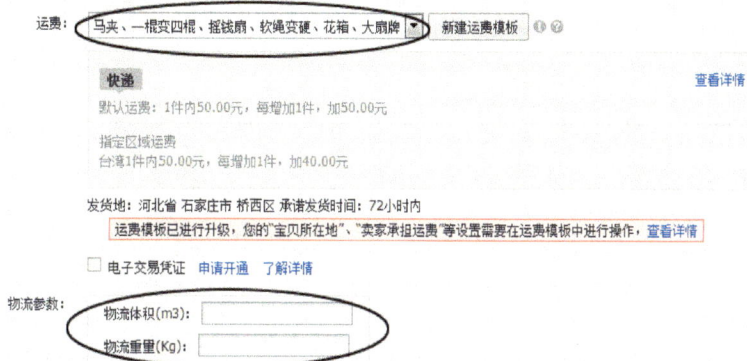

图 5.69　宝贝运费设置

创建运费模板的方法如下。

① 选择"卖家中心"左侧物流管理中的"物流工具"选项，如图 5.70 所示。

② 在右侧界面中选择"运费模板设置"选项，单击"新增运费模板"按钮，如图 5.71 所示。在"新建运费模板"界面中，输入模板名称，选择宝贝地址、发货时间、计价方式、区域限售等信息，选择运送方式（如快递），可以设置配送到不同区域的运费情况了，如图 5.72 所示。

图 5.70　选择"物流工具"选项

图 5.71　单击"新建运费模板"按钮

图 5.72　运费模板设置

③ 设置默认运费的首重、收费额及续重、收费额，如图 5.73 所示。单击"为指定地区城市设置运费"链接。

图 5.73　设置默认运费

④ 单击"未添加地区"右侧的"编辑"按钮，如图 5.74 所示。

图 5.74　单击"编辑"按钮

⑤ 弹出"选择区域"界面，选择要设置运费的区域，单击"确定"按钮，如图 5.75 所示。

图 5.75　选择运费区域

⑥ 对选择的区域设置首重、收费额及续重、收费额，如图 5.76 所示。

图 5.76　设置指定区域运费

⑦ 以此类推，可以设置其他区域的运费情况，完成后效果如图 5.77 所示。

图 5.77　完成运费模板设置

⑧ 模板设置好后，在发布宝贝时，选择设置的运费模板即可，如图 5.78 所示。运费模板可以根据需要设置多个。

图 5.78　选择运费模板

⑨ "指定条件包邮"可以进行更灵活的运费设置，如全场满 99 元包邮，如图 5.79 所示。

图 5.79　指定条件包邮

一般来说，建议卖家按照店内宝贝特点来创建运费模板。运费模板可以创建多个，例如可以按照商品的体积、重量或件数来创建不同运费模板。例如销售衣服和化妆品，那么可以设置两个运费模板：运费模板一为"衣服的运费"，运费模板二为"化妆品的运费"。

# 学习任务 5.9　设置宝贝上架时间

设置宝贝上架时间

## 5.9.1　上架时间的重要性

设置宝贝上架时间即同时设置了宝贝下架时间，如果设置宝贝下架周期为 7 天，那么今天某个时间上架的宝贝，会在 7 天后的同一时间下架，也就是说，宝贝上架时间决定了宝贝下架时间。宝贝下架时间及橱窗推荐对宝贝的排序有着重大的影响，在淘宝"综合排序"中，宝贝下架时间是影响宝贝排名的重要因素。这对于一些新店来说，在前期没有投入太多付费推广的情况下，需要抓住每一个能将买家引入店铺的机会，而合理安排上、下架时间就是其中之一，同时将即将下架的宝贝设置为橱窗推荐，更能够大大提升宝贝排名位置。宝贝上架时间及橱窗推荐设置如图 5.80 所示。

下架时间用来保证每个商品都有机会展示，因此商品上架时间就非常重要，大部分卖家都知道，搜索关键词后，在其他方面都相同的情况下，宝贝的搜索位置就按宝贝下架剩余的时间来排定，越接近下架时间的宝贝，排得就越靠前。例如 2015 年 4 月 14 日 15:35:00 在淘宝中搜索"打底裤"这个关键词（见图 5.81），会发现一款仅有 24 人付款的宝贝排在首页，查询一下该宝贝的下架时间，是 2015 年 4 月 14 日 15:44:08，可见宝贝下架时间对宝贝排名非常重要。

图 5.80　设置上架时间

图 5.81　搜索"打底裤"关键词显示在首页的宝贝

## 5.9.2　上架宝贝有规律

### 1. 上架尽量安排在流量高峰期

据统计，一般早上 9:00～11:00、下午 14:00～17:00、晚上 19:00～22:00 的上网流量最大，要充分利用好这个流量高峰期将宝贝上架，当然有时候要考虑到商品特点或者消费群体特点，有一些时间段也不能忽视，例如对于一些繁忙的上班族来说，可能上午和下午没有时间，反而会利用中午时间购物，因此 12:00～13:00 也可以重视。

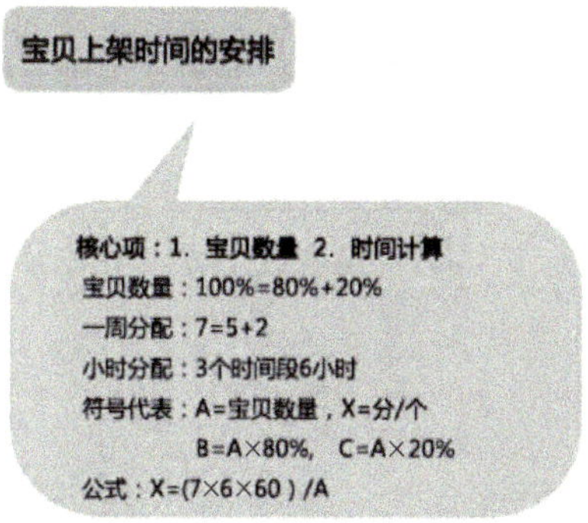

图 5.82　宝贝上架时间安排

### 2. 有规律、有计划地上架宝贝

如果将宝贝设置为在一天内全部上架，那么一周之后宝贝会在同一天全部下架，也就是一周之内，店铺只会有一天是排名靠前的，而其他的六天时间，由于店铺没有快下架的宝贝，无法排序到前几页，这样会导致两个极端：忙的时候忙死，闲的时候闲死。所以要把宝贝均匀地分到七天，在七天的不同时间段内，有规律、有计划地上架。

在宝贝上架的时候主要考虑两个项目：宝贝数量和时间计算。淘宝大学推出了一个计算宝贝上架时间的公式，如图 5.82 所示。

例如，某女装 T 恤卖家有 200 个宝贝，如何安排上、下架时间比较合理呢？要让宝贝尽量出现在 09:00～23:00。200 个产品，每天 14 小时，一周 7 天。

方案一：七天全部平均分配，（7×14×60）/200=29.4 分钟/个，也就是每天从早上 9:00 开始，每隔 29.4 分钟上架一件商品。

方案二：七天时间分权重，周一到周五采用一种上架方式，周末两天采用一种上架方式。考虑周末购物人群会减少，可将商品数量进行分配，其中周一到周五上架 80%的商品，而周末则上架 20%的商品，也就是 200×80%=160 件，200×20%=40 件。因此，周一至周五：（5×14×60）/160=26.25 分钟/个，周六至周日：（2×14×60）/40=42 分钟/个，也就是说，在周一至周五，每天根据选好的时间段，每隔 26.25 分钟上架一个宝贝，在周末的时候每隔 42 分钟上架一个宝贝。

设置好宝贝上架时间后，卖家要注意在宝贝即将下架时，保证旺旺在线，否则即使宝贝排到了前面，买家想买也联系不上。

**4.其他信息**

图 5.83　选择"7 天"

在"宝贝发布"界面填写上架时间的方法如下。

① 首先宝贝下架周期选择"7 天"，如图 5.83 所示。

② 宝贝的上架时间有三种，假如选择上架时间为"立刻"，那么当前时间就等于上架时间，单击"发布"按钮立即完成宝贝上架，如图 5.84 所示。

③ 假如选择上架时间为"设定"，那么该宝贝上架的时间将是卖家设定的时间，只有到了设定时间时，宝贝才会自动完成上架，如图 5.85 所示。

图 5.84　开始时间为"立刻"　　图 5.85　开始时间为"设定"

④ 假如选择上架时间为"放入仓库"，那么该宝贝发布之后就存放在仓库中不会上架，如图 5.86 所示。

图 5.86　开始时间为"放入仓库"

# 学习任务 5.10　设置橱窗推荐

设置橱窗推荐

## 5.10.1　橱窗推荐的重要性

设置成橱窗推荐的宝贝，在淘宝搜索排名时能够获取更多的浏览量及点击率，正如开实体店一样，橱窗里放的商品，顾客在路过时就能看到，而不用进店铺里面查找。如果将快要下架的宝贝设置成橱窗推荐宝贝，可以大大增加宝贝搜索权重，宝贝搜索展现排名会更加靠前。

不同等级卖家的橱窗推荐数量是不同的，非消保卖家或消保未缴纳保证金卖家橱窗推荐位规则如表 5.1 所示。

表 5.1　非消保卖家或消保未缴纳保证金卖家橱窗推荐位规则

| 规则 | 说明 | 信用分<br>卖家信用+（买家信用的一半） | 奖励数量 | 注解 |
|---|---|---|---|---|
| 第一条 | 根据信用评价获得橱窗推荐位 | 0～3 分 | 5 | |
| | | 4～10 分 | 10 | |
| | | 11～40 分 | 15 | |
| | | 41～90 分 | 20 | |
| | | 91～150 分 | 25 | |
| | | 151～250 分 | 30 | |
| | | 251～1000 分 | 35 | |
| | | 1001～5000 分 | 40 | |
| | | 5001～10000 分 | 45 | |
| | | 10001 分及以上 | 50 | |
| 第二条 | 根据开店时间的扶持 | 开店时间少于 3 个月 | 10 | 3 个月以上不再获得扶持 |

消保且缴纳保证金卖家橱窗推荐位规则如表 5.2 所示。

表 5.2　消保且缴纳保证金卖家橱窗推荐位规则

| 规则 | 说明 | 信用分<br>卖家信用+（买家信用的一半） | 奖励数量 | 注解 |
|---|---|---|---|---|
| 第一条 | 根据信用评价获得橱窗推荐位 | 0～3 分 | 10 | |
| | | 4～10 分 | 15 | |
| | | 11～40 分 | 20 | |
| | | 41～90 分 | 25 | |
| | | 91～150 分 | 30 | |
| | | 151～250 分 | 35 | |
| | | 251～1000 分 | 40 | |
| | | 1001～5000 分 | 45 | |
| | | 5001～10000 分 | 50 | |
| | | 10001 分及以上 | 55 | |
| 第二条 | 根据开店时间的扶持 | 开店时间少于 3 个月 | 10 | 3 个月以上不再获得扶持 |
| 第三条 | 每周统计各类下支付宝成交金额（以买家付款到支付宝为准），超过基线的前 1000 名可以获得 5 个橱窗位 | 分类　　　　　基线（元）<br>ZIPPO/瑞士军刀/饰品/眼镜　　1500<br>保健品/滋补品　　5000<br>食品/茶叶/零食/特产　　2000<br>彩妆/香水/美发/工具　　10000<br>美容护肤/美体/精油　　12000 | | |

续表

| 规则 | 说明 | 信用分 | | 奖励数量 | 注解 |
|---|---|---|---|---|---|
| | | 卖家信用+（买家信用的一半） | | | |
| | | 分类 | 基线（元） | | |
| 第三条 | 每周统计各类下支付宝成交金额（以买家付款到支付宝为准），超过基线的前1000名可以获得5个橱窗位 | 成人用品/避孕用品/情趣内衣 | 1000 | | |
| | | 宠物/宠物食品及用品 | 1500 | | |
| | | 电脑硬件/台式整机/网络设备 | 10000 | | |
| | | 办公设备/文具/耗材 | 5000 | | |
| | | 网店/网络服务/个性定制/软件 | 1000 | | |
| | | 户外/军品/旅游/机票 | 2500 | | |
| | | 厨房电器 | 3500 | | |
| | | 生活电器 | 3500 | | |
| | | 个人护理/保健/按摩器材 | 3500 | | |
| | | 装潢/灯具/五金/安防/卫浴 | 1000 | | |
| | | 居家日用/厨房餐饮/卫浴/洗浴 | 5000 | | |
| | | 时尚家饰/工艺品/十字绣 | 5000 | | |
| | | 鲜花速递/蛋糕配送/园艺花艺 | 2000 | | |
| | | 男装 | 3500 | | |
| | | 运动鞋 | 3500 | | |
| | | 运动服/运动包/颈环配件 | 3500 | | |
| | | 流行男鞋 | 3500 | | |
| | | 箱包皮具/热销女包/男包 | 4000 | | |
| | | 服饰配件/皮带/帽子/围巾 | 4000 | | |
| | | 女装/女士精品 | 8000 | | |
| | | 品牌手表/流行手表 | 3000 | | |
| | | 汽车/配件/改装/摩托/自行车 | 10000 | | |
| | | 收集 | 20000 | | |
| | | 国货精品手机 | 10000 | | |
| | | 书籍/杂志/报纸 | 1500 | | |
| | | 数码相机/摄像机/图形冲印 | 10000 | | |
| | | MP3/MP4/iPod/录音笔 | 6000 | | |
| | | 尿片/洗护/喂哺等用品 | 5000 | | |
| | | 奶粉/辅食/营养品 | 5000 | | |
| | | 益智玩具/童车/童床/书包 | 5000 | | |
| | | 玩具/模型/娃娃/人偶 | 2500 | | |
| | | 网络游戏点卡 | 12000 | | |
| | | 网游装备/游戏币/账号/代练 | 10000 | | |
| | | 内存卡/U盘/移动存储 | 5000 | | |
| | | 移动/联通/小灵通充值中心 | 10000 | | |
| | | IP卡/网络电话/手机号码 | 5000 | | |

| 规则 | 说明 | 信用分<br>卖家信用+（买家信用的一半） | | 奖励数量 | 注解 |
|---|---|---|---|---|---|
| | | 分类 | 基线（元） | | |
| 第三条 | 每周统计各类下支付宝成交金额（以买家付款到支付宝为准），超过基线的前 1000 名可以获得 5 个橱窗位 | 运动/健身/运动明星/乐器 | 4000 | | |
| | | 饰品/流行首饰/时尚饰品 | 3000 | | |
| | | 笔记本电脑 | 15000 | | |
| | | 电玩/配件/游戏/攻略 | 1000 | | |
| | | 音乐/影视/明星/娱乐 | 1000 | | |
| | | 邮币/古董/字画/收藏 | 2500 | | |
| | | 影音电器 | 3500 | | |
| | | 3C 数码配件市场 | 5000 | | |
| | | 女士内衣/男士内衣/家居服 | 8000 | | |
| | | 女鞋 | 4000 | | |
| | | 床上用品/靠垫/窗帘/布艺 | 5000 | | |
| | | 家具/家具定制/宜家代购 | 6000 | | |
| | | 演出/旅游/吃喝玩乐折扣券 | 2000 | | |
| | | 童装/童鞋/孕妇装 | 5000 | | |
| | | 珠宝/钻石/翡翠/黄金 | 5000 | | |

## 5.10.2　橱窗推荐技巧

### 1. 优先推荐快下架的宝贝

尽量将橱窗推荐给了即将下架的宝贝，这样下架时间结合橱窗推荐，会起到事半功倍的作用，也能大大提前宝贝的排名位置，增加宝贝流量及买家进入店铺的概率。

### 2. 将爆款宝贝设置为橱窗推荐

爆款宝贝是销量比较高的宝贝，是为店铺引来流量的人气宝贝，同时也是转化率较高的宝贝，一般来说，爆款宝贝在淘宝里会有一个比较好的排名，将爆款宝贝设置为橱窗推荐，将更有利于提高宝贝排名，进而为店铺引流。

### 3. 不要将推荐位置空

当橱窗推荐位的宝贝下架后，推荐位就要及时给后面将要下架的宝贝，要时刻保持推荐位处于使用状态，不要浪费。

在"宝贝发布"界面设置橱窗推荐，只需将"橱窗推荐"后面的"是"选中即可，如图 5.87 所示。

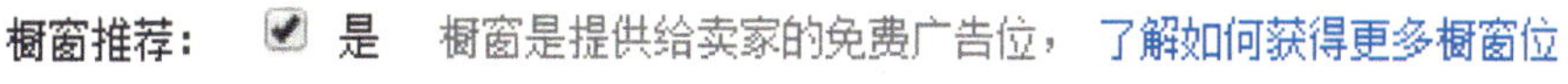

橱窗推荐：　☑ 是　橱窗是提供给卖家的免费广告位，了解如何获得更多橱窗位

图 5.87　勾选橱窗推荐

除了在发布界面可以设置橱窗推荐外，"出售中的宝贝"中同样可以对宝贝进行橱窗推

荐。首先将出售中的宝贝勾选中，然后单击的"橱窗推荐"按钮即可，如图 5.88 所示。设置成功后，宝贝左侧会显示"已推荐"字样。

图 5.88　设置橱窗推荐

也可以使用自动橱窗推荐软件进行设置，设置自动橱窗推荐，首先单击顶部的"卖家服务"项，进入"淘宝卖家服务"界面，在服务搜索框输入"自动橱窗推荐"，进入搜索结果页面，在搜索结果页面中会提供一些免费试用软件，可以先免费订购试用，看效果后再决定是否付费使用，如图 5.89～图 5.93 所示。

图 5.89　单击"卖家服务"

图 5.90　搜索"自动橱窗推荐"

图 5.91　免费试用橱窗推荐软件

图 5.92　订购免费试用橱窗推荐软件

第1步：启动自动橱窗
启动后，软件马上开始高频率扫描。如果发现需要推荐的宝贝，就会马上推荐。
停止后，软件不会对你做任何操作。

第2步：设置必推宝贝(可以不设)
必推宝贝获取橱窗位的优先级最高，时时刻刻都占用着橱窗位资源。
而普通宝贝只有在接近下架的时候，才有资格抢到橱窗位。
一个宝贝卖的好，或者特别能引流量，才有资格设置成必推宝贝。
如果你的店铺里没有这种宝贝，请不要设置必推宝贝。

第3步：设置不推宝贝(可以不设)
如果你希望宝贝永远都不要占用橱窗位资源，那么就把这个宝贝设置为不推宝贝。
适用于赠品、运费专拍宝贝

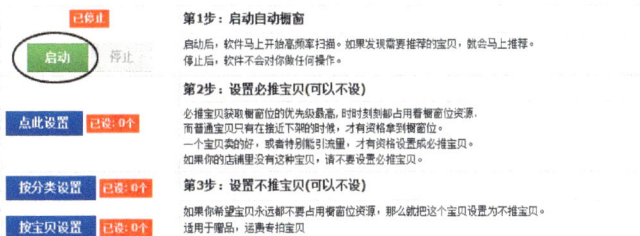

图 5.93　启动自动橱窗推荐功能

# 实　战　篇

## 实战任务　魔术道具的发布

魔术道具的发布

电子商务实训店卖的是魔术道具类宝贝，如魔术扑克类、钱币类、水瓶类、桌椅类、棒棍类等，以下以"哭笑脸骰子"魔术道具为例，来具体讲解发布宝贝的完整过程。

### 1. 选择宝贝类目

在"类目搜索"框中输入宝贝的核心关键词"魔术道具"，即可搜索出宝贝的类目：模玩/动漫/周边/cos/桌游>>聚会/魔术用品>>魔术杂技用具>>魔术道具，如图 5.94 所示。完成宝贝类目的选择后，单击"我已阅读以下规则，现在发布宝贝"按钮。

图 5.94　选择宝贝类目

### 2. 填写宝贝属性

进入宝贝发布界面，首先选择宝贝类型"全新"，接下来填写宝贝属性：品牌"大卫魔术"，魔术道具类型"骰子"，表演形式"近景魔术"，如图 5.95 所示。

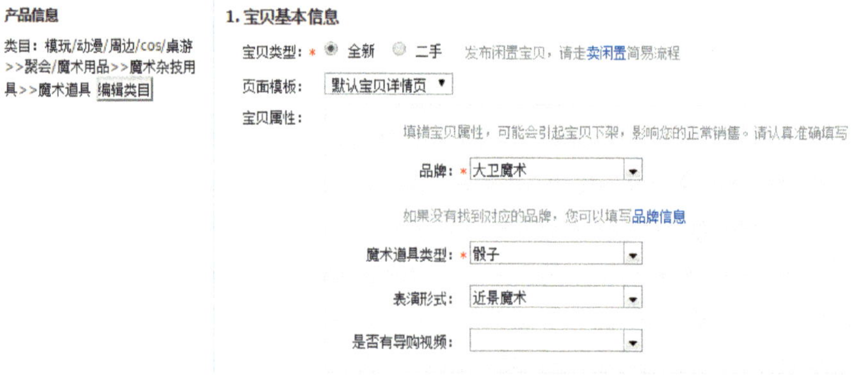

图 5.95　填写宝贝属性

### 3．填写宝贝标题

（1）整理关键词列表。输入核心关键词"魔术道具"、"骰子"，通过淘宝下拉框、"您不是想找"功能、宝贝流行元素等途径搜索大量宝贝关键词，如图 5.96～图 5.101 所示。将得到的关键词整理到 Excel 文档中，如图 5.102 所示。

图 5.96　"魔术道具"搜索下拉框

图 5.97　"您是不是想找"功能

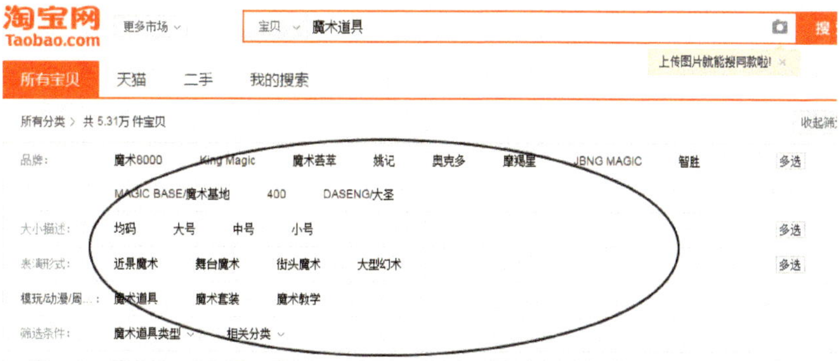

图 5.98　"魔术道具"的流行元素

图 5.99　"骰子"搜索下拉框

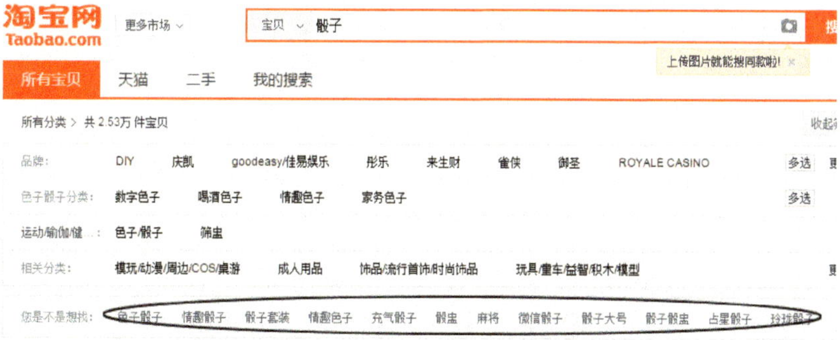

图 5.100　"您不是想找"功能

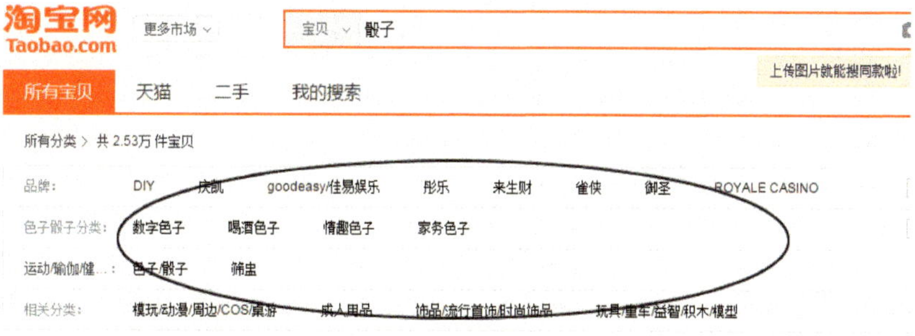

图 5.101　"骰子"的流行元素

图 5.102　关键词列表

（2）命名标题。现在给"哭笑脸骰子"命名。

第一步，写宝贝基准词，把前面获取的有搜索量的、竞争力较低的关键词写下来，"近景魔术道具"、"情绪骰子"、"魔术道具批发"，优化挤压标题变成：近景魔术道具批发情绪骰子。

第二步，补充宝贝属性，把前面获取的一些下拉框词、淘宝提供的流行元素相关的词加入标题中，例如，正品大卫魔术近景魔术道具批发整蛊预言哭笑脸骰子情绪骰子。

第三步，参加促销活动，搞买就送活动，例如，买就送正品大卫魔术近景魔术道具批发整蛊预言哭笑脸骰子情绪骰子。30 个汉字基本占满，完成了"哭笑脸骰子"宝贝标题的命名，如图 5.103 所示，在宝贝标题下方输入宝贝卖点。

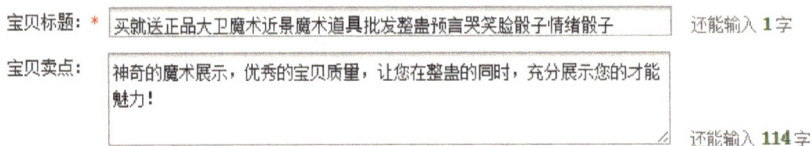

图 5.103　输入宝贝标题及卖点

#### 4. 输入宝贝价格

电子商务实训店目前主要的营销目标是提升销量和信誉，因此实施的低价、低利润策略，考查淘宝同类宝贝后，给宝贝的定价是 1.7 元，如图 5.104 所示。

图 5.104　给宝贝定价

#### 5. 设置宝贝规格

该款宝贝目前库存中有蓝色、均码规格的宝贝 100 件，设置宝贝规格，如图 5.105 所示，在规格下面输入商家编码。

#### 6. 上传宝贝图片及详情

前面已经制作好了宝贝主图和宝贝详情，将主图和详情完成上传，如图 5.106 所示。

宝贝规格　　颜色或款式（可自定义）：*

| | | | |
|---|---|---|---|
| ☐ 军绿色 | ☐ 天蓝色 | ☐ 巧克力色 | ☐ 橙色 |
| ☐ 浅灰色 | ☐ 浅绿色 | ☐ 浅黄色 | ☐ 深卡其布色 |
| ☐ 深灰色 | ☐ 深紫色 | ☐ 深蓝色 | ☐ 白色 |
| ☐ 粉红色 | ☐ 紫罗兰 | ☐ 紫色 | ☐ 红色 |
| ☐ 绿色 | ☐ 花色 | ☑ 蓝色 | ☐ 褐色 |
| ☐ 透明 | ☐ 酒红色 | ☐ 黄色 | ☐ 黑色 |
| ☐ 全选 | | | |

大小描述：*

| | | | |
|---|---|---|---|
| ☐ 大号 | ☐ 中号 | ☐ 小号 | ☑ 均码 |
| ☐ 其他大小 | ☐ 自定义1 | ☐ 自定义值2 | ☐ 自定义值3 |
| ☐ 自定义值4 | ☐ 自定义值5 | | |

[ 添加销售属性 ]　销售属性总数最多4组　　　　　　　提示：销售属性的组合不要超过600组

| 颜色或款式（可自定义） | 图片（无图片可不填） |
|---|---|
| ☐ 蓝色 | 本地上传　图片空间　🔵 删除 |

| 颜色或款式（可自定义） | 大小描述 | 价格 * | 数量 * | 商家编码 | 商品条形码 | 批量操作 |
|---|---|---|---|---|---|---|
| 蓝色 | 均码 | 1.7 | 100 | | | 🔲 |

宝贝数量：*　[ 100 ]　件 ⓘ
采购地：*　◉ 国内　◯ 海外及港澳台 ⓘ
商家编码：　[ bl26 ]

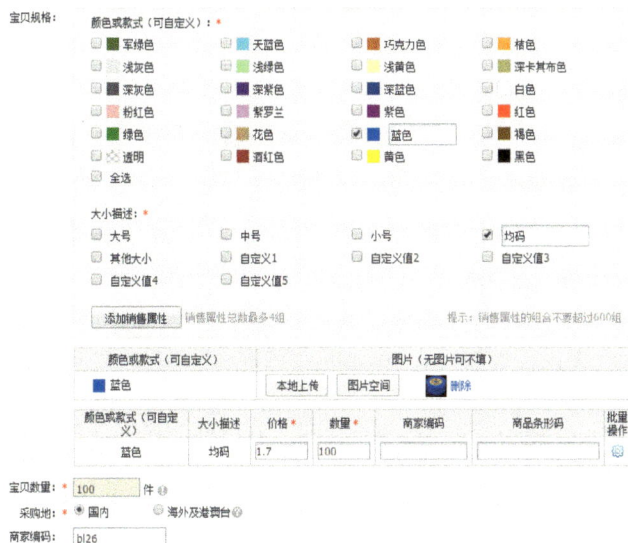

图 5.105　输入宝贝规格

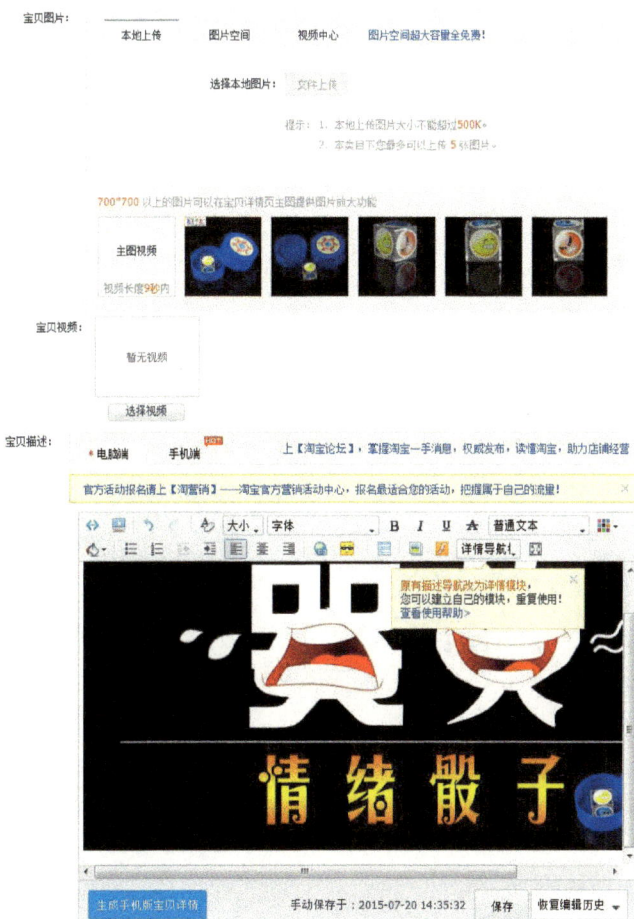

宝贝图片：

本地上传　　图片空间　　视频中心　　图片空间超大容量全免费！

选择本地图片：　[ 文件上传 ]

提示：1. 本地上传图片大小不能超过500K。
2. 本宝贝下您最多可以上传 5 张图片。

700*700 以上的图片可以在宝贝详情页主图提供图片前大功能

主图视频

视频长度9秒内

宝贝视频

暂无视频

[ 选择视频 ]

宝贝描述：　◉ 电脑端　手机端 [HOT]　　上【淘宝论坛】，掌握淘宝一手消息，权威发布，读懂淘宝，助力店铺经营

官方活动报名请上【淘营销】——淘宝官方营销活动中心，报名最适合您的活动，把握属于自己的流量！　✕

买买

情绪散子

[ 生成手机版宝贝详情 ]　手动保存于：2015-07-20 14:35:32　[ 保存 ]　[ 查看编辑历史 ]

图 5.106　完成宝贝图片和详情上传

### 7. 设置运费模板

电子商务实训店由于小件宝贝和大件宝贝价格差别较大，因此对小件和大件宝贝的运费模板分别进行了设置，大件宝贝采取了卖家承担运费的策略，让买家不会因为大件的巨额运费而拒绝下单，小件宝贝采取了满包邮策略，增加买家的成单额度，运费模板设置如图 5.107 和图 5.108 所示。

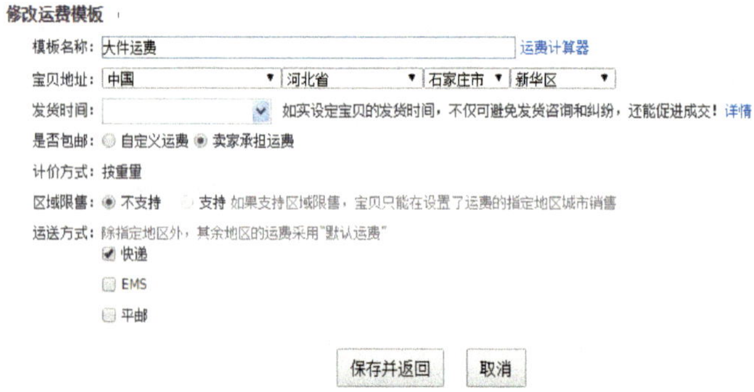

图 5.107 大件宝贝运费模板

图 5.108 小件宝贝运费模板

"哭笑脸骰子"属于小件商品，在发布时选择"小件运费模板"，在"物流参数"中输入宝贝重量，如图 5.109 所示。

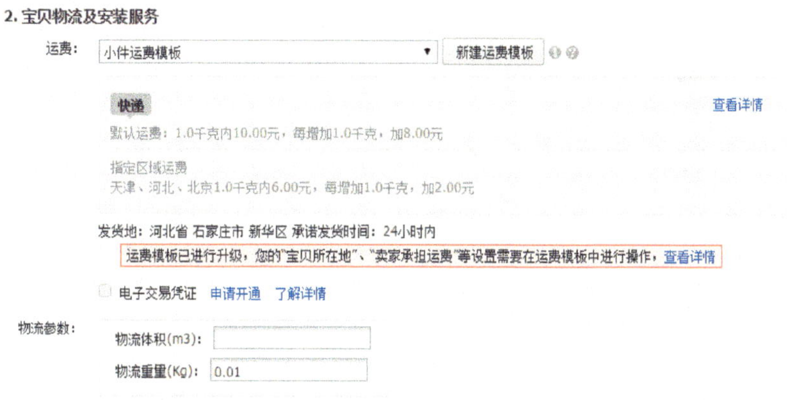

图 5.109　选择运费模板

### 8. 设置宝贝上架时间

电子商务实训店一共 260 件宝贝，数据魔方数据显示，工作日买家购物时间集中在白天 10:00～16:00、晚上 20:00～22:00，一共 8 小时，周末时间集中在白天 13:00～17:00，晚上 21:00～23:00，一共 6 小时，考虑到一方面周末购物人群减少，另一方面学生周末放假，因此采取前面讲的第二种方案上架宝贝，也就是将七天时间分权重，周一到周五采用一种上架方式，周末两天采用一种上架方式。将商品数量进行分配，其中周一到周五上架 260 件中 80%的商品，而周末则上架 20%的商品，也就是 260×80%=208 件，260×20%=52 件。因此，周一至周五：（8×5×60）/ 208=11.5 分钟/个，周六至周日：（6×2×60）/ 52=13.8 分钟/个，也就是说，在周一至周五，每天根据选好的时间段，每隔 11.5 分钟上架一个宝贝，在周末的时候每隔 13.8 分钟上架一个宝贝，后期再根据客流量多少进行调整。

宝贝"哭笑脸骰子"的上架时间设置如图 5.110 所示。

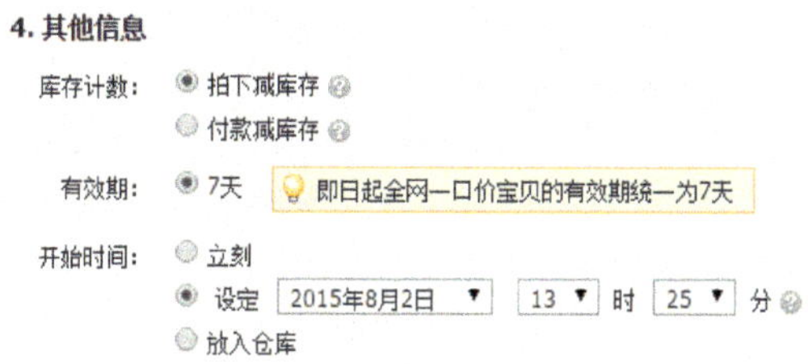

图 5.110　设置上架时间

### 9. 橱窗推荐

目前店铺橱窗推荐位有 30 个，将绝大部分橱窗位（28 个）分配给了即将下架的宝贝，如图 5.111 所示，比如今天是 2015 年 8 月 1 日，7 月 25 日上架的今天要下架，其余两个计划分配给店铺爆款宝贝和主推宝贝，爆款宝贝如图 5.112 所示，"哭笑脸骰子"这款宝贝价格实惠，宝贝特点有吸引力，因此上架时将它设置为橱窗推荐宝贝，如图 5.113 所示。

图 5.111　即将下架的宝贝

图 5.112　爆款宝贝

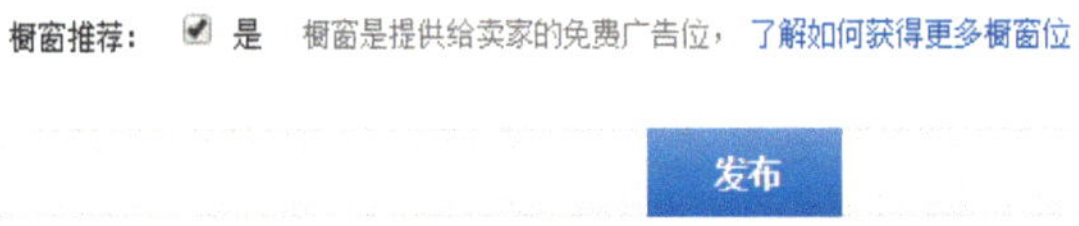

图 5.113　设置为橱窗推荐宝贝

最后单击"发布"按钮，完成宝贝的发布。

## 课后作业

### 一、选择题

1. 女士内衣/男士内衣/家居服类目下，商品类目放置正确的是（　　）。
   - A．将短裤放进中裤
   - B．将女士腰带放进腰带
   - C．将短袖 T 恤放进短袖衬衫
   - D．将黛安芬内衣放进肚兜

2. 国货精品手机类目发布商品不能出现的关键词是（　　）。
   - A．国产
   - B．仿机、高仿、1:1、山寨机
   - C．国货
   - D．台版、港版、韩版

3．女装/女士精品类目下，以下商品发布在正确的二三类目下的是（　　）。

    A．带帽套头卫衣发布在开衫下　　B．披肩发布在短外套下

    C．休闲女士中裤发布在七分裤下　　D．抹胸型礼服发布在一字肩下

4．以下属于乱用关键词的商品是（　　）。

    A．可媲美 LV 的真皮手袋

    B．【淘宝最低价】包身蓬蓬裙

    C．浙江-双超*豪华液压摇摆踏步机

    D．MISSHA 杏子去角质面膜 瘦身健美用品热销中

5．下列没有放错属性的商品是（　　）。

    A．商品为 40 元的帽子，放在价格区间为 10～100 元的属性下

    B．商品标价 50 元，选择属性为 1 元及以下属性

    C．商品是长袖，选择袖长为短袖

    D．商品不是纯棉材质，属性选择了 96%以上的棉

6．电脑硬件/台式整机/网络设备类目下，商品标题描述合理的是（　　）。

    A．HP、DELL、SONY 鼠标专卖

    B．罗技、双飞燕、微软鼠标低价出售

    C．雷柏、微软、爽手鼠标最低价出售

    D．高性能雷柏无线鼠标，游戏玩家专用

7．女装/女士精品类目下，商品标题没有乱用关键词，描述合理的是（　　）。

    A．女装精品*T 恤/衬衫/卫衣*卡通字母 T 恤

    B．ladifeshion 拉蒂菲 真丝 长袖 短袖 无袖 半透明

    C．时尚 5032 韩版非复古迪士尼可爱卡通动物头像修身短袖圆领 T 恤

    D．精美奢华亮钻刺绣无弹铅笔裤型小脚牛仔裤

8．下列商品中，价格与邮费不符合的是（　　）。

    A．商品是一件裘皮大衣，售价 13000 元，国内邮费设置为 100 元

    B．商品是一条女士内裤，售价 5 元，国内邮费设置为 30 元

    C．商品是美国代购的 DIOR 的裙子，售价 5000 元，发往国内的邮费设置为 50 元

    D．商品是一双靴子，卖家使用顺丰快递，由深圳发往杭州的运费是 20 元

二、判断题

1．发布包邮的商品，邮费必须为零，否则将会受到处罚。（　　）

2．动态评分会影响商品在淘宝搜索中的排名顺序。（　　）

3．一般来讲，一个优质的宝贝标题包含促销词、属性名词和热搜关键词。（　　）

4．商品在接近下架的时候是流量最低的时候，所以这时候需要抓紧时间上架新的产品。
（　　）

  5．在标题的优化中要迎合用户体验，按照客户的心理可以适当地夸大产品的功能，这样才能吸引客户，起到标题的作用。（　　）

# 第6章

# 网店管理及推广

## 学 习 篇

### 学习目标

- 掌握千牛接待中心聊天工具的设置技巧
- 了解网店日常管理工作
- 掌握网店日常管理技巧
- 了解店内必备促销活动
- 掌握店内促销活动设置方法
- 掌握分析网店数据的方法
- 掌握如何依据数据对宝贝进行优化调整

网店管理是网店运营中的常规工作，将常规管理工作做细致，不仅能体现网店的专业水平，同时也能够给宝贝赢取良好评价，为网店积累人气。

在这一章中主要讲解千牛接待中心聊天工具的细节设置，通过设置提高千牛接待中心回复效率，达到推广店铺活动及宝贝的作用。做好网店日常管理工作：宝贝管理、交易管理、评价管理、物流管理，通过日常管理工作的执行，细致到位的售后服务，使买家满意，提升网店信誉。添加店内必备促销活动，通过活动的设置，能够增加宝贝的价格魅力，能够让买家感觉买到实惠。关注网店访问及成交数据变化，为后期宝贝优化及调整做好准备。

## 学习任务 6.1　设置千牛接待中心做好推广

设置千牛接待中心
做好推广

千牛平台中的接待中心是卖家与买家在淘宝的即时通信工具，设置好它具有强大的推广作用。作为卖家和买家，任何买卖沟通尽量要通过千牛接待中心来完成，其中最重要的原因是，在交易过程中，一旦出现交易纠纷，千牛接待中心的聊天记录均可以作为举证材料提供给淘宝客服来处理。除此之外，对于卖家而言，千牛接待中心也是一个非常重要的推广工具。充分利用好千牛接待中心进行设置，会显示店铺的专业和实力，同时也能够对店铺起到很好的推广作用。

## 6.1.1　优化千牛接待中心名字

淘宝推出新规则，在淘宝搜索框中输入"@千牛接待中心名字"可以直接到达卖家店铺，如搜索@sjz2zzsx，单击"搜索"按钮会直接跳转到石家庄市第二职业中专学校电商实训店，如图 6.1～图 6.3 所示。

图 6.1　搜索@sjz2zzsx

图 6.2　石家庄市第二职业中专学校电商实训店首页

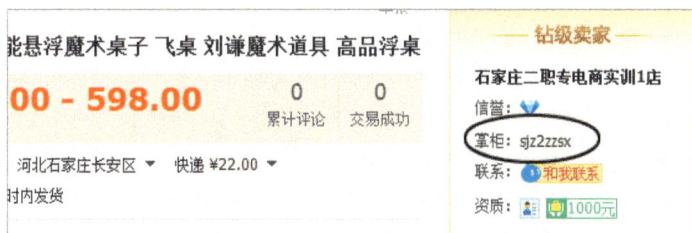

图 6.3　千牛接待中心名字是 sjz2zzsx

因此，起一个方便大家记忆的名字，可以给店铺带来更多的个性化流量。设置千牛接待中心首先要从名字来下手，在开始注册淘宝账号之前就应该想好名字，一旦注册则不能修改，下面介绍一下设置千牛接待中心名字的注意事项。

### 1. 通俗易懂、简单易记

首先，千牛接待中心名字要简单通俗、单纯明快。严禁使用生僻字，不然会影响买家口碑和传播，在淘宝做得好的、已经形成品牌的名字绝大部分都是非常简洁的。而且在命名时尽量使用中文汉字，毕竟客户群体基本都是自己国家的,用汉字名字更容易被人读懂和记住。

如图 6.4 所示是一个干果店铺，千牛接待中心名字定义成"核桃圣地"，很容易被人记住。

图 6.4　中文千牛接待中心名字

### 2. 有个性、有特点

千牛接待中心名字应该是很有特点的，让别人一看就觉得特别，这样可以增加买家的视线在千牛接待中心名字上停留的时间。

### 3. 与经营商品相关

千牛接待中心名字应该能够让买家一眼就看出店铺经营的商品性质，要能体现店铺的消费特征，包括经营项目和经营风格等方面。如果有自己的品牌，一定要去注册自己的品牌作为千牛接待中心名字，时刻注重树立品牌意识，如果没有品牌的话，名字就要体现商品类型或特点。如图 6.5 所示，左侧宝贝是用品牌命名的，同时还体现了店铺活动，右侧宝贝是用店铺经营的宝贝类型来命名的。

图 6.5　与商品相关的千牛接待中心命名

## 6.1.2　千牛接待中心个性设置

### 1. 设置千牛接待中心个性签名

千牛接待中心个性签名是淘宝卖家的"免费广告"，可以设置为店铺的相关活动，使买家一眼就能看到店铺的活动或经营理念，如图 6.6 所示。

图 6.6　买家看到的千牛接待中心个性签名

设置千牛接待中心个性签名的步骤如下。

① 登录千牛，单击右上角的 ⊙ 图标进入接待中心，单击接待中心左下角的"设置"按钮，再在下拉菜单中选择"系统设置"，如图 6.7 所示。

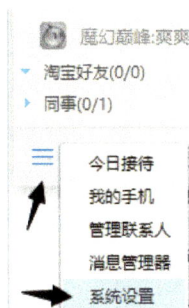

图 6.7  千牛接待中心个性签名设置

② 在"个性设置"里找到"个性签名"，单击"新增"按钮，如图 6.8 所示，在弹出的窗口内输入想要的文字，单击"保存"按钮后单击"应用"和"确定"按钮，如图 6.9 所示。

图 6.8  单击"新增"按钮

图 6.9  输入个性签名内容

### 2. 设置千牛接待中心头像

当买家通过千牛接待中心与卖家聊天时,能够看到卖家千牛接待中心的头像,如图6.10所示。可以将热销宝贝设置为千牛接待中心头像,也可以将店铺促销活动设置为千牛接待中心头像,都能够对店铺或宝贝起到很好的推广作用。

图6.10　卖家的千牛接待中心头像

设置千牛接待中心头像的方法如图6.11~图6.15所示,选择头像图片,图片不能超过10MB,最佳尺寸为120px×120px,支持JPG、JPEG、PNG、GIF格式的图片。

图6.11　单击箭头所指的头像

图6.12　单击会员名打开"我的资料"

图6.13　单击"选择文件"按钮选择头像图片

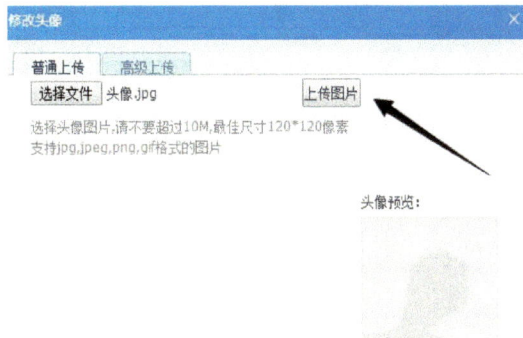

图 6.14　单击"上传图片"按钮

图 6.15　单击"保存"按钮，头像添加完毕

### 6.1.3　自动回复和快捷短语

#### 1. 设置自动回复

千牛接待中心的在线状态分为"在线"、"忙碌"、"离开"、"隐身"等状态，如图 6.16 所示，一般卖家主要用到的是"在线"状态。当不在计算机前的时候，一定要将千牛接待中心设置为"离开"的状态，同时设置好千牛接待中心的自动回复内容，说明一下不在的原因，表示出对买家的尊重和礼貌。如果离开的时间过长，就需要说明一下回来的时间，不要让买家空等，在自动回复中，可以委婉地推广一下自己的宝贝。设置自动回复的方法如图 6.17～图 6.19 所示，首先单击千牛接待中心界面底部的"系统设置"按钮，在弹出的界面中选择"客服设置"中的"自动回复设置"，勾选"当我的状态为'离开'时自动回复"，接着单击"新增"按钮（本例已添加，可以单击"修改"按钮），在弹出的对话框中输入自动回复的内容即可。

图 6.16　千牛接待中心的在线状态

图 6.17　单击"系统设置"按钮

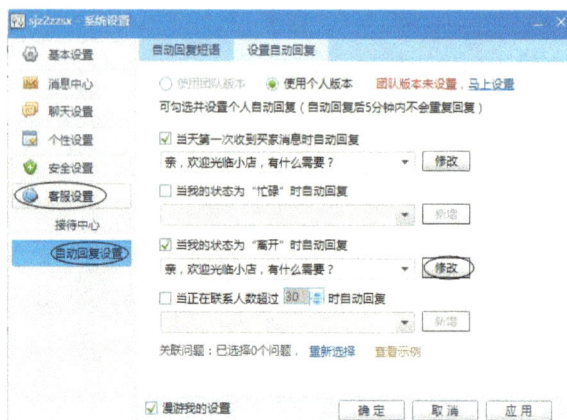

图 6.18　选中"离开"时自动回复

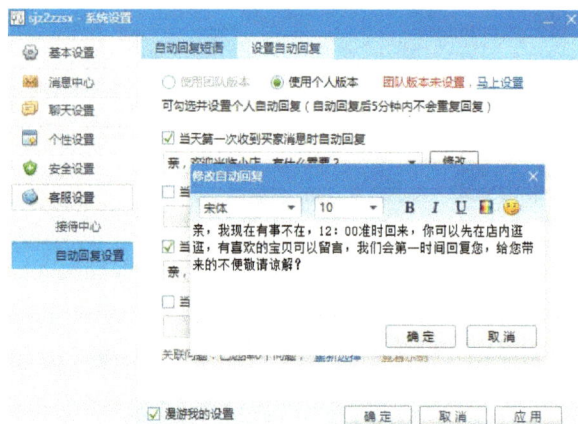

图 6.19　添加自动回复内容

## 2．设置快捷短语

快捷短语是千牛接待中心的一个快速回复功能，它的主要作用如下。

（1）通过快捷回复提升了客服的响应速度。在淘宝的众多排名因素中，客服的响应速度是影响宝贝排名的因素之一，快速的回复反映了一个店铺的服务质量和专业程度，能够提高交易效率。

（2）提高卖家工作效率。在众多买家的问题咨询中，有大量重复性的问题，如宝贝的售后、物流等，对这些重复的问题设置快捷回复，能够提高卖家工作效率，而且在预设快捷回复内容时，可以将其设置得温馨一些，提升买家满意度。

（3）利用快捷短语推广宝贝。可以在快捷短语中编辑一些店铺商品的推广信息，在与买家聊天的时候发出去。和买家沟通时可以充分利用千牛接待中心的这个功能，推广的信息要长短适中，便于买家的阅读和理解。设置一条快捷短语后，可以为该短语设置一个买家问题以便买家询问时机器人可以给出智能短语推荐，快捷编码可以让客服在遇到买家咨询时输入"/"触发快捷短语搜索，借助回车键选择做到快速做答。分组是为了让短语更好地被查找到。

设置快捷短语的方法如图 6.20～图 6.22 所示。

图 6.20　单击聊天窗口中的"快捷短语"和"新建"按钮

图 6.21　设置快捷短语、快捷编码、买家问题及分组

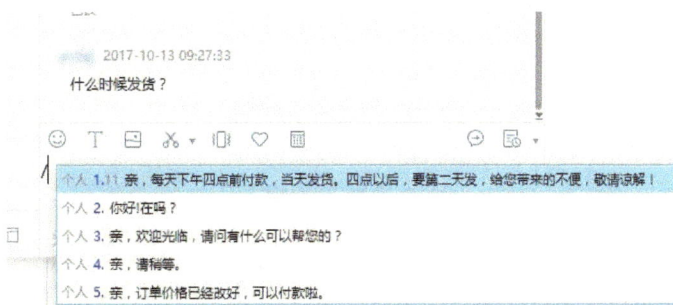

图 6.22　快捷短语使用"/"触发

### 6.1.4 管理联系人信息

作为卖家要善于积累，老顾客资料的积累就是一项非常重要的工作。不管是已经下过单的顾客，还是曾经对某件宝贝感兴趣咨询过的顾客，都要将其添加为好友，并且对顾客情况做好备注。

这样做的好处主要有以下两个。

（1）当交易出现问题时，能够快速回忆顾客购买宝贝情况，从而提高处理问题的效率。例如，有顾客几天之前就咨询过某宝贝，但因为价格原因没有下单，这个时候可以对客户进行备注，几天之后顾客再次咨询，根据顾客备注信息，能够很快分析出顾客的购买心理状态，从而快速给予顾客有针对性的回复，促成订单生成。

（2）对新品或店铺活动向老顾客推广。老顾客由于购买过宝贝，因此对店铺的信任度要比新顾客高许多，因此积累老顾客或有购买意向的顾客资料，对卖家来说是一笔非常珍贵的财富。当店铺有新品上架或重要促销活动时，可以适时适量地向老顾客发信息，往往会有不错的推广效果。而且对于宝贝排名来说，顾客回访率是影响宝贝排名的一个重要因素。

将买家添加到好友，并且进行备注的具体方法如图 6.23～图 6.25 所示。

图 6.23　右击联系人，选择"加为好友"

图 6.24　备注买家信息并选择分组

图 6.25　备注有购买意向的买家

## 学习任务 6.2　做好网店日常管理工作

### 6.2.1　宝贝管理

宝贝管理

宝贝管理是网店日常管理中一项常规的、重要性的工作，进入"卖家中心"，在其左侧可以看到"宝贝管理"，其中"出售中的宝贝"是最常用的功能，如图 6.26 所示。

图 6.26　出售中的宝贝

单击"出售中的宝贝"后，右侧就会显示出店铺所有上架的宝贝，以及管理宝贝的功能按钮，如图 6.27 所示。

图 6.27　"出售中的宝贝"功能

#### 1. 基本设置

（1）删除宝贝。如果店铺不再出售某个宝贝了，可以将其删除。删除的方法很简单，选中要删除的宝贝，然后单击"删除"按钮就完成了，如图 6.28 所示。要注意，宝贝一旦被删除，就没有办法再恢复了，因此执行删除时一定要谨慎操作。

图 6.28　删除宝贝

（2）下架宝贝。当宝贝库存缺货或者由于季节原因暂时停止出售时，可以先将宝贝下架，选中要下架的宝贝，然后单击"下架"按钮就完成了，如图 6.29 所示。下架的宝贝被放入仓库，等宝贝可以出售时，可以将其重新上架，如图 6.30 所示。

图 6.29　下架宝贝

图 6.30　将下架宝贝放入仓库

（3）编辑宝贝。由于宝贝库存、宝贝描述等的变化，或者卖家想修改标题，以加入最新的热搜关键词，这时需要对已经上架的宝贝进行编辑。编辑宝贝的方法是，首先单击"出售中的宝贝"，找到要修改的宝贝，单击其右侧的"编辑宝贝"即可，如图 6.31 所示。

图 6.31　单击"编辑宝贝"

然后进入宝贝编辑界面，如图 6.32 所示，在这个界面里可以对宝贝的各个属性进行修改，如宝贝库存、价格、标题、描述等。

图 6.32　宝贝编辑界面

### 2. 其他设置

在"出售中的宝贝"中除了可以对上架的宝贝进行删除、下架、橱窗推荐设置、编辑宝贝外，淘宝还给宝贝提供了一些其他设置功能，如设置淘宝 VIP、设置评价有礼、设置公益宝贝，通过这些功能设置，增加宝贝吸引力、顾客回访率及宝贝好评率。

（1）设置淘宝 VIP。设置淘宝 VIP 价格是一种宝贝促销的手段，是针对不同的淘宝会员等级来设置的，它可以鼓励更多感兴趣的淘宝会员买家去消费。设置淘宝 VIP，可以帮助店铺稳定老顾客、增加搜索量，对销量的增加有好处，因为不同的 VIP 级别拍下的价格不一样，给顾客的总体感觉是划算的。

设置淘宝 VIP 的方法如下。

① 进入"卖家中心"→"出售中的宝贝"，选择商品后单击"设置淘宝 VIP"按钮，如图 6.33 所示。

图 6.33　单击"设置淘宝 VIP"按钮

② 单击"设置淘宝 VIP"按钮后，会出现如图 6.34 所示的页面，可以选择左侧的关键词后单击"筛选"按钮，再挑出宝贝设置 VIP 价格，也可以单击"收起"按钮针对上一步勾选的宝贝进行设置。

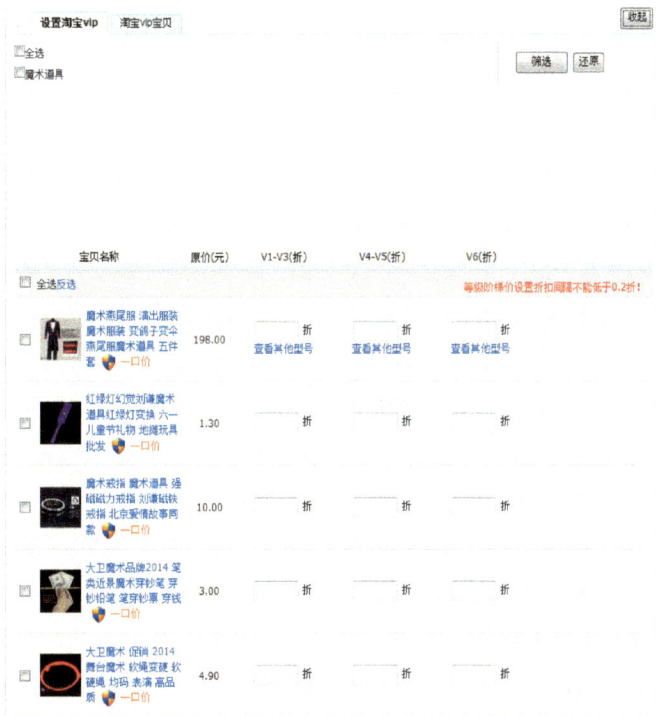

图 6.34　"淘宝 VIP 宝贝"界面

③ 设置淘宝 VIP 价格，支持 VIP 价格会分为三等：V1-V3（折），V4-V5（折），V6（折）。注意，各等级之间折扣差不能低于 0.2 折，如图 6.35 所示。

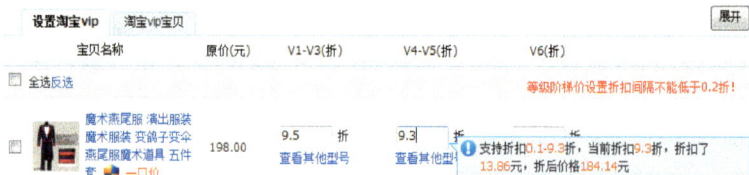

图 6.35　设置淘宝 VIP 折扣价

④ 价格填写完毕后，将页面拉到下方后单击"参加"按钮，如图 6.36 所示。

图 6.36　单击"参加"按钮

⑤ 设置了淘宝 VIP 的宝贝在价格处会显示出来，如图 6.37 所示。

图 6.37　设置了淘宝 VIP 的宝贝

（2）设置评论有礼。设置评论有礼活动，在很大程度上能够提升店铺的好评率及信誉，这是一个留住老顾客、增加好评的好办法。

设置评论有礼的方法如下。

① 进入"卖家中心"→"出售中的宝贝"，选择商品后单击"设置评论有礼"按钮，如图 6.38 所示。

图 6.38　单击"设置评论有礼"按钮

② 进入"创建活动"页面，直接单击"下一步，设置活动"按钮，如图 6.39 所示。

③ 设置活动名称、活动类型、活动截止时间、奖励方式等，如图 6.40 所示。

图 6.39　"创建活动"页面

图 6.40　设置活动内容

④ 成功完成评论有礼的活动设置，如图 6.41 所示。

（3）设置公益宝贝。公益宝贝是淘宝卖家直接参与公益的一个重要工具，卖家在上架宝贝的时候自愿参与公益宝贝计划并设置一定的捐赠比例，在宝贝成交之后，会捐赠一定数目的金额给指定的公益项目，用于相关公益事业。加入公益宝贝后，不仅做了一件慈善活动，提升了买家对于卖家公益行为的感知度和认可度，对卖家的商品转化率也是有一定好处的。如图 6.42 所示为参加了公益项目的宝贝。

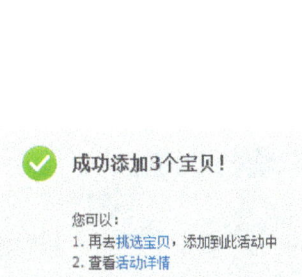

图 6.41　完成活动设置

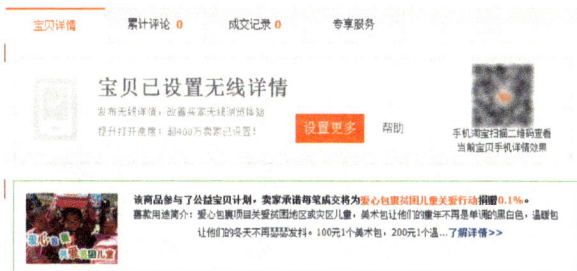

图 6.42　公益宝贝

设置公益宝贝的方法如下。

① 选中宝贝，单击"设置公益宝贝"按钮，如图 6.43 所示。

图 6.43　单击"设置公益宝贝"按钮

② 认真阅读公益捐赠协议，选中"我同意上述承诺书之内容，并愿意参加公益捐赠活动"，选择公益筹款类型，设置捐款方式及捐赠比例，如图 6.44 所示。

图 6.44　设置公益活动

③ 完成公益宝贝的设置，如图 6.45 所示。

图 6.45　完成设置

## 6.2.2　交易管理

交易管理

当店铺有了订单以后，就会涉及交易的管理，交易是由买家和卖家共同完成的，当买家在交易过程中遇到问题时，卖家要及时给予帮助与指导，这也往往是体现卖家服务的热心度和专业度的时刻。

单击"卖家中心"→"交易管理"中的"已卖出的宝贝"按钮，可以看到当地店铺订单的交易情况，如图 6.46 所示。

图 6.46　已卖出的宝贝

## 1. 等待买家付款

买家在提交了订单，但没有确认付款之前，交易会显示"等待买家付款"状态，一般来说这种状态可能的原因有以下两种。

（1）买家个人原因。可能是下错了单不想买了，也可能是卡里没有钱，存完钱后再来付款。这种情况下，卖家不要单击"关闭交易"按钮，可以向买家询问，这时一定要注意说话的语气。例如，"亲，打扰您了，看见您在本店下了一个单，温馨提示您，15:00 之前的单我们当天发货，之后的要第二天发货，如果着急的话，麻烦您方便时付一下款，谢谢！"通过技巧性的询问督促买家付款，促进交易的完成。

（2）买卖双方协议修改价格。在购买过程中，有时候会遇到讨价还价的买家，如果双方达成协议，这时候就要对现有价格进行修改，而修改价格要在"等待买家付款"的状态下完成。修改价格的方法是，单击"修改价格"按钮，在弹出的界面中，设置价格的折扣，或者可以直接输入优惠的价格，当然也可以进行邮费的设置或直接免邮费，完成后单击"确定"按钮就可以了，如图 6.47 和图 6.48 所示。

图 6.47　单击"修改价格"按钮

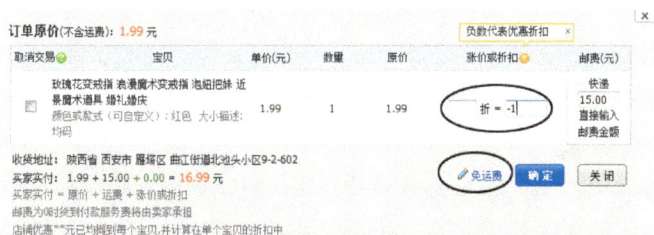

图 6.48　设置价格

## 2. 买家已付款

买家付款完成后，显示"买家已付款"状态，如图 6.49 所示，这时要跟买家再次确认一下商品的颜色和型号，同时确认买家收货地址，都核对无误后，就可以发货了。单击"发货"按钮，在弹出的界面下方第三步选择物流服务，单击"自己联系物流"选项，然后选择物流公司，并输入相应的物流单号，单击"确认"按钮即可，如图 6.50 所示。

图 6.49　买家已付款

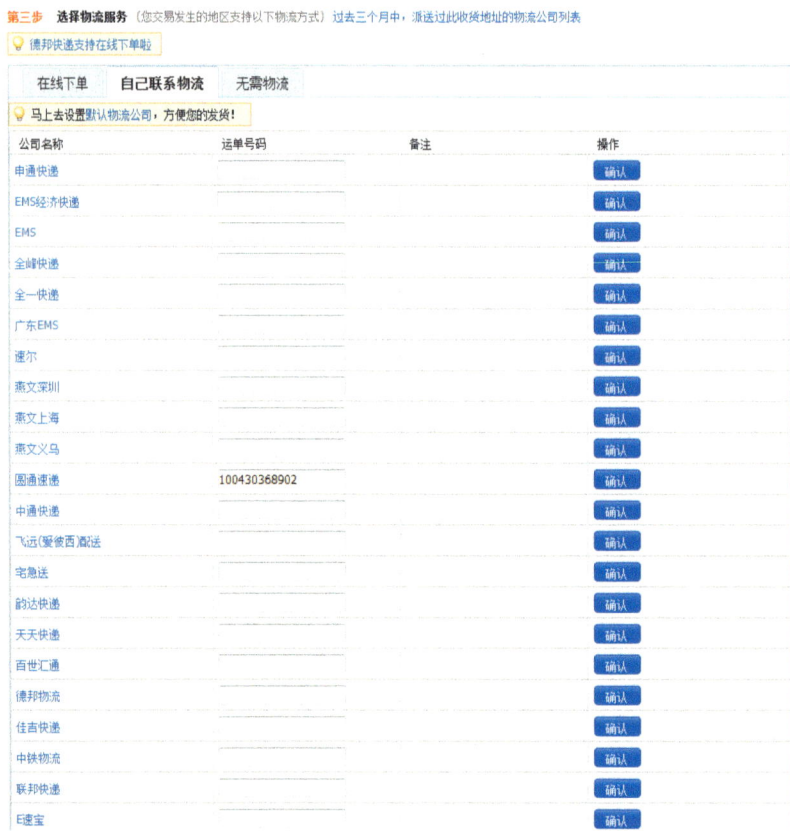

图 6.50　选择物流服务

## 3. 卖家已发货

发货完成后，交易显示"卖家已发货"状态，此时可以将发货的信息发送给买家（买家单击"查看物流"按钮后就可查看），体现店铺服务专业度。同时要时刻关注订单的物流信息，如图 6.51 和图 6.52 所示，发现物流出现问题时，例如物流过慢、疑难扫描件时，要及时与快递公司沟通并进行跟踪，把跟踪情况汇报给买家，这对于宝贝的评价和店铺信誉度提升是很有帮助的。

图 6.51　单击"查看物流"按钮

图 6.52　订单物流信息

### 4. 交易成功

当买家收到货，并单击"确认"按钮收货后，这时候钱会打入卖家账号，同时订单显示"交易成功"状态，如图 6.53 所示，这时候可以进入买卖互评阶段。

图 6.53　交易成功

### 5. 退款交易

一般出现退款的情况有两种：一种是买家付款，但卖家还没有发货，买家突然不想要了或者卖家没有货了，买家可以提出退款申请，卖家可以向买家询问相关原因，达成协议后进行退款申请的处理。还有一种情况是买家收到货后，由于商品质量问题或买家个人原因不想要了，提出退款申请，此时卖家要及时联系买家，问明原因，再进行退款申请的处理。这里要注意，宝贝的退款率对宝贝排名影响很大，卖家对此一定要高度重视，及时关注店铺退款率问题的宝贝，采取相关措施，如无货商品及时下架、缺货商品控制发货周期、检查出货商品质量等。

### 6.2.3 评价管理

评价管理

买家收到货并确认没有问题时单击"确认"按钮收货，这个时候就进入了对宝贝评价的阶段了，如图 6.54 所示，买家此时的操作也是卖家非常关注的，买家的评价决定了宝贝的好评率，这不仅会影响其他买家的下单，同时也会影响宝贝排名和店铺的信誉，淘宝规定，一个好评加一分，中评不计分，差评减一分。

图 6.54 买家评价

单击"卖家中心"→"交易管理"中的"已卖出的宝贝"按钮，然后查看"需要评价"中的订单，如图 6.55 所示。此时就可以对未评价的订单给予评价了。

图 6.55 评价买家

店铺的信誉是依靠买家评价逐步积累起来的，是与店铺命运息息相关的，作为卖家要充分重视买家评价，这是店铺长久生存之计。为赢取好评，可以从以下几方面着手。

（1）事先做好准备工作，为赢取好评打下良好基础。卖家可以给宝贝设置好评有好礼或好评返现活动，如图 6.56 所示。通过活动的设置，能够激励买家进行评价。

图 6.56　好评返现

（2）如果买家给了中评或差评，卖家一定要及时与买家沟通。给了中评或差评后，双方互评后需要等待 30 分钟才能看到已评价过的宝贝，暂时只有买家和卖家可以看到，要 48 小时后才会生效并在全网显示，卖家要充分利用这一段滞后时间，及时与买家沟通，如果属于商品质量问题要及时给买家办理退货或补偿，并指导买家修改评价，为了方便买家操作，可以直接把修改评价的链接发送给买家，方法如下：进入"卖家中心"，单击"评价管理"按钮，然后单击"给他人的评价"按钮，如图 6.57 所示，复制浏览器地址栏的链接发给买家就可以了，如图 6.58 所示。

图 6.57　单击"给他人的评价"按钮

图 6.58　复制链接

（3）如果遇到恶意中差评，无法修改，那么卖家可以对中差评进行解释，以便在最大程度上进行弥补，单击"卖家中心"中的"评价管理"后，能够看到所有评价后面都有一个"回复"按钮（见图6.59），可以供卖家回复解释。卖家要以一个正面态度对宝贝质量、店铺服务进行解释，切忌对买家进行人身攻击、恶语中伤，起到反作用。

图6.59 单击"回复"按钮

## 6.2.4 物流管理

物流管理

物流管理水平的高低直接反映了网店的售后服务专业度，选择什么样的快递，进行什么样的商品包装，都是卖家需要特别注意的问题。

### 1. 快递选择

开网店要选择一个好的快递公司，如果选的快递公司不好，会影响店铺的声誉。在选择快递公司时要注意以下几方面的问题。

（1）考虑成本问题。对于新店或者价格低的商品，快递费用是一笔不小的开销，可以咨询距离近一些的网点，跟他们进行价格洽谈，然后根据自己店铺或商品情况进行衡量，初步定下几个合作的快递网点。

（2）考虑效率问题。买家对宝贝进行评价时，有一项重要的评价指标——发货速度，有时候可能卖家很及时地单击了"发货"，但由于快递速度问题，宝贝耽误了很多天才被送达，导致买家一气之下给了差评，得不偿失。因此选择快递时，效率是非常重要的一项考核指标。可以根据平时自己的购物体验，参考快递的口碑，结合快递成本，进一步对快递进行筛选。

（3）考虑快递的派送范围。要根据店铺宝贝所面向的客户群体，进而考虑快递是否能够针对客户进行派送。例如，如果买家都是同城本区域的客户，那么可以选择本区域的一些快递，价格会比较优惠；如果很多买家是乡村区域的，要考虑到很多快递是不派送的，这时就要考虑采用邮政快递了。

（4）考虑服务质量。有时候快递服务态度的好坏同样会影响买家对卖家的评价，要想得到买家的认可，快递的服务质量也是不可忽略的。

总之，卖家一定要多试用几家快递物流公司，多打几次交道，这样才能够了解哪家快递公司的服务好，效率高，价格便宜，而且往往店铺会同时采用几家快递公司，如顺丰、申通、邮政等，遇到不同的客户就采用不同的快递，这样才能够在获取利润的同时，将店铺的信誉也经营好。

### 2. 品质包装

精致的包装不仅能保证宝贝被完好地送到买家手中，同时也是宝贝身份的象征，是店铺经营理念的传达，那么商品包装应该注意哪些问题呢？

（1）包装要注意防震。众所周知，快递员每天要配送大量的订单，工作量大，因此不要期望订单被"温柔"对待。对于一些易破损商品，一方面可以事先与快递公司进行沟通，另一方面就是在包装上下功夫了，防震包装就是最佳选择。防震包装又称缓冲包装，是指为减缓内装物受到冲击和震动，保护其免受损坏所采取的一定防护措施的包装，例如在商品周围加塑料泡沫、塞纸团等，这样的包装不仅能保护商品，也能够让买家感受到卖家的良苦用心，提升对店铺的好感。

（2）要注意防损、防皱。对于一些服装类、书籍类商品，虽然不怕震，但经过路途运输后，容易出现褶皱、损坏的现象，会影响商品品质。对于这样的商品，也可以特殊包装处理一下，例如在衣服中间加纸板避免褶皱产生，对于书籍可以用塑料袋密封包装，保证书籍平整等。

（3）专业的包装盒或包装袋。包装能够反映一个商品的品质，精致、华丽的包装能够提升商品的档次，如果卖家能够用自身品牌的包装盒或包装袋对商品进行包装，则更能彰显店铺的实力，对店铺也能起到一个很好的推广作用。

（4）注重情感的传达。在包装时放入一些小礼品，如一张好评返现卡（见图 6.60）、一封情意浓浓的书信（见图 6.61）等，对于买家来说，无疑都是惊喜，并在获取好评的同时，也能传达店铺的经营理念，和买家结下友谊，这些买家也会成为店铺忠实的老顾客。

图 6.60  5 分好评卡

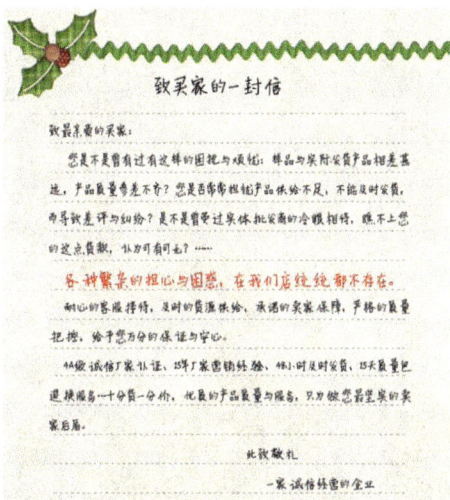

图 6.61  给买家的一封信

# 学习任务 6.3　添加店内必备促销活动

在逛淘宝店时，买家经常会被宝贝的各种促销活动所吸引，不可否认，网店促销活动不仅给宝贝带来了吸引力，促进了宝贝的销量，同时也能体现店铺运作的专业度。作为中小卖家，给店铺添加一些促销活动，对于店铺的人气和销量来说，无疑都会带来巨大的提升效果。下面列举几个常用的店内必备促销活动。

## 6.3.1　限时折扣

限时折扣

在淘宝网的宝贝综合排序中，有一个"折扣促销"选项供买家勾选，如果买家勾选了该项，那么仅仅搜索参加了折扣促销的宝贝，可大大提高参加折扣促销商品的曝光率，如图 6.62 所示。折扣促销由于给消费者以明显的价格优惠，可以有效地提高商品的市场竞争力，争取消费者，创造出良好的市场销售态势。如图 6.63 所示，原价卖 29.9 元的宝贝，折扣价只有 12.9 元，再加上宝贝包邮活动，显然大大提高了宝贝价格的竞争力，从交易成功数量和累计评论数可以证实这一点。

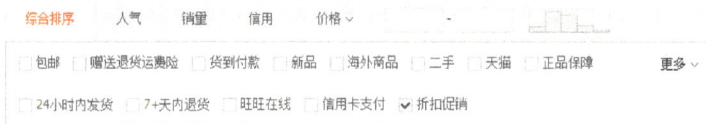

图 6.62　勾选"折扣促销"选项

网店创建限时折扣活动的方法如下。

① 进入"卖家中心"，单击左侧"营销中心"中的"促销管理"选项，如图 6.64 所示。

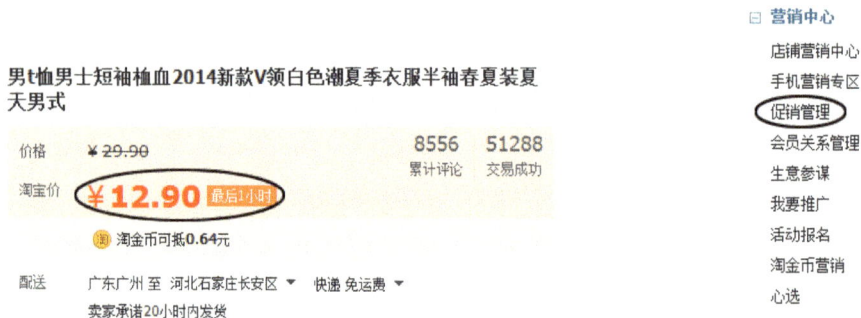

图 6.63　限时折扣活动　　　　　　　图 6.64　单击"促销管理"选项

② 进入"商家营销中心"，单击"优惠活动"选项，然后选择其中的"限时打折"选项，如图 6.65 所示。

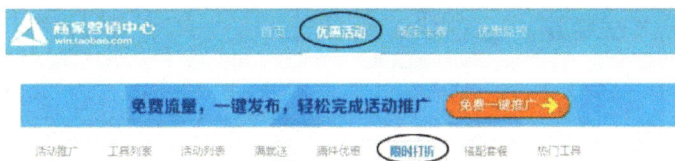

图 6.65　单击"限时打折"选项

③ 单击"限时打折"中的"创建活动"按钮，如图 6.66 所示。

图 6.66　单击"创建活动"按钮

④ 进行第一步相关设置，输入活动名称，并设置促销时段，如图 6.67 所示。

图 6.67　设置活动名称和促销时段

⑤ 进行第二步相关设置，单击准备参加折扣促销的宝贝右侧的"参加打折"按钮，如图 6.68 所示。

图 6.68　选择参加折扣促销的宝贝

⑥ 进行第三步相关设置，设置限时折扣数及每人限购数，完成限时折扣活动的设置，如图 6.69 所示。

图 6.69　设置限时折扣数及每人限购数

⑦ 设置完宝贝限时折扣活动后，在宝贝详情页会出现活动时间提示信息，如图 6.70 所示。

图 6.70　设置了限时折扣的宝贝

## 6.3.2　满就送

满就送

满就送是淘宝官方营销工具之一，是卖家的一种促销手段，主要有满就减现金、满就送礼品、满就免邮、满就送优惠券、满就换购商品、满就送音乐礼包、满就送流量、满就送淘宝电影代金券等。当卖家使用满就送工具时，促销广告会在每个宝贝的详情页面都显示出来，促使买家购买，如图 6.71 所示。

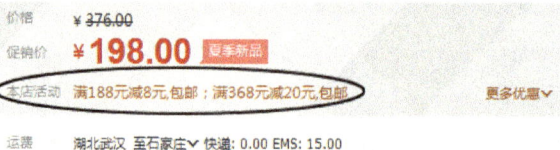

图 6.71　满就送活动展示

网店创建满就送活动的方法如下。

① 进入"卖家中心"，单击左侧"营销中心"中的"促销管理"选项，进入"商家营销中心"，单击"优惠活动"选项，然后选择其中的"满就送"选项，如图 6.72 所示。

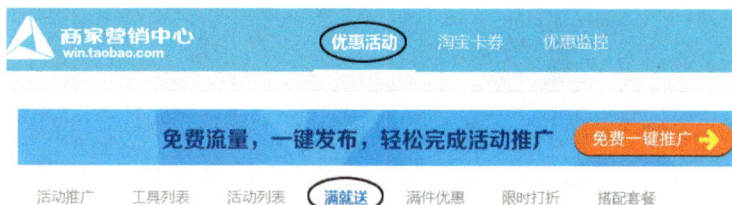

图 6.72　选择"满就送"选项

② 在当前界面下半部分进行满就送的相关设置，输入活动名称、活动时间、优惠条件，选择优惠方式、优惠内容，如图 6.73 所示，完成活动的创建。

图 6.73　创建满就送优惠活动

③ 设置完满就送活动后，在宝贝详情页上方会出现活动提示信息，如图 6.74 所示。

图 6.74　宝贝详情页显示满就送活动

注意：优惠方式可以选择"多级优惠"，这样可以设置多级优惠活动，方便买家购买时选择，例如活动内容为满 69 元免邮，满 99 元免邮并赠送棉袜一双，设置内容如图 6.75 所示。

图 6.75 "多级优惠"设置

### 6.3.3 搭配套餐

搭配套餐

搭配套餐是将几种商品组合在一起设置成套餐来销售,让买家一次性购买更多的商品,提升店铺销售业绩,提高店铺购买转化率,提升销售笔数,增加商品曝光力度。巧妙设置搭配,不仅能够提高买家购买数量,同时也能够在买家购买时提供一些好的搭配建议,提升买家的购物体验,如图 6.76 所示。

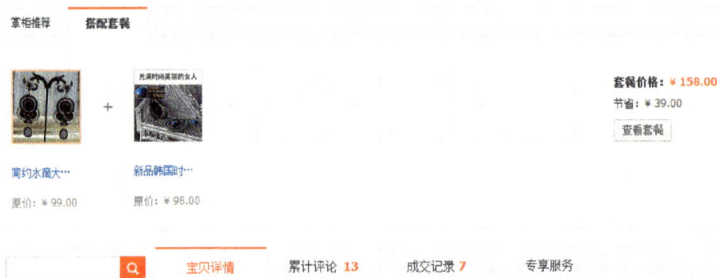

图 6.76 搭配套餐活动展示

网店创建搭配套餐活动的方法如下。

① 进入"卖家中心",单击左侧"营销中心"中的"促销管理"选项,进入"商家营销中心",单击"优惠活动"选项,然后选择其中的"搭配套餐"选项,如图 6.77 所示。

图 6.77　选择"搭配套餐"选项

②　在当前界面下半部分进行搭配套餐活动的相关设置,输入套餐标题,选择搭配宝贝,输入套餐描述, 设置物流信息等, 完成活动的创建, 如图 6.78 所示。

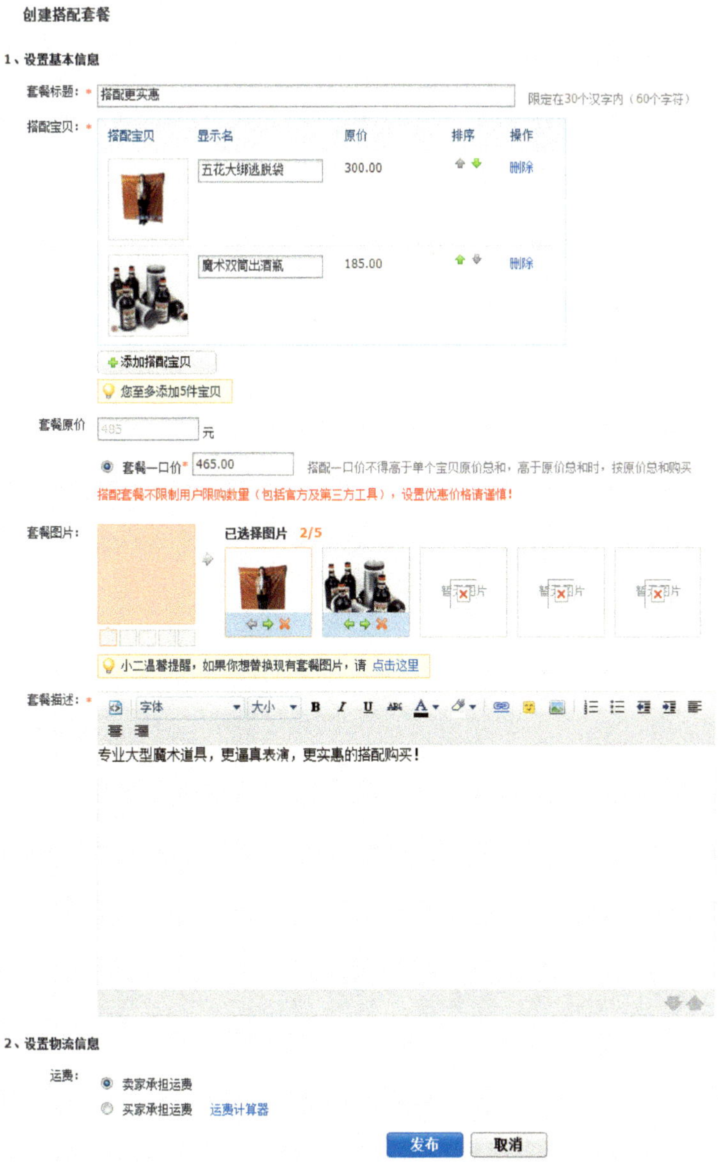

图 6.78　创建搭配套餐优惠活动

③ 设置完宝贝搭配套餐活动，在宝贝详情页上方会出现活动提示信息，如图 6.79 所示。单击所需套餐即可进入搭配套餐购买页面，如图 6.80 所示。

图 6.79　宝贝详情页显示搭配套餐活动

图 6.80　搭配套餐购买页面

注意：宝贝可以与多个其他宝贝搭配，从而形成多个搭配购买组合，给买家更多搭配购买选择，如图 6.81 所示，通过单击右侧的方向箭头，可以查看当前宝贝不同的搭配套餐情况。

图 6.81　搭配多个套餐

## 6.3.4　淘金币抵钱

淘金币是淘宝官方的一种营销工具，是目前淘宝上非常流行的购物抵钱模式，对于买家及卖家而言都有各自的好处。对于买家来说，淘金币相当于一张优惠券，在购物时可以充当部分现金，让买家感受到购物的实惠。对于卖家来说，淘金币是一种营销推广手段，可以运用从买家手中赚过来的淘金币进行店铺收藏、宝贝优惠等营销。如图 6.82 所示为添

加了淘金币抵钱活动的宝贝。

网店创建淘金币抵钱活动的方法如下。

① 进入"卖家中心"，单击左侧"营销中心"中的"淘金币营销"选项，如图 6.83 所示。

图 6.82　添加了淘金币抵钱活动的宝贝　　　　图 6.83　选择"淘金币营销"选项

② 进入淘金币活动界面，界面的下方是"正在进行的工具"，列出了卖家可以参与的相关淘金币活动，如图 6.84 所示。下面以淘金币抵钱活动为例，讲述活动创建过程。单击"立即运行活动"按钮。

图 6.84　淘金币的相关活动

③ 进入淘金币抵钱活动设置页面，设置淘金币最高可抵扣比例及活动时间，最低可设 1%，最高可设 99%，设置比例必须为整数，如图 6.85 所示。单击"同意开通"按钮。

## 淘金币抵钱

* 请设置全店支持淘金币抵钱的有效时间，设置的时间越长，赚取的淘金币越多，获得卖家现的机会越大。
* 开通后**全店商品**支持买家使用淘金币抵扣现金
* 请注意:活动设置成功后，无法修改活动设置。如需调整，需终止活动后重新设置活动
* 你可设置单笔订单最高可使用淘金币抵扣的比例。**最低可设1%，最高可设99%。设置比例必须为整数。**
* 开通全店活动后，可以继续对单品设置不同的抵扣比例。

最高可抵扣比例：－ 10 ％ ＋

活动时间：

◉ 3个月

◎ 6个月

◎ 12个月

◎ 自定义：

同意开通

图 6.85　设置淘金币最高可抵扣比例及活动时间

④ 完成淘金币抵钱活动的设置后，如图 6.86 所示，可以对单个宝贝设置淘金币抵钱比例，然后单击"添加单品"按钮。

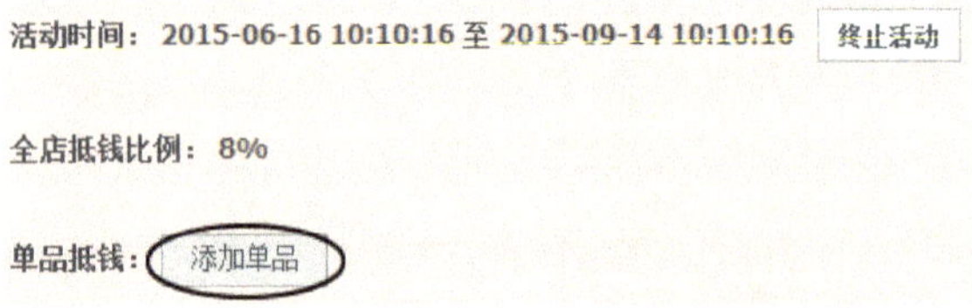

活动时间：2015-06-16 10:10:16 至 2015-09-14 10:10:16　终止活动

全店抵钱比例：8%

单品抵钱：　添加单品

图 6.86　设置单品淘金币比例

⑤ 进入单品淘金币设置界面，在"添加单品"文本框中输入单品链接地址，然后输入单品的折扣比例，最后单击"确定添加"按钮，完成单品淘金币折扣设置，如图 6.87 所示。

添加单品：　　　　　　　　　　　　　　　　　　×

http://item.taobao.com/item.htm?spm=686.1000925.0.0.WzgNdP&id=20249446572

正品特价2014大卫魔术 花类舞台魔术 新版天女散花 女魔术师 表演

请设置单品抵扣比例　－ 6 ％ ＋

设置单品玩法　　　☐ 不支持抵扣

确定添加

图 6.87　设置单品淘金币折扣

⑥ 设置完宝贝淘金币抵钱活动后，在宝贝价格处会出现淘金币抵钱促销信息，如图 6.88 所示。

## 6.3.5 优惠券

优惠券

淘宝优惠券是淘宝卖家的一种营销工具，买家通过领取优惠券，下单时可以用优惠券抵销部分现金，因此优惠券的使用能够让买家感觉到购物实惠，从而促使买家下单，提高转化率。如图 6.89 所示为宝贝详情页展示的优惠券抵钱购物活动，单击优惠券后，进入店铺领券活动页面。

图 6.88 设置了淘金币抵钱活动的宝贝

图 6.89 优惠券抵钱购物活动

网店创建优惠券活动的方法如下。

① 进入"卖家中心"，单击左侧"营销中心"中的"促销管理"选项，进入"商家营销中心"，单击"淘宝卡券"选项，如图 6.90 所示。

图 6.90 单击"淘宝卡券"选项

② 在页面下方出现三种优惠券活动：店铺优惠券、商品优惠券、包邮券。下面以店铺优惠券为例讲述优惠券活动的创建方法，单击"立即创建"按钮，如图 6.91 所示。

图 6.91 单击"立即创建"按钮

③ 进入"店铺优惠券"设置页面，输入优惠券名称，选择使用位置、面额，输入使用条件、有效时间、发行量等信息，完成后单击"保存"按钮，如图 6.92 所示。

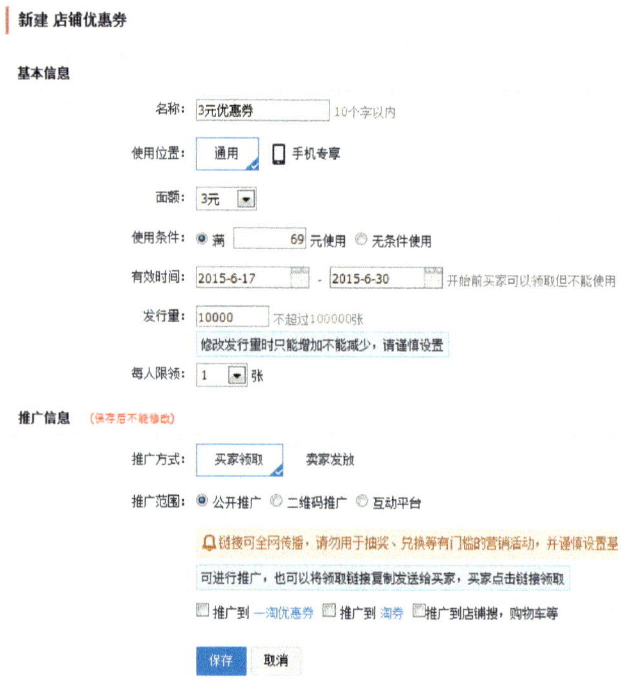

图 6.92　填写优惠券活动信息

④ 进入"卡券管理"页面，可以看到刚才创建的优惠券信息，如图 6.93 所示。

图 6.93　优惠券信息

⑤ 采用同样的方法，可以继续添加其他优惠券信息，完成后效果如图 6.94 所示。单击"复制链接"命令，将三种优惠券的链接地址复制保存，以便后期使用。

图 6.94　创建多个优惠券信息

⑥ 接下来为宝贝详情页面设置优惠券，单击"出售中的宝贝"，进入宝贝编辑页面，在宝贝描述的最上方插入事先制作好的优惠券，如图 6.95 所示。

图 6.95　插入优惠券图片

⑦　选中 3 元优惠券，然后单击"插入链接"按钮，如图 6.96 所示。

图 6.96　单击"插入链接"按钮

⑧　在弹出的"链接"界面中输入前面保存下来的 3 元优惠券的链接地址，如图 6.97 所示，单击"确定"按钮即可。采用同样的方法可添加 5 元优惠券、10 元优惠券的链接地址。

图 6.97　输入优惠券链接地址

⑨　完成后在宝贝详情页面可以看到刚才添加的优惠券，如图 6.98 所示。例如，单击 3 元优惠券，可进入优惠券领取界面，如图 6.99 所示。

图 6.98　宝贝详情页优惠券

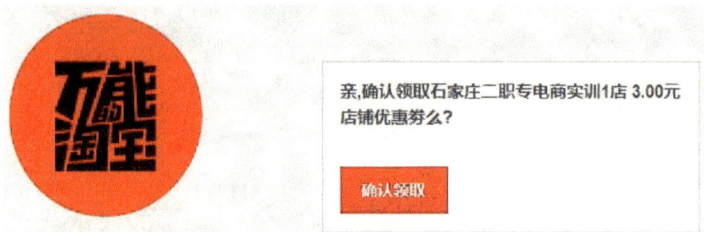

图 6.99　优惠券领取界面

# 学习任务 6.4　分析数据和优化调整

　　网店数据分析是网店运营中非常重要的工作，做好数据分析将会给店铺带来很大的好处。数据分析结果能够直接反映店铺的经营状况，通过数据分析可以及时发现店铺问题，调整运营策略，对于店铺的装修、推广、营销活动、店铺现状等都能起到很好的帮助作用，使店铺经营得越来越好。

　　生意参谋是淘宝官方推出的一款数据分析工具，是专业的一站式数据分析产品，非常适合中小卖家使用。它按照数据分析、问题诊断、优化提高环环紧扣的逻辑设计，帮助卖家分析宝贝曝光率、点击率、转化率等问题，有针对性地给出诊断结果，并提供解决方案。通过生意参谋还可以了解到目前店铺整体的情况以及销售排名位置，并通过生意参谋对比了解店铺在整个行业内的推广情况，同时，根据推广情况，生意参谋会给出一些优化建议，帮助店铺后期更好地优化宝贝及推广店铺。如图 6.100 所示为店铺中的生意参谋模块。

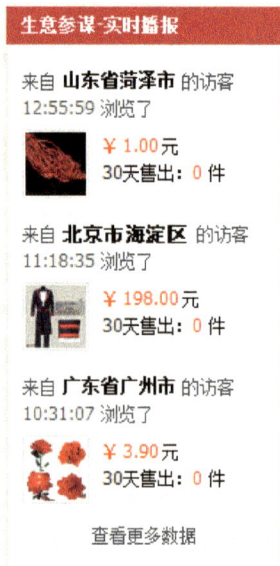

图 6.100　生意参谋模块

　　单击生意参谋中的"查看更多数据"命令，进入生意参谋主界面，如图 6.101 所示。

图 6.101　生意参谋主界面

商品分析 自助取数 >

加购件数　　　　收藏次数　　　　详情页跳出率　　　商品销售排行　　　商品效果 >

0　　　　　　　1　　　　　　　92.31%

较前一日 —— 　　较前一日 ↓50% ⚠　较前一日 ↑7.70%
较上周周期 ——　较上周周期 ——　较上周周期 ↑7.70%

| 商品名称 | 支付金额 | 较前日 |
|---|---|---|
| 福品商家浮威 多功能悬浮魔术桌子 飞碟 刘谦 | 1,188 | |
| 最新舞台大卫魔术道具 套装宝剑穿脖恐怖吓人 | 0 | |
| 大卫魔术道具 热销 纸类 白色雪花纸 纸吹雪 | 0 | |
| 超大号彩色卡通书 变色魔幻书 近景舞台魔术道 | 0 | |

被访问商品数 36 较前一日 ↑50%
被下单商品数 1 较前一日 ——
被支付商品数 1 较前一日 ——

当前全店有异常商品 26个
查看异常商品 >

交易分析 自助取数 >

下单买家数　　　支付买家数　　　支付子订单数

1　　　　　　　1　　　　　　　2

较前一日 —— 　　较前一日 —— 　　较前一日 ——
较上周周期 ——　较上周周期 ——　较上周周期 ——

服务分析 自助取数 >

退款金额：0 较前日 —0%

| 描述相符 | 服务态度 | 物流服务 |
|---|---|---|
| 4.38889 | 4.44444 | 4.50000 |
| 较前日 —0% | 较前日 —0% | 较前日 —0% |
| 较同行 低9.54% | 较同行 低8.92% | 较同行 低6.75% |

类目交易贡献TOP5 交易构成 >

| 类目名称 | 支付金额(元) | 支付金额占比 |
|---|---|---|
| 聚会/魔术用品 | 1,188 | 100% |

新老买家构成

■新买家 ■老买家
1 0
占比100% 占比0%

营销分析 ?

我的营销TOP3　　　同行营销TOP3

满就送　　　　　　淘金币抵钱
支付金额：1,188元　使用人数：2,011人

创建更多的营销活动　搭配套餐
　　　　　　　　　使用人数：1,474人

宝贝优惠券
使用人数：1,419人

市场行情（以下所有的数据都为最近7天PC端的数据）

行业店铺流量TOP5 查看更多 >

| 店铺信息 | 流量指数 |
|---|---|
| 模玩地带 高达模型 制作工具 上海 上海 | 57,841.80 |
| 诺信牌具工价调镭 浙江 温州 | 51,259.50 |
| 电玩网の重量 上海 上海 | 49,166.20 |
| 一诺动漫模型 广东 广州 | 46,833.70 |
| 范特西小窝cosplay大量现 广东 广州 | 39,598.50 |

行业商品交易TOP5 查看更多 >

| 商品信息 | 交易指数 |
|---|---|
| 魔术套装 高清隐形不伤眼防白光抗辐射作金花制作扑克花 160.00元 陕西 西安 | 5,205.37 |
| 魔术套装 炸金花 隐形贴膜材料扑克麻将牌 防白光抗辐射 45.00元 广东 深圳 | 4,325.43 |
| 高清魔术套装炸金花隐形贴膜材料扑克麻将牌防白光抗辐射 180.00元 湖北 武汉 | 3,154.34 |
| 魔术8000 生日礼物 益智玩具礼盒套装 近景 儿童 魔术道 196.00元 北京 北京 | 2,887.10 |
| 魔术套装 炸金花 隐形贴膜材料扑克麻将牌 防白光抗辐射 88.00元 江苏 苏州 | 2,643.66 |

行业热门搜索词TOP10 查看更多 >

| 搜索词 | 搜索指数 |
|---|---|
| 变形金刚 | |
| 高达 | |
| 手办 | |
| 海贼王 | |
| cos | |
| 钢铁侠 | |
| cosplay服装 | |
| 三国杀 | |
| 动漫 | |
| 匕首 | |

常见问题　　　　功能介绍　　　　经验分享

生意参谋平台是什么？　自助取数，你的数据你做主　【经验分享】卖家必备的网店军师
生意参谋指标怎么看？　关注单品分析，打造店铺爆款　【生意参谋】大数据时代的开启
流量来源怎么划分？　　装修分析全新升级，装修效果你说了算　【生意参谋】卖家经营利器

更多功能敬请期待

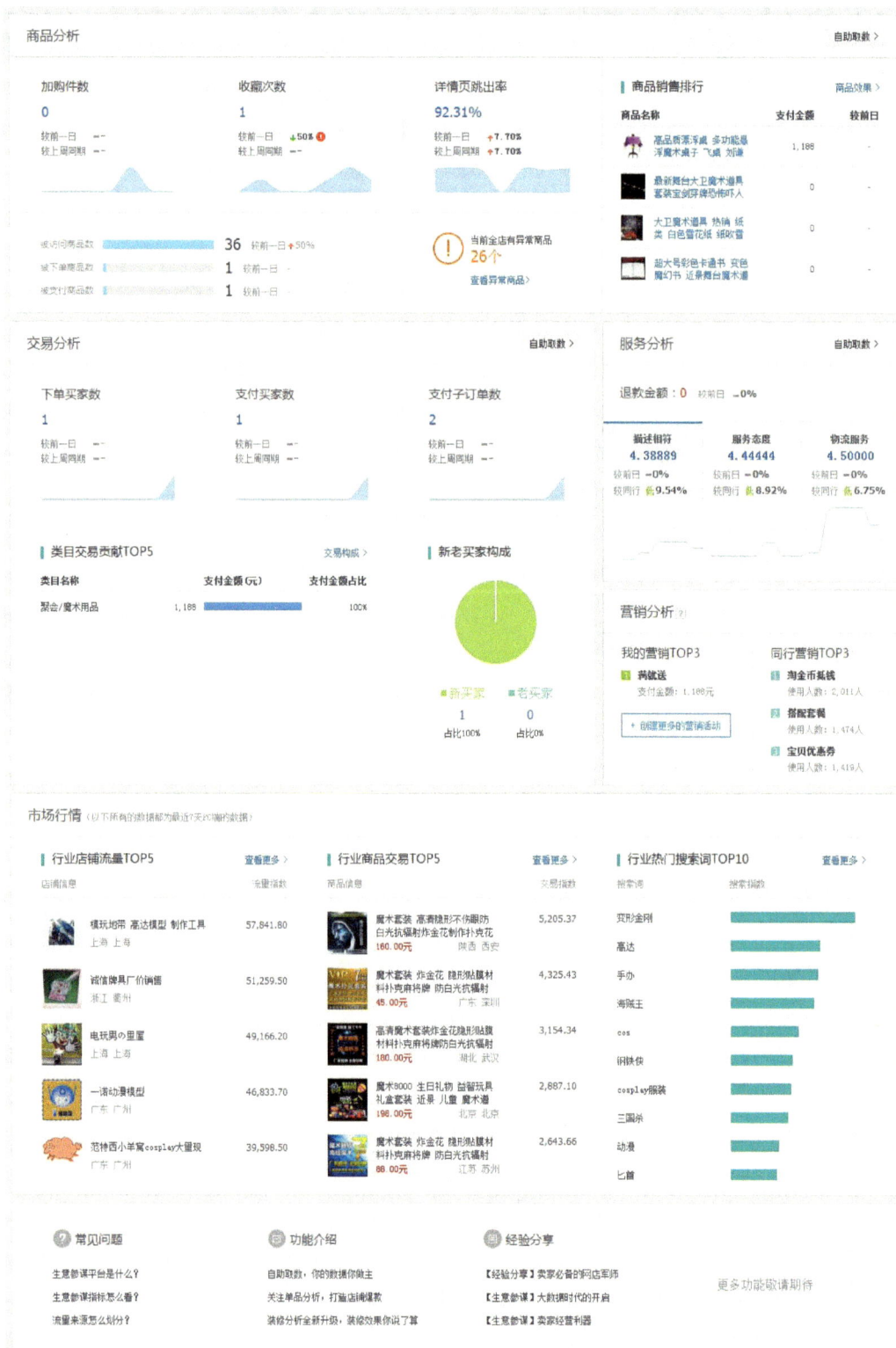

图 6.101　生意参谋主界面（续）

## 6.4.1　添加生意参谋

添加生意参谋

生意参谋是每个店铺都必须添加的，以便于观察自己店铺的人气，也就是客流量。
店铺添加生意参谋的方法如下。

① 进入"卖家中心"，单击左侧"店铺管理"中的"店铺装修"选项，如图 6.102 所示。

② 进入店铺装修界面，在界面左侧找到计划添加生意参谋的区域，例如计划添加到左侧宝贝分类下面，将鼠标放置在"宝贝分类"模块，然后单击右下角的"添加模块"按钮，如图 6.103 所示。

图 6.102　单击"店铺装修"选项　　　　图 6.103　单击"添加模块"按钮

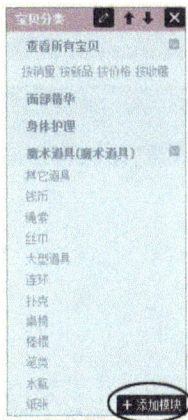

③ 出现"添加模块"界面，找到"生意参谋-实时播报"项，单击其右侧的"添加"按钮，如图 6.104 所示。

图 6.104　单击"生意参谋-实时播报"右侧的"添加"按钮

④ 在"宝贝分类"模块后出现"生意参谋-实时播报"模块，即完成生意参谋模块的添加，如图 6.105 所示。最后单击右上角的"发布"按钮即可。

图 6.105 完成生意参谋模块添加

淘宝已经开通了大部分生意参谋免费功能，现在可以利用生意参谋来分析自己店铺的流量情况，从而做出调整与改变。生意参谋中的功能全面、丰富，下面将对生意参谋中影响店铺运营的主要功能进行介绍和分析。

## 6.4.2 使用生意参谋——实时直播

实时直播功能提供店铺实时流量交易数据、实时地域分布及流量来源分布、实时热门宝贝排行榜、实时催付榜单、实时客户访问功能，通过实时数据观测，可以帮助卖家抢占商机。进入"生意参谋"首页后，单击"实时直播"选项，即可进入实时直播功能页面，如图 6.106 所示。

图 6.106 单击"实时直播"选项

实时直播功能包含四个部分：实时概况、实时来源、实时榜单、实时访客。

（1）实时概况。在实时概况里可以看到所有终端（PC 端和手机端）的数据，数据包括当天支付金额和访客数量，而且这些数据是实时更新的，大约每 30 秒就更新一次，通过这些数据能够更好地实时掌握各种终端当天的数据情况，以便做出相对应的优化调整。另外，还可以与优秀同行对比，看到店铺在整个同行里面的排名、行业 TOP10 与 TOP100 平均值，了解自己的店铺在整个同行中处在一个怎样的位置，如图6.107 所示。

图 6.107　实时概况功能

在实时概况下还有一个实时趋势功能，可以观察当天具体每个小时的数据，在右侧可以选择支付金额、浏览量、访客数、支付买家数四个不同的维度查看当天各个时段的数据，判断哪个时段的数据较好，哪个时段的数据较差，进而对店铺的宝贝上架时间段进行调整，如图 6.108 所示。

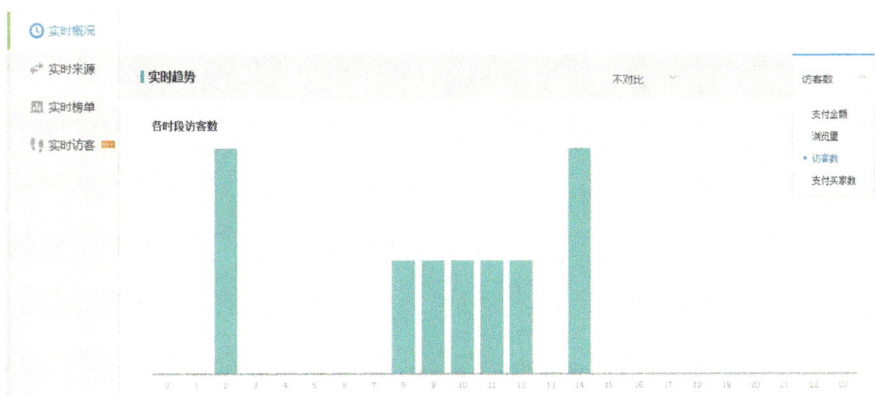

图 6.108　实时趋势功能

（2）实时来源。在生意参谋里，实时来源数据划分为流量来源和地域来源，不仅可以查看到所有终端的数据，还可以切换到 PC 端以及无线端查看对应的数据，如图 6.109 所示。单击"PC"或"无线"按钮即可切换查看数据。这里可以观察 PC 端及无线端的访客来源，通过数据分析可以了解各个流量来源的详细报告，这样对店铺的运营是极为有利的，可以从各个细节进行突破。知道哪些方面的流量来源多，哪些方面的流量来源少，进而反思流量来源少的方面还存在哪些不足，流量来源较多的怎样进行优化。

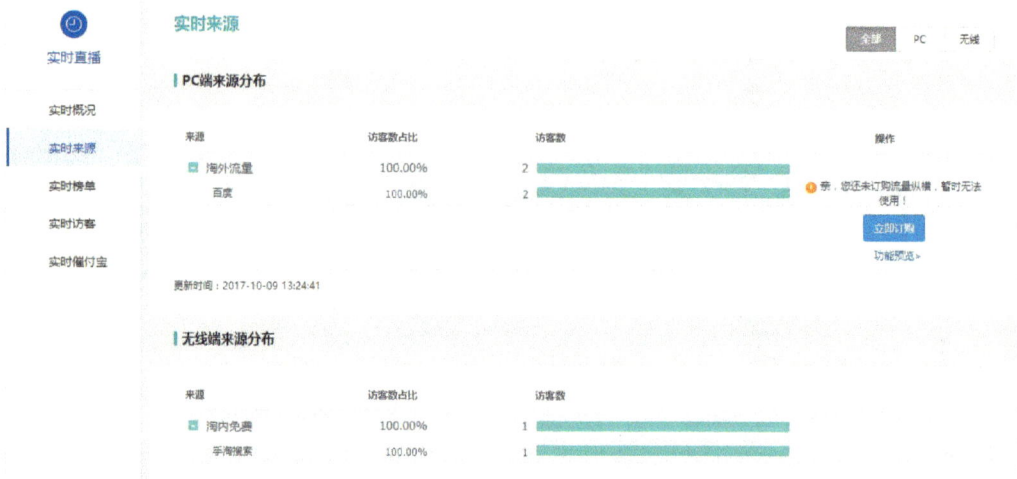

图 6.109　实时来源之流量来源

（3）实时榜单。在实时榜单中可以看到店铺访客数或支付金额 TOP50 的访客数、浏览量、支付金额、支付买家数、支付转化率五个维度的数据，如图 6.110 所示。单击右侧的"实时趋势"按钮，可以查看当前宝贝的实时趋势图，如图 6.111 所示。查看趋势图时，可以分别选择访客数、浏览量、支付金额、支付买家数、支付转化率等不同指标进行查看。通过实时榜单数据，可以观察单个宝贝优化情况，包括单个宝贝的详情页分析、宝贝推广的实施效果等。

图 6.110　实时榜单

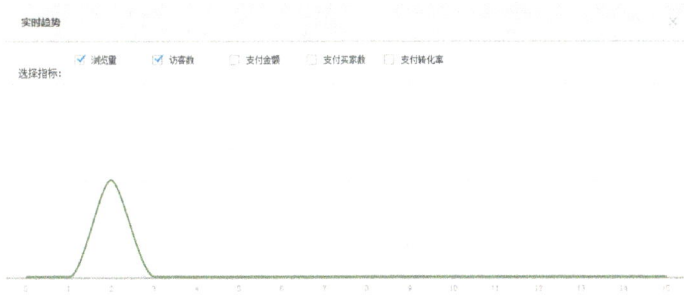

图 6.111　实时趋势图

（4）实时访客。实时直播中的实时访客功能是生意参谋中非常重要的一项功能，通过该功能可以实时关注店铺访客的访问时间、入店来源、被访页面、访客位置等信息，更重要的是能够看到访客是通过搜索什么词进入店铺的，这对于直通车推广也是非常有帮助的一项功能，如图 6.112 所示。通过实时访客数据，也可以观察出买家感兴趣的宝贝是哪些，从而加以重点推广。

图 6.112　实时访客

### 6.4.3　使用生意参谋——经营分析

生意参谋——经营分析

进入"生意参谋"首页，单击"经营分析"选项，如图 6.113 所示，即可进入经营分析功能页面。

经营分析包含四个部分：流量分析、商品分析、交易分析、营销推广。

#### 1. 流量分析

淘宝流量来源有很多，主要分为站内自然搜索流量、付费推广流量、淘宝站外流量。如果细分的话流量来源会更多，例如站外流量就会有很多渠道的流量来源，但是对于店铺来说，真正有价值的流量、有转化率的流量才是有意义的。一些恶意流量不仅不会给店铺带来销量，反而会大大拉低店铺转化率，对于店铺排名是非常不利的，因此要特别注意观察分析自己店铺的具体流量来源，再进行有针对性的改进和推广，这些都可以通过生意参谋-流量分析来完成。

流量分析提供了全店流量的概况、流量地图，包括流量的来源和去向，来访访客时段、地域等特征分析，店铺装修的趋势和页面点击分布分析，这些数据可以帮助卖家迅速厘清店铺流量来源，识别访客特征，了解访客在店铺页面上的点击行为，从而评估店铺的推广水准。

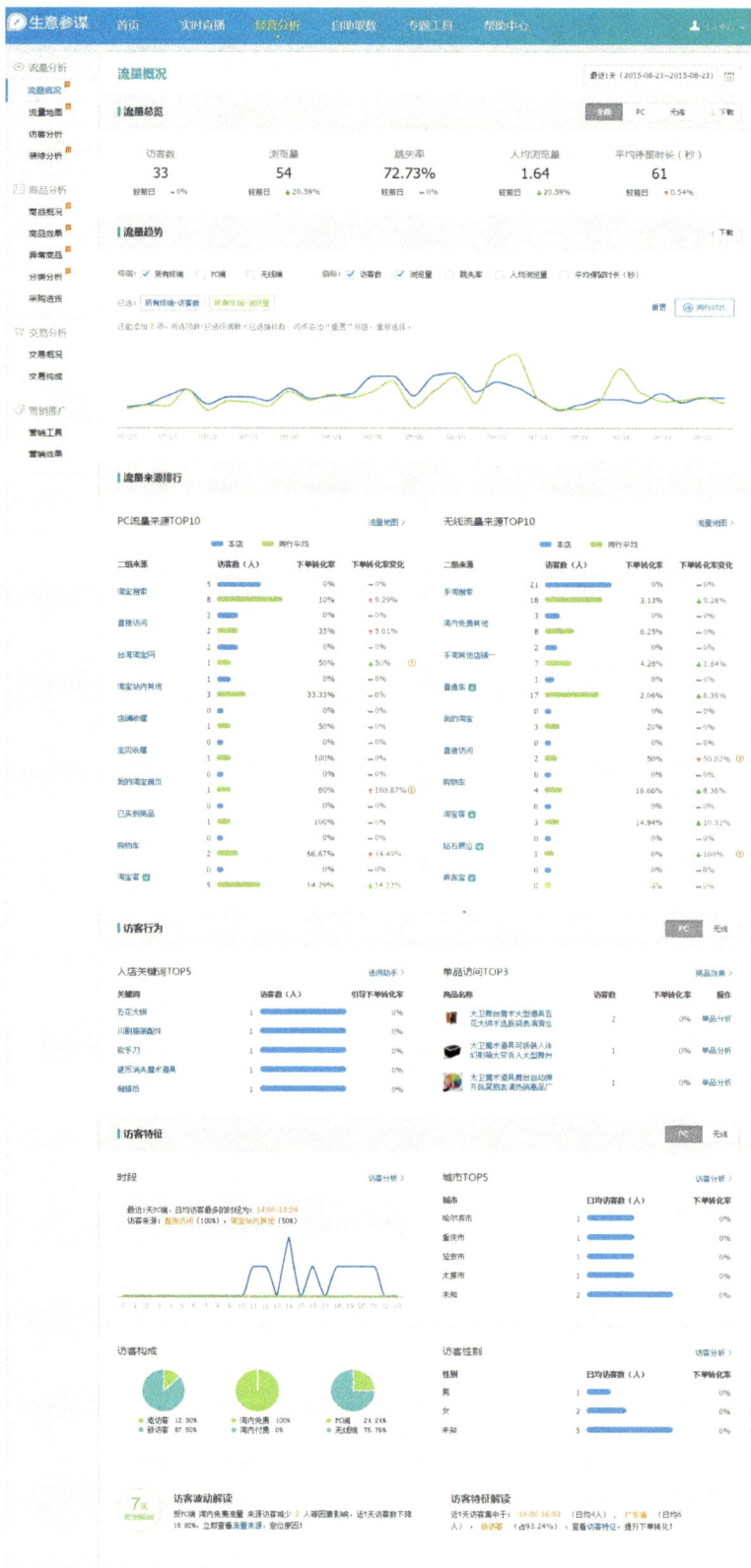

图 6.113　单击"经营分析"选项

（1）流量概况。店铺整体流量情况的统计，可以帮助卖家了解店铺整体的流量规模、质量、结构，并了解流量的变化趋势，如图 6.114 所示。通过流量总览可以了解店铺的浏览量、访客数、跳失率、人均浏览量、平均停留时长及其变化，通过这些数据可以了解入店访客的质量高低，查看流量趋势，了解流量各方面的趋势走向，同时和同行对比，了解和同行之间的差距。

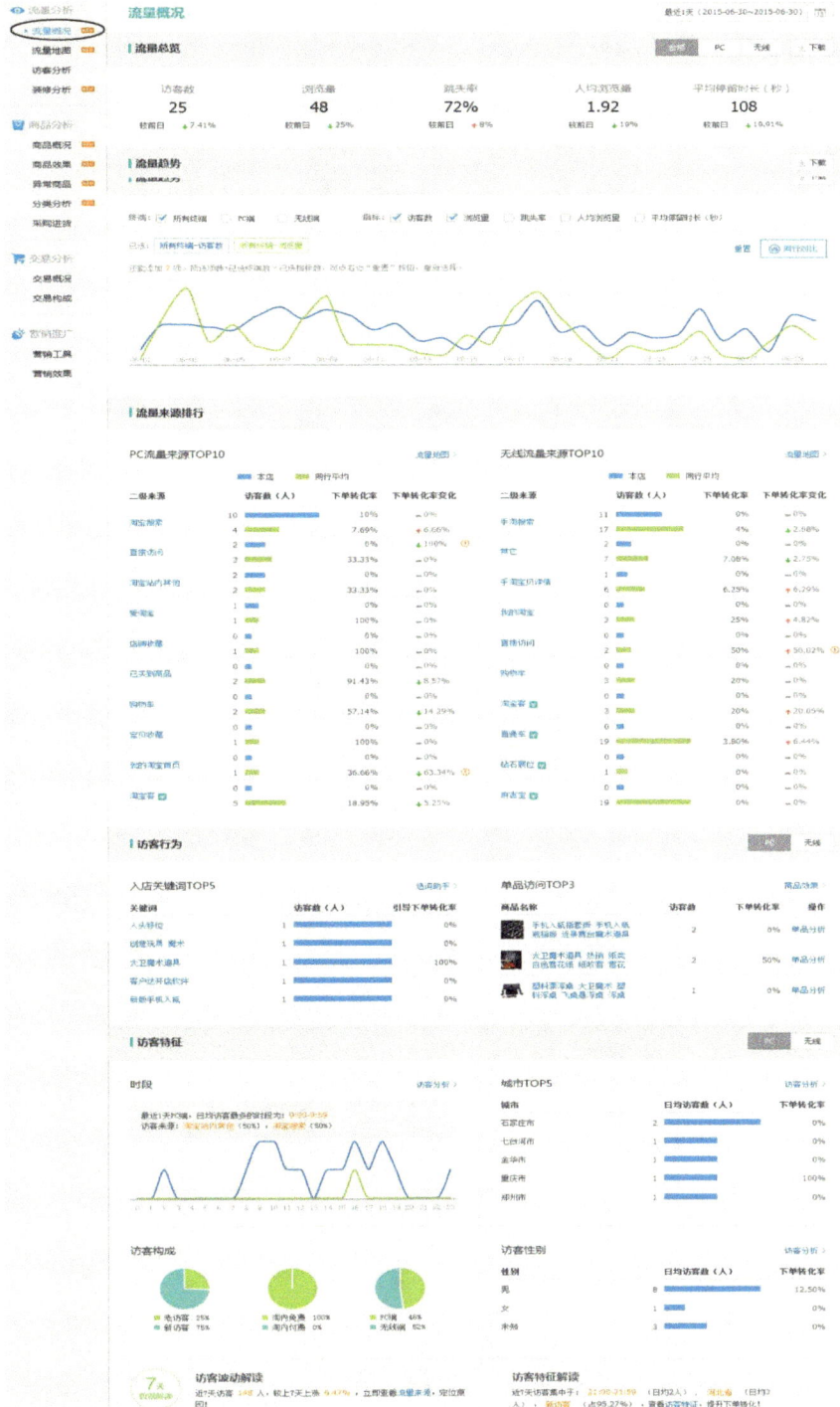

图 6.114　流量概况

（2）流量地图。流量地图可以帮助卖家看清店铺的流量来源，如图 6.115 所示。通过流量地图提供的数据可以评估现行的推广手段的效果、各个渠道流量的转化率情况，通过查看同行的流量来源，发现潜在的高转化流量渠道，从而指导卖家改进和拓展店铺推广方法。

图 6.115　流量地图之流量来源

通过流量地图可以查看店内路径（见图 6.116），查看店内各类页面（如店铺首页、商品详情页、搜索结果页、店铺自定义页、商品分类页及店铺其他页）的流量分布。商品详情页的访客数及流量占比很重要，因为这部分流量相比其他所有流量，是更容易引发宝贝转化率的流量。而店铺首页访客数及流量占比，则能够体现出店铺促销活动的吸引力度。对于店铺搜索页的访客数及流量占比，如果该比例过大的话，说明现有的店铺导航布局不利于买家寻找目标宝贝，因此要适时调整店铺首页的宝贝布局和商品分类导航布局；查看店内各类页面之间的流量流转，其反映的是店内流量流转的通畅度；查看各类页面的流量排行，了解买家访问最多的宝贝，通过浏览量、访客数、平均停留时长来评估宝贝的吸引力情况，加强对热访宝贝的重视。

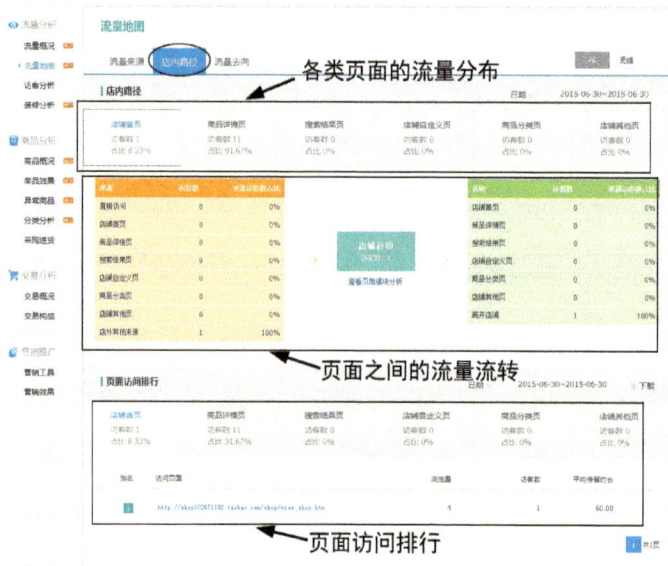

图 6.116　流量地图之店内路径

（3）访客分析。访客分析是进行店铺推广的重要参考，如图 6.117 所示，买家访问的时段分布图是上新或优化宝贝上架时间的重要参考；买家行为分布提供了来源关键词排行榜，这也是后期进行宝贝标题优化的重要参考。

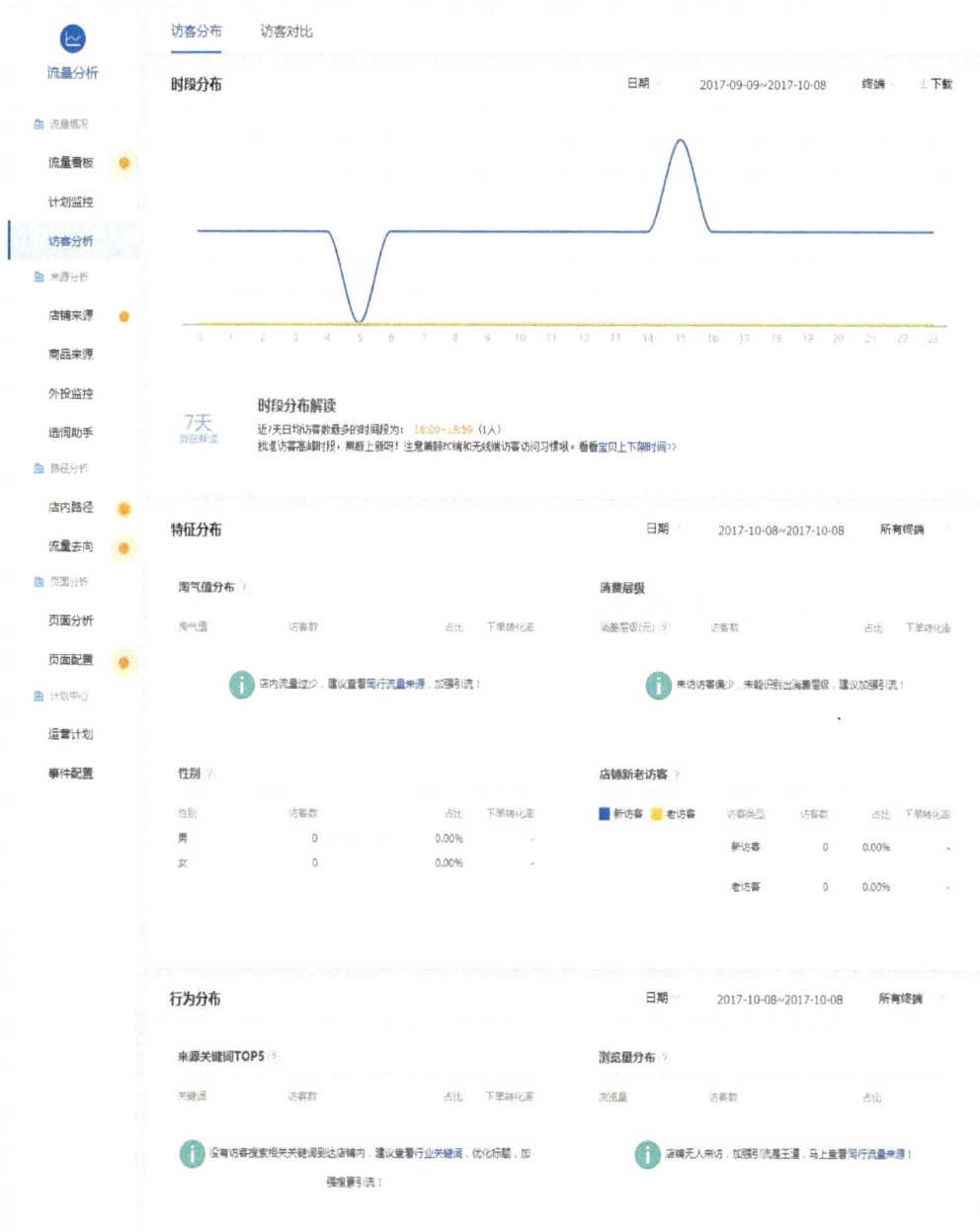

图 6.117 访客分析

（4）装修分析。装修分析旨在通过对店铺的页面点击分布情况加以分析，查看页面的点击分布和装修趋势，从而指导页面布局及进行装修改进，如图 6.118 所示。

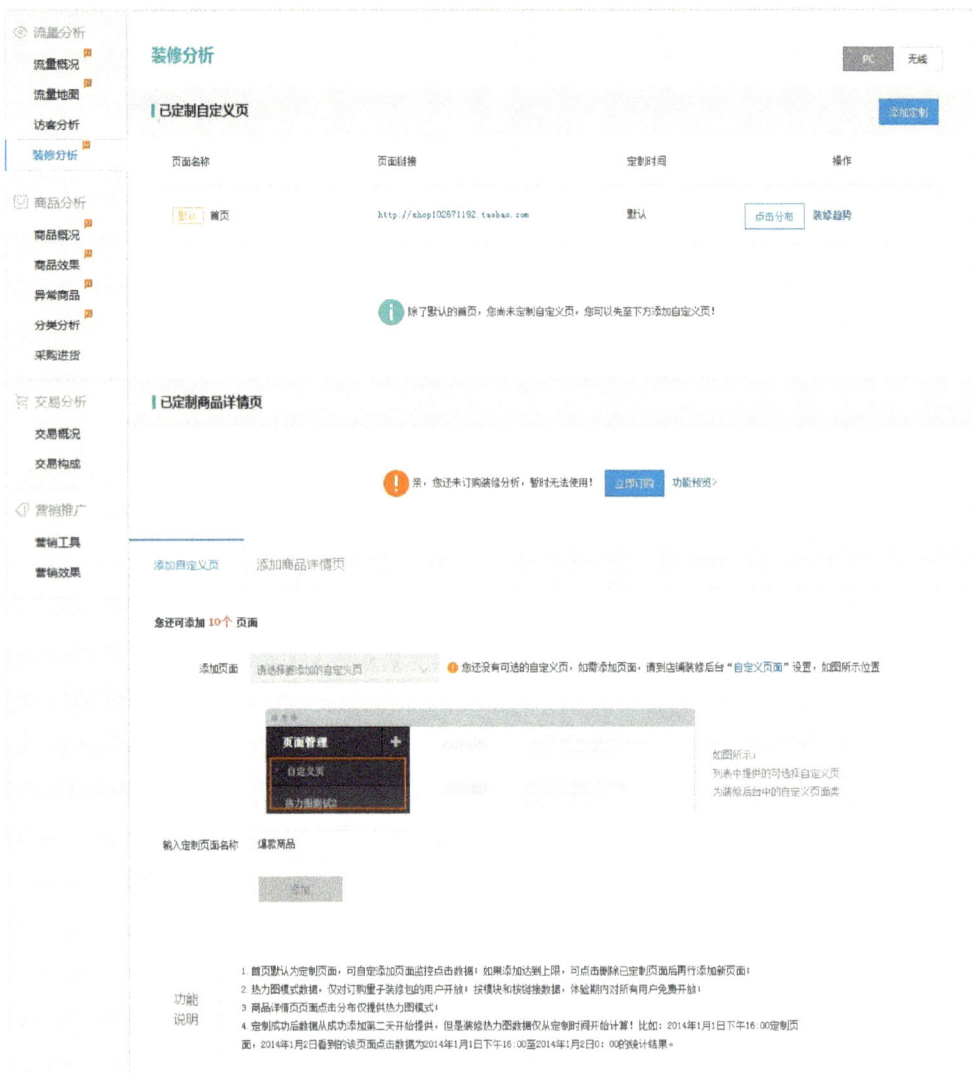

图 6.118　装修分析

单击页面右侧的"**点击分布**"操作按钮（见图 6.119），可以查看页面的点击分布情况，如图 6.120 所示。

图 6.119　单击"点击分布"操作按钮

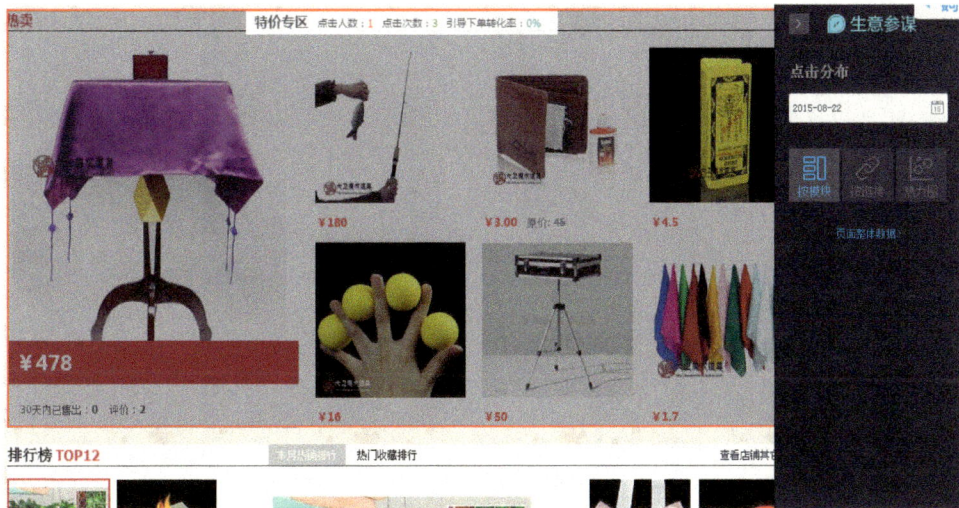

图 6.120　页面点击分布情况

## 2. 商品分析

商品分析功能提供了店铺所有商品的详细效果数据，包括五大功能模块：商品概况、商品效果、异常商品、分类分析、采购进货。通过这些功能可以发现店铺有潜力的宝贝，从而打造店铺爆款，同时也能够及时发现有问题的商品，从而调整改进，避免被降权影响排名。下面简要介绍前四个功能。

（1）商品概况。通过商品信息总况、商品销售趋势、商品排行概览来了解店铺所有商品情况，通过 7 天数据解读进行流量相关解析、访问质量解析和转化效果解析，同时给出优化和解决方案，如图 6.121 所示。

图 6.121　商品概况

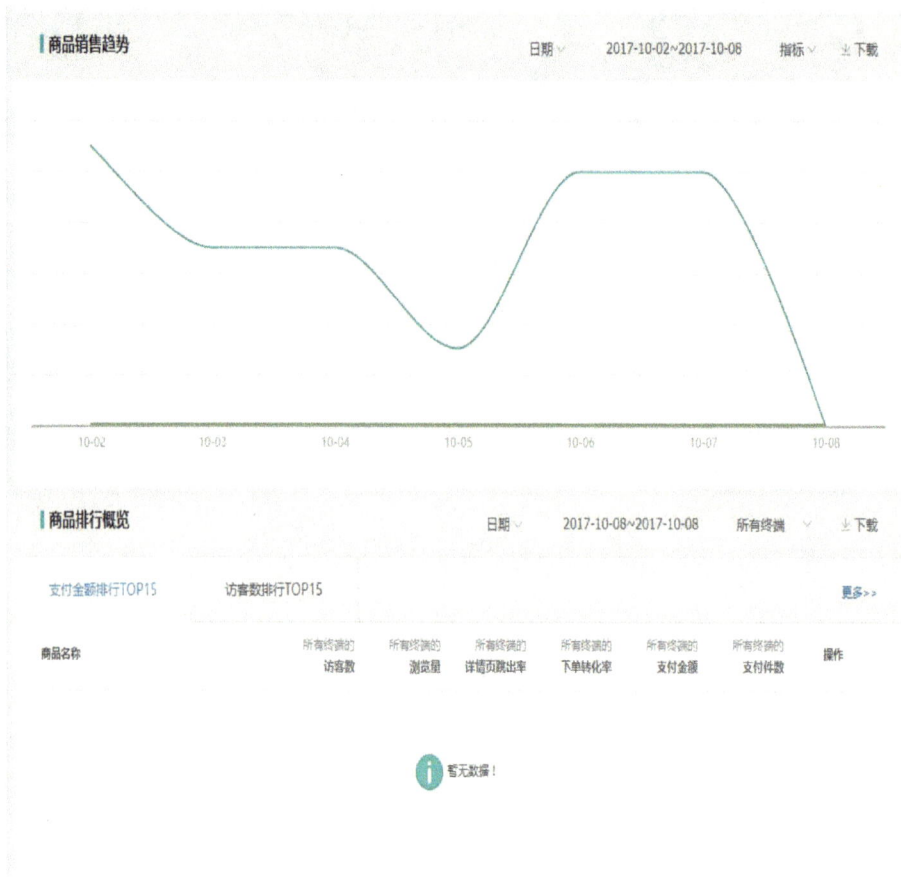

图 6.121　商品概况（续）

（2）商品效果。在这里可以观察到全店所有商品的详细数据，包括商品当前状态、商品浏览量、商品访客数、下单件数、支付金额等，并且可按自定义分类和商品类目进行筛选，也可输入单个商品名称或 ID 查看，如图 6.122 所示。

（3）异常商品。这里提供各类异常商品的状况，包括流量下跌商品、支付转化率低商品、高跳出率商品、支付下跌商品、零支付商品和低库存商品，如图 6.123 所示。系统会自动帮店铺找出问题宝贝，作为卖家，发现问题时一定要及时改正。

（4）分类分析。这里提供按自定义分类和商品类目进行分析的功能，帮卖家清楚了解每个分类的访客数、加购件数、下单转化率，清楚整个店铺宝贝的分类是否合理，如图 6.124 所示。

### 3. 交易分析

交易分析功能主要包括交易概况和交易构成两个功能模块，卖家通过这个功能可以分析店铺交易状况，及时掌握店铺交易情况。

流量分析
流量概况
流量地图
访客分析
装修分析

商品分析
商品概况
商品效果
异常商品
分类分析
采购进货

交易分析
交易概况
交易构成

营销推广
营销工具
营销效果

## 商品效果

**商品效果明细**　　　　　　　　　　　　　　　日期 ∨　2015-08-23~2015-08-23　　指标 ∨　⬇ 下载

自定义分类　　全部分类 ∨　　　　　　　　　　　　　🔍 请输入商品名称或ID

| 商品名称 | 当前状态 | 所有终端的商品浏览量 | 所有终端的商品访客数 | 所有终端的下单件数 | 所有终端的支付金额 | 所有终端的加购件数 | 操作 |
|---|---|---|---|---|---|---|---|
| 大卫魔术道具可拆装人体幻影箱大变活人大型舞台表演正品厂家 发布时间：2014-08-30 20:15:25 | 当前在线 | 9 | 2 | 0 | 0 | 0 | 商品温度计 单品分析 |
| 大卫舞台魔术大型道具五花大绑术逃脱袋表演青仓特价厂家直销 发布时间：2014-10-27 10:08:53 | 当前在线 | 7 | 5 | 0 | 0 | 0 | 商品温度计 单品分析 |
| 大卫魔术道具新款舞台身体川剧变脸全套服装变脸脸谱靴子量身 发布时间：2015-07-05 11:04:06 | 当前在线 | 3 | 3 | 0 | 0 | 0 | 商品温度计 单品分析 |
| 2015大卫魔术道具钱币硬币消失器红色近景表演厂家直销正品特 发布时间：2015-07-09 13:08:51 | 当前在线 | 3 | 2 | 0 | 0 | 0 | 商品温度计 单品分析 |
| 大卫表演靴子真品纯手工舞台魔术鞋变脸道具龙靴川剧变脸直销 发布时间：2014-10-14 14:59:53 | 当前在线 | 2 | 2 | 0 | 0 | 0 | 商品温度计 单品分析 |
| 大卫舞台魔术身体类高质量砍手刀恐怖魔术表演吓人厂家正品 发布时间：2015-07-05 16:19:59 | 当前在线 | 2 | 2 | 0 | 0 | 0 | 商品温度计 单品分析 |
| 大卫魔术道具丝巾消失新款指套配丝巾表演必备用品近景批发 发布时间：2015-04-14 10:06:42 | 当前在线 | 1 | 1 | 0 | 0 | 0 | 商品温度计 单品分析 |
| 大卫魔术道具指套饭戒指套新款手机入瓶刘谦近景街头表演厂家 发布时间：2015-04-11 20:07:44 | 当前在线 | 1 | 1 | 0 | 0 | 0 | 商品温度计 单品分析 |
| 大卫魔术道具意念新款灵异动力笔隔空打硬币震动记号笔刘谦直 发布时间：2015-07-10 14:08:57 | 当前在线 | 1 | 1 | 0 | 0 | 0 | 商品温度计 单品分析 |
| 亮灯新款白光红光七彩跳舞橘跳舞极漂浮裙子舞悬浮魔术道具批 发布时间：2015-04-10 20:10:58 | 当前在线 | 1 | 1 | 0 | 0 | 0 | 商品温度计 单品分析 |

**1** 2　3　下一页 ＞ 共3页

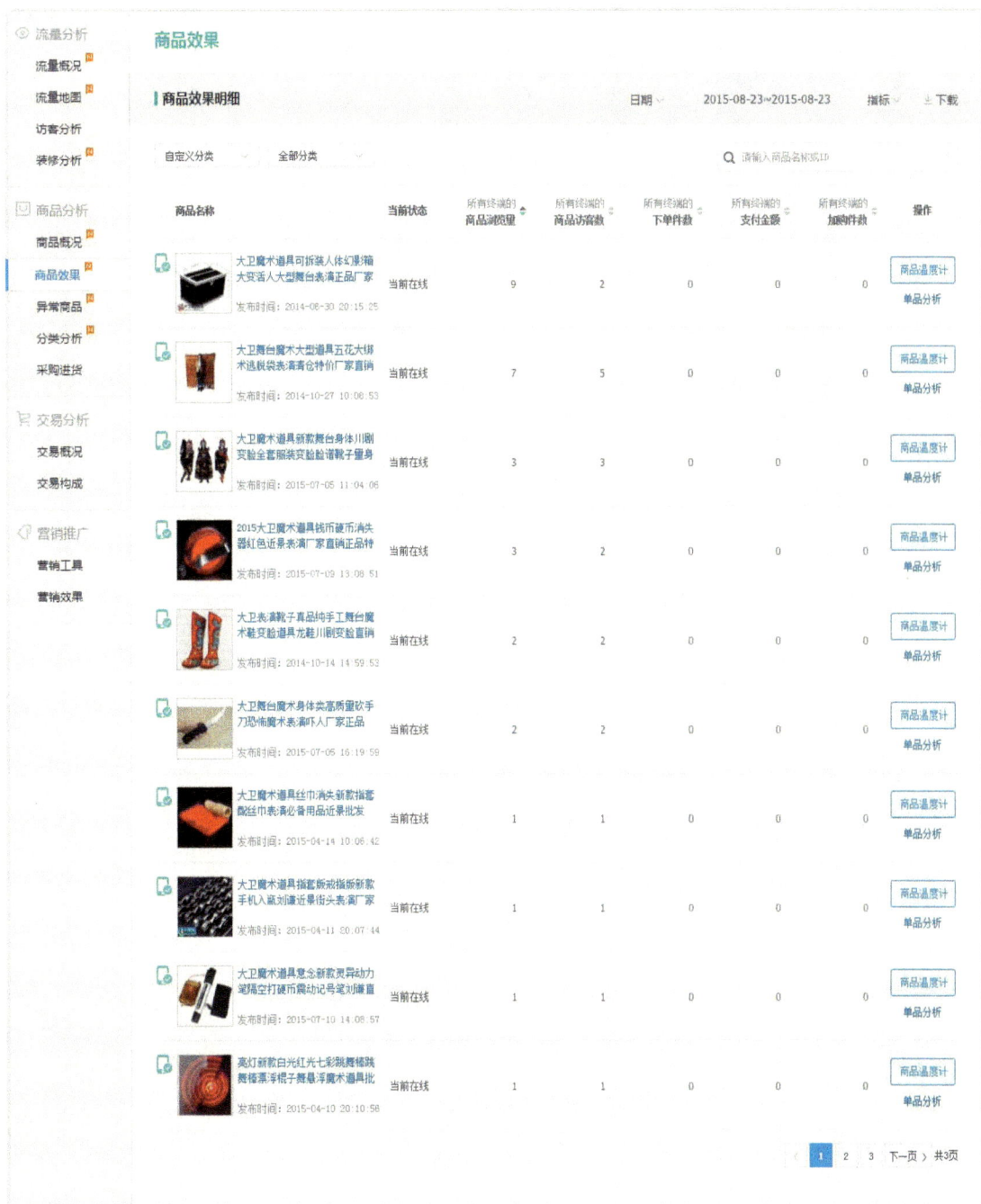

图 6.122　商品效果

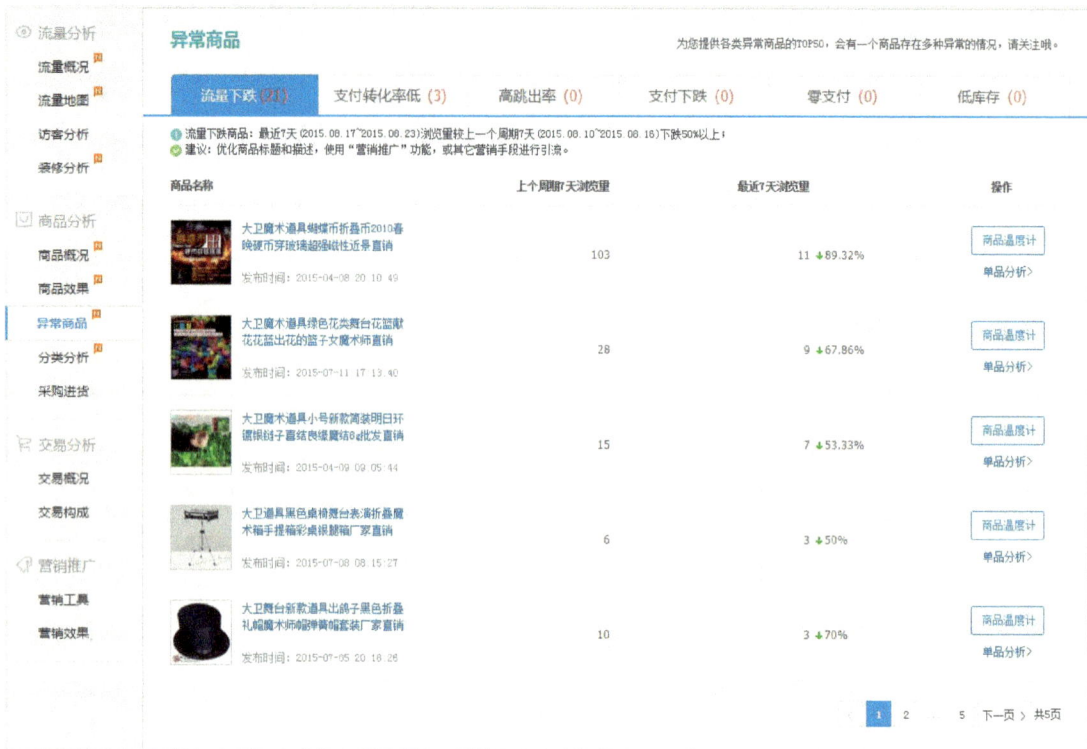

图 6.123　异常商品

图 6.124　分类分析

（1）交易概况。通过交易概况可了解店铺的整体交易情况，卖家可以选择时间段查看店铺访客数、下单买家数、下单金额、支付买家数、支付金额、客单价等信息，系统提供了 7 天数据解读，可以看到交易波动及转化率问题，给出优化建议，并且提供店铺趋势图及同行对比趋势图，及时了解店铺及同行趋势，如图 6.125 所示。

（2）交易构成。交易构成是从终端构成、类目构成、价格带构成等方面分析店铺交易情况，让卖家清楚掌握店铺交易情况，从而进行后期优化调整，如图 6.126 所示。

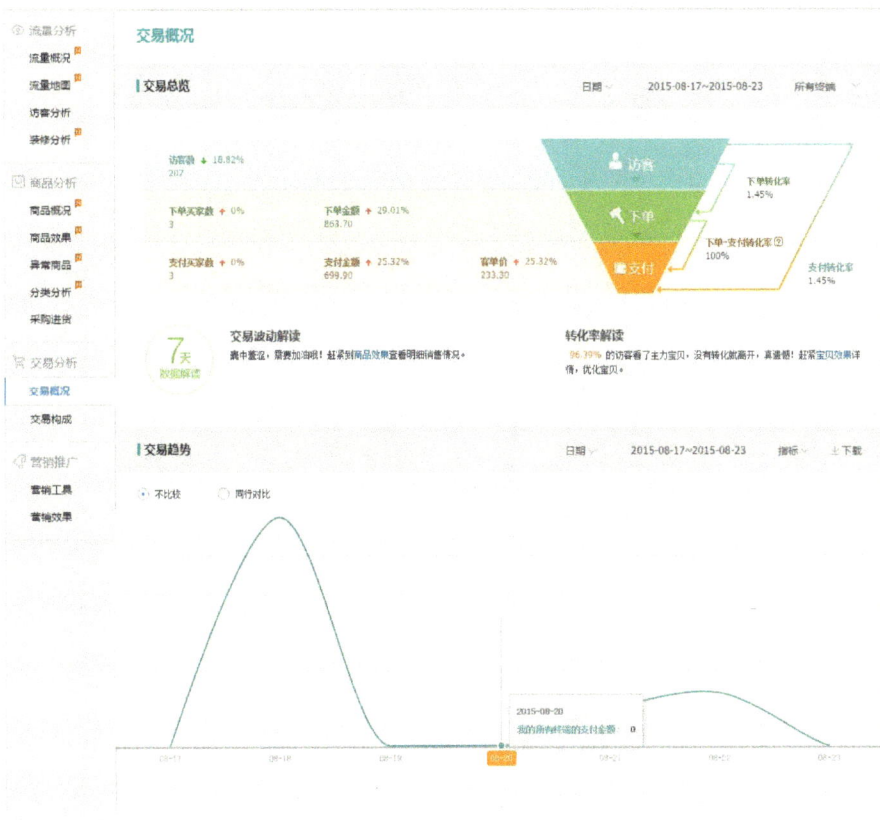

图 6.125　交易概况

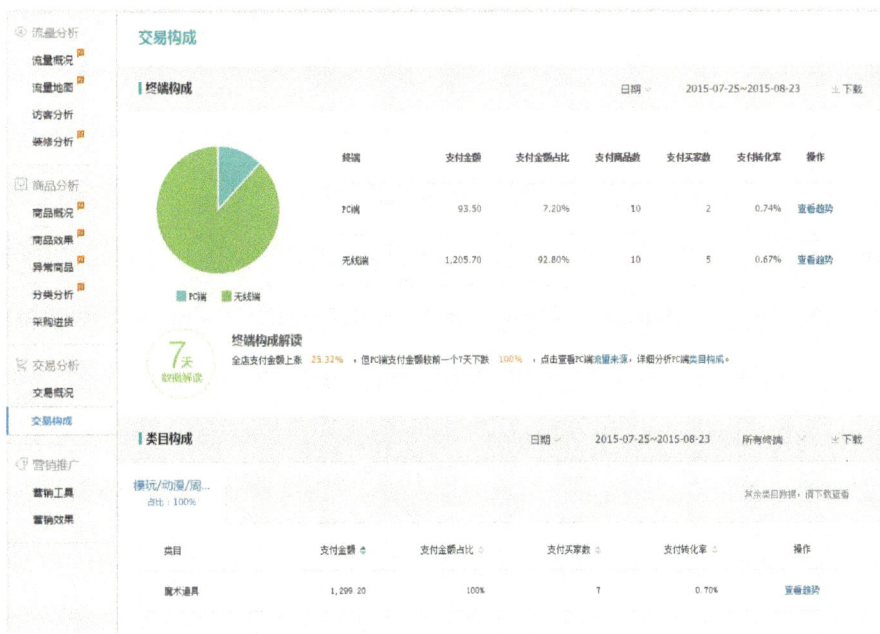

图 6.126　交易构成

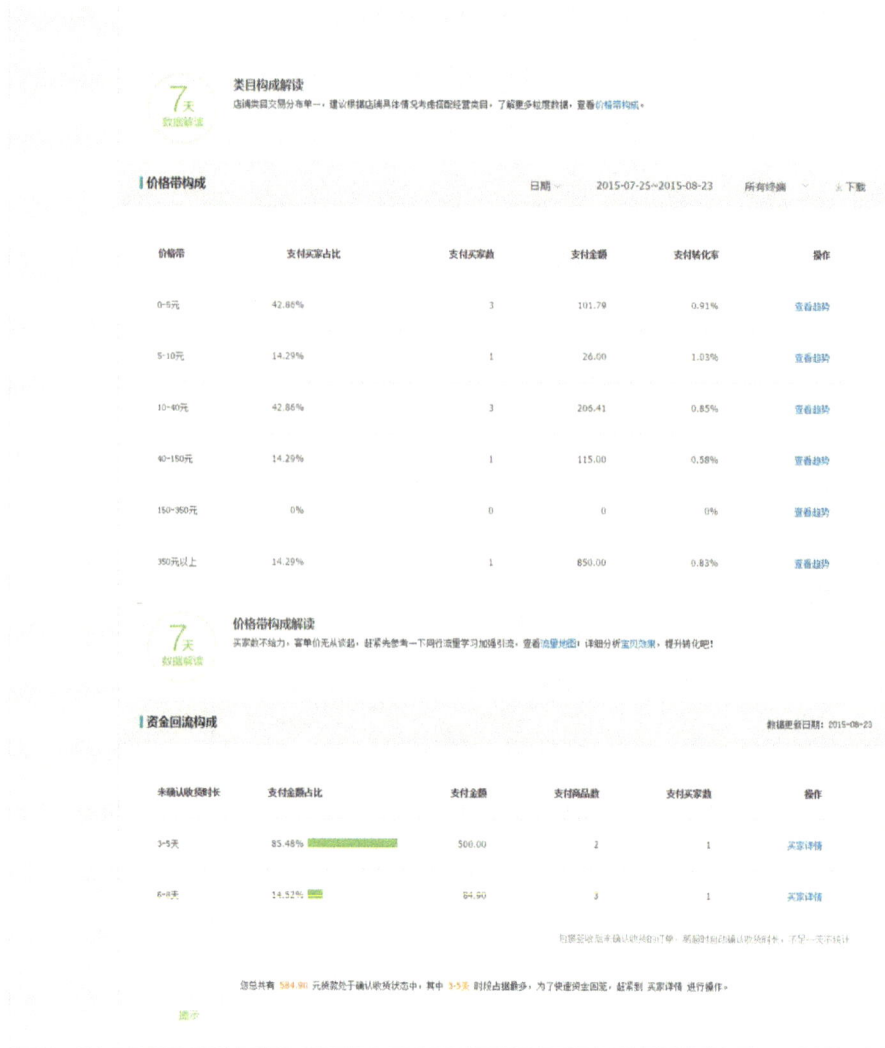

图 6.126　交易构成（续）

### 4. 营销推广

营销推广包括营销工具和营销效果两大功能，可以帮助卖家准确定位营销推广方式，从而提升店铺销量。

（1）营销工具。系统会根据浏览、收藏、下单、支付、宝贝本身的特征等数据，列出店铺中潜力最高的 10 个宝贝，卖家可以结合宝贝库存、利润等情况，选择作为营销主打款的宝贝。同时系统会给出对这个宝贝有兴趣的人群范围，以及该人群的购买力、特征等供卖家参考，从而进行精确营销。综合宝贝的特征、人群的偏好等数据，系统会推荐合适的营销方式，供卖家参考使用，如图 6.127 所示。

（2）营销效果。如果在店铺中创建了营销活动，通过营销效果可以查看营销活动的效果，如图 6.128 所示。

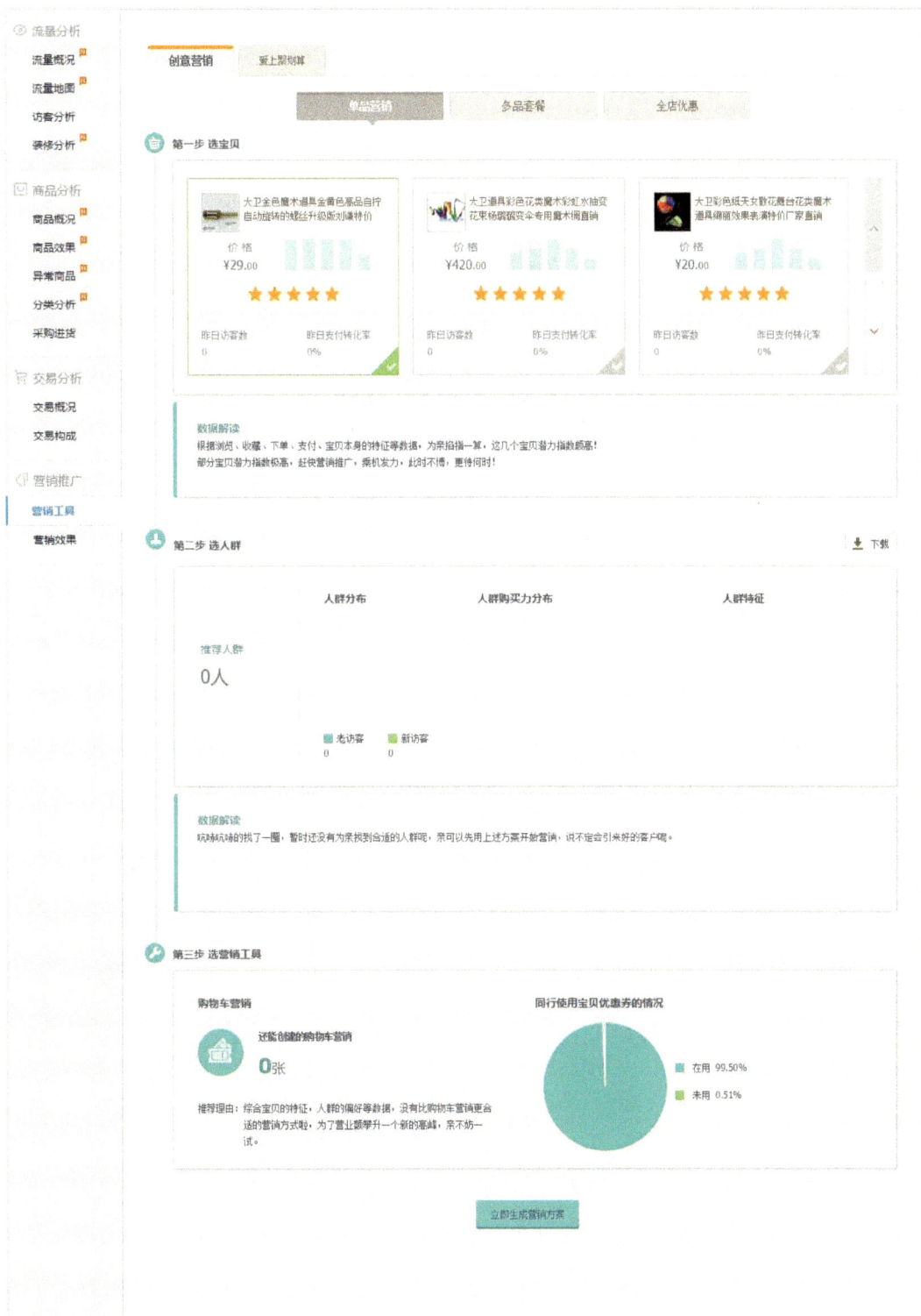

图 6.127　营销工具

图 6.128　营销效果

### 6.4.4　使用生意参谋——自助取数

生意参谋——自助取数

进入"生意参谋"首页，单击"自助取数"选项，即可进入自助取数功能页面。自助取数是提供给卖家自由提取数据的工具，拥有丰富的店铺维度的指标数据，包含我要取数、我的报表、推荐报表三大功能，可以帮助卖家迅速总结查看店铺阶段运营数据。

#### 1. 我要取数

"我要取数"中的分析维度包括店铺和商品，可提供给卖家按不同时间段（自然天、自然周、自然月）的数据查询服务，选择指标有流量、交易、服务和其他，如图 6.129 所示。可以将数据加入报表中。

图 6.129　自助取数

## 2. 我的报表

在"我的报表"中可以查看加入报表的数据，如图 6.130 所示。

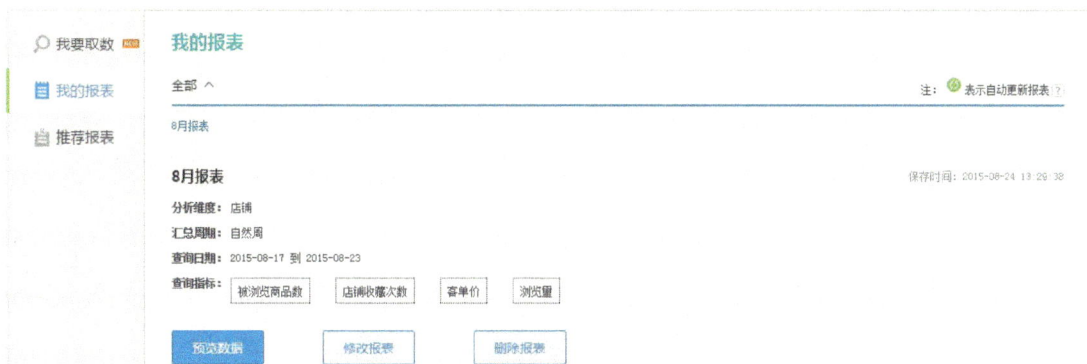

图 6.130　我的报表

## 3. 推荐报表

系统提供了主题报表指数模板，分别是店铺分析日报、店铺流量日报、店铺销售日报、店铺无线端分析日报、店铺 PC 端分析日报、店铺客户分析日报、店铺分析周报、店铺流量周报、店铺分析月报、店铺分析日报-简版、店铺服务分析日报和商品分析日报，卖家可以选择其中的模板，从而快速进行数据提取，如图 6.131 所示。

图 6.131　推荐报表

## 6.4.5　使用生意参谋——专题工具

生意参谋——专题工具

进入"生意参谋"首页，单击"专题工具"选项，即可进入专题工具功能页面，如图 6.132 所示。这里主要讲一下其中的选词助手、行业排行、单品分析、商品温度计几项功能。

图 6.132　单击"专题工具"

### 1. 选词助手

选词助手从 PC 端和无线端两个终端，分别提供了给店铺引流的店外搜索关键词、反映用户需求的店内搜索关键词，同时提供了这些关键词的搜索热度、引流效果等。通过选词助手，可以帮助卖家快速厘清搜索来源的关键词，验证和调整关键词投放策略，从而对于后期标题优化提供参考，如图 6.133 所示。

图 6.133　选词助手

2.　行业排行

　　行业排行榜包含五大类：店铺交易榜、店铺流量榜、宝贝交易榜、宝贝流量榜和搜索词榜。通过观察同行业店铺、宝贝交易和流量情况，可以学习有效的推广营销模式，了解行业发展空间，通过搜索词榜可以查找宝贝热搜关键词，从而为宝贝标题优化提供参考，如图 6.134 所示。

官方工具
竞争情报
选词助手
行业排行
单品分析
商品温度计

第三方工具
即将入驻

数据实验室
销量预测

属于您的行业排行榜，PC、无线、店铺、宝贝、搜索词全方位分析　　　　　PC端　　无线端

店铺交易榜　店铺流量榜　宝贝交易榜　宝贝流量榜　搜索词榜

搜索热度top100　　　　　　　　　　　　　　　　　　　　行业　魔术道具　　▼　　下载

2015-08-17 到 2015-08-23　最近1天　最近7天

| 搜索词 | 全网搜索热度 | 全网点击率 | 全网商品数 | 全网转化率 | 商城点击占比 | 操作 |
| --- | --- | --- | --- | --- | --- | --- |
| 魔术道具 | 12,806 | 209.82% | 129,000 | 7.57% | 41.44% | 相关词分析>> |
| 扑克眼镜 | 10,654 | 143.43% | 2,621 | 4.14% | 0.02% | 相关词分析>> |
| 魔术 | 7,850 | 179.71% | 1,085,704 | 4.10% | 36.37% | 相关词分析>> |
| 魔术扑克眼镜 | 7,580 | 186.26% | 2,481 | 4.35% | 0% | 相关词分析>> |
| 扑克牌眼镜 | 5,936 | 213.22% | 2,621 | 1.64% | 0.02% | 相关词分析>> |
| 道具 | 4,907 | 72.91% | 1,397,685 | 1.20% | 20.77% | 相关词分析>> |
| 美元 | 4,885 | 2.82% | 5,465 | 0% | 89.29% | 相关词分析>> |
| 魔术扑克 | 4,478 | 151.91% | 31,385 | 8.26% | 32.12% | 相关词分析>> |
| 魔术扑克套装 | 4,399 | 66.09% | 3,271 | 3.72% | 1.71% | 相关词分析>> |
| 魔法 | 3,547 | 60.37% | 528,306 | 2.55% | 23.31% | 相关词分析>> |

上一页　1　2　3　10　下一页

搜索涨幅top100　　　　　　　　　　　　　　　　　　　　　　　　　　下载

2015-08-23　最近1天　最近7天

| 搜索词 | 搜索热度变化 | 全网点击率 | 全网商品数 | 全网转化率 | 全网搜索热度 | 操作 |
| --- | --- | --- | --- | --- | --- | --- |
| 扑克 眼镜 | ↑180% | 105.56% | 2,507 | 0% | 185 | 相关词分析>> |
| 姚记魔术扑克套装 | ↑165% | 114.29% | 733 | 11.76% | 310 | 相关词分析>> |
| 赛尔维亚秘密 | ↑130% | 169.23% | 10 | 50% | 142 | 相关词分析>> |
| 魔术扑克道具 | ↑130% | 230.77% | 11,388 | 76.92% | 142 | 相关词分析>> |
| 魔术色子 骰子 | ↑120% | 134.78% | 724 | 6.67% | 224 | 相关词分析>> |
| 蜂鸟扑克 | ↑118% | 185.71% | 150 | 0% | 151 | 相关词分析>> |
| 酷乐魔术麻将幻觉 | ↑110% | 90.91% | 108 | 100% | 124 | 相关词分析>> |
| 记号扑克 | ↑100% | 125% | 3,169 | 22.22% | 168 | 相关词分析>> |
| 掌中火 | ↑100% | 270.83% | 449 | 8.33% | 232 | 相关词分析>> |
| 魔术扑克扑克眼镜 | ↑77% | 6.90% | 2,372 | 0% | 268 | 相关词分析>> |

图 6.134　行业排行

### 3. 单品分析

单品分析可以帮助卖家分析某个宝贝访问质量高的流量来源、转化率高的关键词，从而帮助店铺打造爆款，如图 6.135 所示。

图 6.135　单品分析

### 4. 商品温度计

商品温度计帮助卖家分析商品转化率低的原因，让卖家清楚转化环节存在的问题，从页面性能、标题、价格、属性、促销导购、描述、评价等多角度诊断商品，并提供诊治方法，如图 6.136 所示。

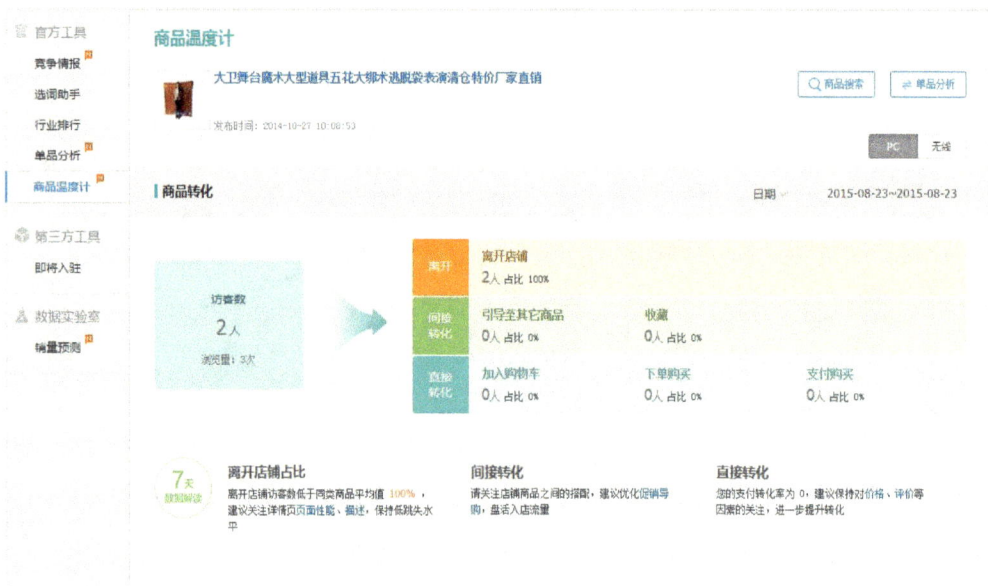

图 6.136　商品温度计

图 6.136 商品温度计（续）

　　生意参谋提供的功能非常丰富，是对店铺进行全方位诊断的工具，作为中小卖家，一定要充分利用好生意参谋提供的功能，诊断自身店铺问题，优化自身问题，通过生意参谋同行对比，多向同行店铺学习，学习其他店铺的管理推广技巧，从而运营好自己的店铺。

　　在优化及活动参与方面，本书把重点内容放在了店内优化及活动设置上，除了店内部分，卖家同时也要积极参与店外活动推广，例如淘宝客活动、天天特价、直通车、聚划算、淘抢购、钻展等，通过店内、店外活动同时参与，提高店铺人气及销量。

# 实 战 篇

## 实战任务　魔术道具店管理及推广

魔术道具店
管理及推广

### 1. 千牛接待中心的设置

　　（1）个性签名的设置。魔术实训店是新店，以提升客户满意度和店铺信誉度为主要营销目标，诚恳对待每位顾客、争取每位顾客的满意是店铺努力的方向，因此将千牛接待中心的个性签名设置为"顾客至上，您的评价是最美好的语言"，如图 6.137 和图 6.138 所示。

　　（2）头像设置。实训店目前正在搞"满就送"活动，满的金额数不同，送的礼品也不同，但是只要满 30 元，就有礼品赠送，因此将此活动制作成图片，并上传到千牛接待中心头像，如图 6.139 和图 6.140 所示。

图 6.137 "个性签名"设置界面

图 6.138 个性签名　　　图 6.139 头像图片　　　图 6.140 千牛接待中心头像

（3）自动回复。自动回复主要设置千牛接待中心两个状态下的回复："在线"状态和"离开"状态，设置的内容随着店铺活动的变化会进行相应的调整，例如在线设置的回复内容为"您好，欢迎光临中专学生创业小店，请问您看中了哪些宝贝？我可以帮您介绍一下，我是客服'橙子'"。离开时，设置回复内容为"亲，掌柜外出发货，非常抱歉不能及时回复您的信息，您可以在小店先慢慢挑选，一定要等掌柜哦！掌柜回来马上回复！"，如图 6.141 所示。

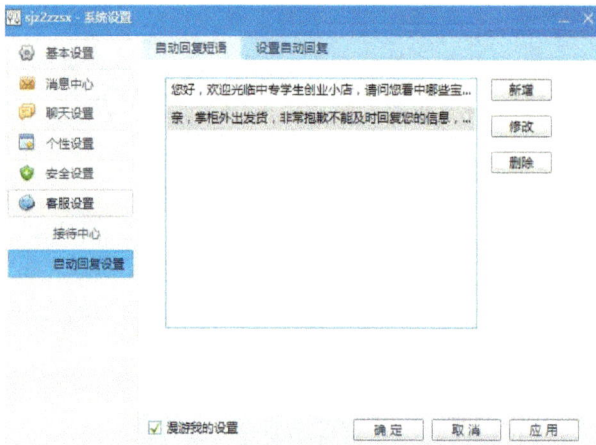

图 6.141 千牛接待中心自动回复

（4）快捷短语。实训店经营一段时间后，可以将买家喜欢咨询的一些问题总结整理，设置成快捷短语。

关于宝贝质量：宝贝都是品牌大卫魔术正品，质量没有问题，而且小店已加入假一赔三，七日无条件退换等服务，所以亲尽可放心购买！

关于宝贝价格：亲～～我们的产品价格非常实惠，直接按批发价发售，为的是节省双方购买的时间与口舌，您在我们店上买到的绝对是超值好宝贝，谢谢支持！

关于支付方式：亲～ 价格已调整好，请进入我的淘宝，已买到的宝贝进行支付，支付完请跟我说一下，我要再次跟你核对资料，谢谢！

关于快递：亲～ 我们使用的是中通和申通两个快递公司，如果需要其他快递运送，请在拍下宝贝的同时在留言上写一下，如果要发顺丰或邮政快递，麻烦亲补一下邮费！

关于退换货运费：亲～ 如果是商品质量问题退换货，来回的运费由我们来承担，不会让亲有一点损失，如果是您的喜好原因，需要由亲承担来回的运费，给您带来的不满意，敬请谅解！

关于发货：亲～ 付款后我们尽量当天填写快递单，然后按照先后顺序发货，所以承诺48 小时内发货，麻烦亲耐心等待一下，谢谢！

关于签收：提醒亲，拿到包裹后一定当场打开验货，有疑问及时联系我们，我们会第一时间帮您处理，希望购物愉快！

在跟客户沟通时，遇到相应的问题，单击千牛接待中心界面中的"快捷短语"按钮，选择合适的短语发送就可以，如图 6.142～图 6.144 所示。

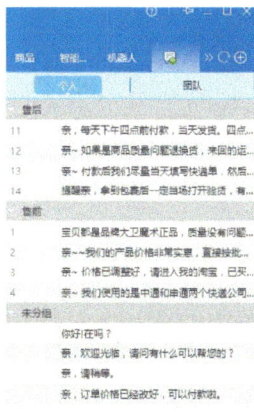

图 6.142　设置快捷短语

图 6.143　单击"快捷短语"按钮

（5）管理联系人。将店铺所有下过单的以及咨询过的买家进行备注、分组，当店铺有重大活动时，会适当给客户发送活动信息，并将老顾客的资料整理到 Excel 表格中，节日或店铺活动时，给顾客邮寄小礼品，与顾客结下良好友谊，如图 6.145 所示。

### 2. 魔术实训店日常管理

（1）宝贝管理。宝贝的日常管理主要是宝贝删除、下架及宝贝标题、库存的修改，对于不再出售的宝贝及时进行删除，对于暂时无库存的宝贝进行下架。推广小组成员会及时关注宝贝热门关键词并进行整理，从而对宝贝标题进行调整。宝贝有些颜色或型号缺货时，及时调整库存量，避免退款的发生。

图 6.144　选择快捷短语

图 6.145　管理联系人

（2）交易管理。及时关注店铺订单情况，已经付款的订单，及时与买家确认收货地址、联系人等信息，并填写单号，及时发货；买家没有付款的订单，在千牛接待中心上向买家询问并温馨提醒发货时间；已经发货的订单，要关注其物流情况，并及时向买家汇报物流情况；对于退款的订单，要向买家询问原因，并及时进行退款的处理。

（3）评价管理。对于收到的好评，要有针对性地进行回评，让买家体会到卖家的用心和对自己的珍惜，也可以进行回复，如图 6.146 所示。对于收到的中差评，及时与买家联系，确属于商品问题的，应及时给买家办理退换，消除买家的后顾之忧，如果遇到恶意买家，需要对评价进行解释。

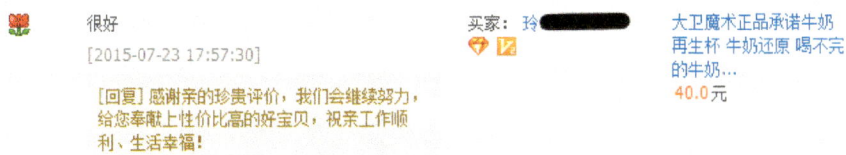

图 6.146　给买家回复

（4）物流管理。根据不同买家的需要，店铺主要用的快递有申通、顺丰、邮政 3 个。其中：申通快递速度不错，网点覆盖范围比较广，能够满足绝大部分买家的需要，价格相对比较合理；顺丰速递比较快，可以满足加急订单的派送，但价位比较高；邮政网点覆盖全国，可以满足一些偏远地区买家的需要。宝贝进行包装时，均采用品牌大卫魔术专用包装，并在包装里附上好评返现卡。

### 3．实训店促销活动

（1）加入公益宝贝计划。魔术实训店为了提升宝贝人气，对店铺宝贝进行了丰富的促销活动设置，同时所有宝贝均加入了公益宝贝计划，如图 6.147 所示。

图 6.147　加入公益宝贝计划

（2）加入 VIP 价格促销。搜集店铺热销宝贝，并为其设置 VIP 价格优惠，促进了老顾客的回访购买，如图 6.148 所示。

（3）设置限时折扣。对宝贝进行有计划的折扣促销，一部分宝贝折扣促销活动结束后，选择新的产品进行折扣促销，给顾客以紧迫感，让下单的顾客感觉买到了实惠，活动之前要适时向老顾客进行宣传，如图 6.149 所示。

图 6.148　设置 VIP 价格促销　　　　图 6.149　设置限时折扣

（4）店铺满就送活动。新店开业一直在搞满就送活动，满 30 元以上均有礼品赠送，吸引了更多买家购买。满就送活动设置界面如图 6.150 所示，宝贝详情页的展示效果如图 6.151 所示。

图 6.150　满就送活动设置

图 6.150　满就送活动设置（续）

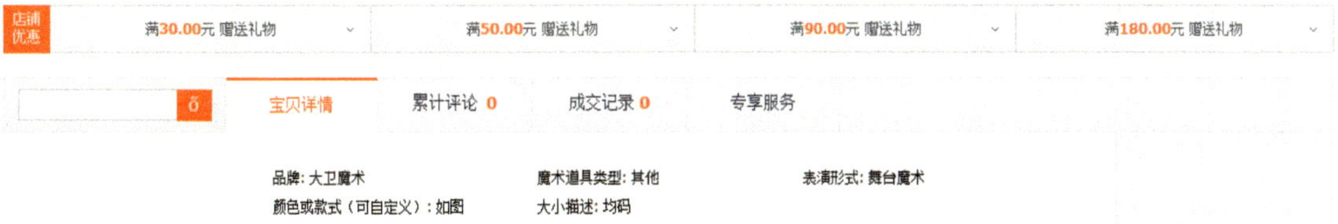

图 6.151　宝贝详情页的满就送活动

（5）设置搭配套餐活动。选择合适的宝贝进行搭配销售，针对部分宝贝，设置多级搭配销售，方便买家选择，如图 6.152 所示。

套餐价格：¥465.00
节省：¥20.00
查看套餐

1/1

大卫舞台魔…　　　大卫魔术近…
原价：¥300.00　　原价：¥185.00

宝贝详情　　累计评论 0　　成交记录 0　　专享服务

品牌：大卫魔术　　　　魔术道具类型：大型道具　　　　表演形式：舞台魔术
颜色或款式（可自定义）：如图　　大小描述：均码

图 6.152　搭配套餐活动

（6）设置淘金币抵钱活动。给宝贝设置淘金币抵钱活动，如图 6.153 所示。

（7）优惠券活动。给买家提供先领券再购物活动，如图 6.154 所示。

图 6.153　淘金币抵钱活动

图 6.154　优惠券活动

## 课后作业

### 一、选择题

1. 以下属于无效交易凭证的是（　　　）。

　　A．淘宝千牛接待中心聊天记录截图

　　B．QQ 聊天记录截图

　　C．充值成功的截图

　　D．发货单及签收单的原件扫描件

2. 买家在您店铺里拍下商品并且付款了，但在您发货前买家又想申请退款，则（　　　）。

　　A．买家付款后 3 天内卖家还没单击"发货"的，买家可以申请退款

　　B．买家不能申请退款，只有卖家单击了"发货"之后买家才能申请退款

　　C．买家拍下以后就可以申请退款

　　D．买家付款以后就可以申请退款

3. 买家来店铺里拍下商品，拍下后（　　　）内没有付款的，这笔交易会自动关闭。

　　A．30 天

　　B．3 天

　　C．系统不会自动关闭交易，只有卖家可以关闭交易

　　D．15 天

4. 关于退款率和退款笔数，下列说法正确的是（　　　）。

　　A．退款笔数和退款率不会对商家产生任何影响

　　B．7 天无理由退换货的交易将被计入退款笔数

　　C．退款率高于同类目退款率平均水平线的商家将被扣去 6 分

　　D．7 天无理由退换货的交易不会被计入退款笔数

5. 评价人若给予好评，则被评价人信用积分会增加（　　　）。

　　A．2 分　　　　　　B．4 分　　　　　　C．1 分　　　　　　D．3 分

6. 买卖双方在评价中允许出现的情形包括（　　　）。

　　A．买家在评论内容中称赞卖家发货速度快

　　B．同行竞争者恶意给予中、差评

　　C．恶意向卖家索要额外财物

　　D．买卖双方在评论内容中发布污言秽语

7. 阿里千牛接待中心的个性签名最多可以设置（　　　）。

　　A．3 个　　　　　　B．5 个　　　　　　C．7 个

8. 淘宝网上常用来做商品秒杀的工具是（　　　）。

　　A．满就送　　　　　　　　　B．搭配套餐

　　C．店铺 VIP　　　　　　　　D．限时折扣

二、判断题

1. 买家已付款的状态，卖家无法修改交易价格，但是可以修改收货地址。（　　　）

2. 买家给卖家中评或差评后，卖家只能联系淘宝客服修改或删除评价。（　　　）

3. QQ 聊天记录可以作为交易纠纷的证据。（　　　）

4. 运营在网店工作中需要做到对网店流量监控分析、目标用户行为研究、网店日常更新及内容编辑、网络营销策划推广等工作。（　　　）

5. 活动能给卖家带来的好处：薄利多销、清库存、打爆款、引流。（　　　）

6. 申请天天特价需要店铺等级 3 钻以上。（　　　）

7. 淘宝店铺的评价解释属于公开信息展示，关系店铺信誉。因此，不要跟买家针锋相对、公开谩骂。（　　　）

8. 在卖家接待买家时，第一句话的回复非常重要，回复不合适会降低卖家的服务品质，影响成交率。（　　　）

9. 新客户与老客户的购物过程是一样的，都是只看样式、询价而已。（　　　）

# 反侵权盗版声明

电子工业出版社依法对本作品享有专有出版权。任何未经权利人书面许可，复制、销售或通过信息网络传播本作品的行为；歪曲、篡改、剽窃本作品的行为，均违反《中华人民共和国著作权法》，其行为人应承担相应的民事责任和行政责任，构成犯罪的，将被依法追究刑事责任。

为了维护市场秩序，保护权利人的合法权益，我社将依法查处和打击侵权盗版的单位和个人。欢迎社会各界人士积极举报侵权盗版行为，本社将奖励举报有功人员，并保证举报人的信息不被泄露。

举报电话：（010）88254396；（010）88258888

传　　真：（010）88254397

E-mail：　dbqq@phei.com.cn

通信地址：北京市万寿路 173 信箱

　　　　　电子工业出版社总编办公室

邮　　编：100036